SABORES & DESTINOS

André Mafra

SABORES & DESTINOS

Uma viagem pela história das especiarias

2ª edição

Senac

Editora Senac Rio – Rio de Janeiro – 2025

SENAC RJ

Presidente do Conselho Regional
Antonio Florencio de Queiroz Junior

Diretor Regional
Sergio Arthur Ribeiro da Silva

Diretora Administrativo-financeira
Jussara Alvares Duarte

Assessor de Inovação e Produtos
Claudio Tangari

Editora Senac Rio
Rua Pompeu Loureiro, 45/11º andar
Copacabana – Rio de Janeiro
CEP: 22061-000 – RJ
comercial.editora@rj.senac.br
editora@rj.senac.br
www.rj.senac.br/editora

Gerente/Publisher: Daniele Paraiso
Coordenação editorial: Cláudia Amorim
Prospecção: Manuela Soares
Coordenação administrativa: Vinícius Soares
Coordenação comercial: Alexandre Martins

Preparação de originais/copidesque/revisão de texto: Andréa Regina Almeida

Projeto gráfico de capa e miolo/diagramação:
Vinícius Silva

Impressão: Imos Gráfica e Editora Ltda.
2ª edição: junho de 2025

CIP-BRASIL. CATALOGAÇÃO NA PUBLICAÇÃO
SINDICATO NACIONAL DOS EDITORES DE LIVROS, RJ

M162s
2. ed.

Mafra, André
Sabores & destinos : uma viagem pela história das especiarias / André Mafra. - 2. ed. - Rio de Janeiro : Ed. SENAC Rio, 2025.
336 p. ; 23 cm.

ISBN 978-85-7756-547-4

1. Culinária (Especiarias) - História. I. Título.

25-97365.0 CDD: 641.6383
CDU: 664.5(09)

Gabriela Faray Ferreira Lopes - Bibliotecária - CRB-7/6643

SUMÁRIO

PREFÁCIO DA 2ª EDIÇÃO

Este livro faz uma cruzada original e cativante que nos conduz pelo caminho de descoberta das especiarias na história da humanidade. Ou seria o contrário? Seriam elas as protagonistas na missão de nos despertar para os próprios sentidos, narrando nossa jornada de humanos vida adentro?

André Mafra é o autor de uma nova rota. E de questionamentos que nos fazem seguir a trama e a trilha de sua escrita sem piscar, em busca do saber e do gosto – regalos desta leitura.

Nesta nova edição de *Sabores & Destinos: uma viagem pela história das especiarias*, com capítulos e temas inéditos, somos, de novo, provocados pelo desejo de conhecer ainda mais sobre poderosos ingredientes para comida, remédios, perfumaria – canela, pimentas, noz-moscada, açafrão, gengibre. A leitura nos faz experimentar o que hordas de aventureiros ousaram viver, em diferentes épocas e lugares. Navegadores, cruzados, religiosos, alquimistas percorreram mares e terras em busca de poder, prazer e cura atribuídos às especiarias. Por que ficaríamos de fora? Nem por todo o chá da China...

É por essa trama que André nos captura, estimulando-nos, leitores, a provar, cheirar, desvendar e admirar o mundo por meio da diversidade e da singularidade que são as especiarias. Um universo complexo que o autor generoso traduz em sua bem-humorada curiosidade de cientista. Quanto mais ele adiciona itens a essa receita, mais o seguimos no rastro de perfumes e sabores que espalha pelo caminho.

Carla Pernambuco
Chef, consultora e colunista

PREFÁCIO DA 1ª EDIÇÃO

Especiarias! Riqueza para o paladar e para os cofres da Companhia das Índias Orientais. Ao ler este livro, valorizei mais a importância dos condimentos como incentivo preponderante para o crescimento do poderio naval dos lusitanos e para o consequente descobrimento do Brasil.

Este não é um livro sobre temperos. É muito mais que isso. Lendo suas páginas, senti-me viajar pela história, senti os aromas dos países distantes e escutei, com minha mente, as línguas indistintas dos povos orientais do passado.

Ao ler as linhas traçadas pelo professor André Mafra, acrescentei cultura e poesia ao meu patrimônio de experiências, estudos e viagens. Terminada a leitura, fiz questão de ouvir do próprio autor suas aventuras e andanças por China, Índia, Turquia, Marrocos, Irã e vários países da Europa. Escutei suas palestras que me empolgaram. E não resisti: fiz seus cursos teóricos instigantes. Quanto mais escutava, mais queria aprender. E, depois, pôr em prática. Parti para os cursos práticos do "mestre-cuca" Mafra. Era uma constelação de cores e sabores.

A partir daí, minha vida mudou... para melhor!

Recomendo vivamente a quem quiser colocar alegria e brilho em sua vida que leia esta obra com carinho e participe dos cursos do autor com entusiasmo.

Obrigado, caro amigo André Mafra. O mundo será melhor com seu livro.

Professor DeRose
Professor doutor *honoris causa* pelo
Complexo de Ensino Superior de Santa Catarina

AGRADECIMENTOS

Quero agradecer a todos aqueles que apoiaram a 1ª edição de *Sabores & Destinos: uma viagem pela história das especiarias* mesmo com o lançamento em meio à pandemia do coronavírus. Apenas com ações na internet, apoio dos colegas do DeRose Method e familiares, o livro atingiu um número surpreendente de pessoas, consolidando o "terreno" para uma 2ª edição pela editora com que sempre sonhei em publicar esta obra: a Editora Senac Rio.

INTRODUÇÃO

Estudar as especiarias é um convite para viajar pelo mundo, desvendando os mistérios de cidades antigas, povos e costumes. E foi por meio dessa pesquisa sobre o tema que pude ter acesso a um universo de conhecimento que desejo, agora, compartilhar com você. Sem nos prender às polêmicas dos fatos históricos, convido-o a desfrutar de uma leitura que revela um pouco da história da humanidade, suas batalhas por riqueza e poder e a descoberta de novos aromas.

Vale contextualizar que esta obra não se trata de um livro de receitas ou até mesmo de gastronomia, para esses conhecimentos recomendo a leitura de *Método de boa alimentação*, do professor DeRose, entre tantos outros citados nas referências no fim do livro. Minha proposta é tratar do tema pela ótica histórica e suas curiosidades.

Padrão dos Descobrimentos (Lisboa/Portugal) – Acervo pessoal

À narrativa, adiciono o relato de experiências das viagens que fiz, com o objetivo de mostrar os fascinantes locais onde marcos históricos importantíssimos ocorreram e influenciaram o comércio das especiarias. Entre eles estão: as Cruzadas, movimento que desencadeou um intenso fluxo de peregrinos e soldados do Ocidente para o Oriente, transformando o paladar e a relação do europeu com as riquezas orientais; o aparecimento de Marco Polo e a hegemonia de Veneza no transporte de mercadorias pelo Mediterrâneo; a tomada de Constantinopla pelos turcos, que provocou o fechamento do portal para o Oriente; o avanço dos navegadores ibéricos, como a conquista da África, a chegada à Índia, ao Brasil e o alcance do extremo Oriente pelos portugueses; o triunfo dos espanhóis ao expulsarem os mouros de seus territórios e, em busca de novos caminhos para as Índias, "descobrirem" a América; e a ascensão de holandeses, franceses e ingleses.

Vista da Ponte de Rialto (Veneza/Itália) e Bazar das Especiarias (Istambul/Turquia) – Acervo pessoal

Foram muitos os destinos; entre os mais importantes, a atual Istambul (antiga Constantinopla), na Turquia, que por mais de mil anos foi sede do lendário Império Bizantino, hoje obscuro e esquecido pelos ocidentais. Seus monumentos e fortalezas marcam o embate entre as duas potências militares embasadas na fé – cristianismo e islamismo –, que rivalizaram a hegemonia pelo mundo conhecido. Desbravei seus mercados, aromas e sabores e, ao mesmo tempo, conheci um pouco sobre a posterior influência do Império Otomano e seus sultões.

Mesquita de Córdoba, uma das maravilhas da arquitetura moura na Andaluzia – Acervo pessoal

A visita à belíssima Veneza, na Itália, revelou que, antes de se tornar um destino romântico, a cidade foi responsável por "inundar" o Ocidente com mercadorias do Oriente. Era também a cidade natal do mais ilustre viajante do mundo antigo, Marco Polo. Seguindo as pesquisas, tive o prazer de conhecer a pátria-mãe de todos os brasileiros, Portugal: um país e povo encantadores. Visitei em Lisboa os belos monumentos que enaltecem os feitos portugueses e as casas de dois populares personagens da história dos descobrimentos: Pedro Álvares Cabral, em Belmonte, e o infante Dom Henrique, no Porto.

Carimbando o passaporte no sul da Península Ibérica, visitei as cidades espanholas de Córdoba, Sevilha, Málaga, Marbella, Ronda e Granada, referências da beleza da arquitetura moura. Nem mesmo a retomada cristã, completada em 1492, conseguiu apagar os séculos de influência desses povos, que contribuíram para a formação do modelo cultural europeu do século XV e da Renascença.

Ponte de Pedra (Saragoça/Espanha) – Acervo pessoal

Em dezenas de cidades europeias, visitei as marcas da dominação do gigantesco Império Romano: muralhas, aquedutos, cisternas e antigas fortificações de uma potência ávida por produtos do Oriente, entre eles as especiarias. Estive, por exemplo, na bela Saragoça, antiga cidade romana de César Augusto que, no século XVI, foi palco de um expressivo tratado firmado entre os países ibéricos sobre a posse do comércio no sudeste asiático.

Cruzando a estreita faixa de mar entre Europa e África, da mesma maneira que os antigos navegadores do passado fizeram, desembarquei no litoral marroquino, sede de tantas batalhas pela hegemonia do Mediterrâneo. Pude visitar Tânger, Fez e Assilah, no norte africano, onde ainda existem esparsas influências europeias, fruto das ocupações colonialistas que fatiaram aquele continente. Mais ao sul, no Saara, vislumbrei, montado em um camelo, o gostinho do que seria compor as antigas rotas das caravanas. Por todo o Marrocos, tive o privilégio de conhecer incríveis *souks* lotados de especiarias e seus simpáticos mercadores.

Eu, Felipe Canhoto e vendedores em tenda de especiarias em Merzouga (Marrocos) – Foto: Karina Cordeiro

Outro destino que muito contribuiu com a produção desta obra foi Israel, palco de diversos conflitos e do movimento das Cruzadas. Peregrinos e soldados ocuparam, invadiram, venceram e perderam nessas terras, gerando uma interação entre Ocidente e Oriente Médio que mudou o mundo e a forma como nos alimentamos.

Mercado Mahane Yehuda (Jerusalém/Israel) – Acervo pessoal

Com ingredientes surpreendentes e um povo extremamente gentil e carinhoso, o Irã foi um dos destinos que mais me fascinaram; seus aromas e sabores ficaram gravados na minha memória. Destaque para as dicas recebidas de Sina Mohammad Ebrahimi, no deserto de Varzaneh, sobre o uso de ervas e óleos iranianos. As especiarias trazidas de lá uso com parcimônia, com pena de que terminem.

Especiarias no Bazar Vakil (Shiraz/Irã) – Acervo pessoal

Não poderia ficar de fora a Terra das Especiarias, a Índia, destino que me faltava para finalizar o livro com chave de ouro. Passear pelos antigos bazares do país e deliciar-se com a gastronomia mais condimentada do planeta é condição obrigatória para qualquer aficionado por temperos. Escrever sobre o tema e não visitar o país é inaceitável. *Check*!

Loja de especiarias em Old Delhi (Índia) - Foto: Karina Cordeiro

Como resultado dessa expedição por diversas nações, conheci um grande número de condimentos e alimentos, sobre os quais discorro, quase sempre, no fim dos capítulos principais deste livro, com uma coleção de fotos que serve para nos dar água na boca. Acrescento, ainda, maneiras de utilização das especiarias e diferentes combinações que propiciam uma alimentação rica e especialmente saborosa. Assim, quero estimular você a desbravar novas possibilidades de sabores e aromas que talvez nem soubesse que existiam.

Outra viagem espetacular foi a que fiz quando decidi visitar as fábricas de secagem de pimenta em Cachi, na província de Salta, Argentina, mais precisamente nos Vales Calchaquíes. As orientações sobre roteiro e traslados na região nos foram fornecidas por Jorge Codigoni, Bárbara Maturana e Fabiola Codigoni. Conheci esta última em viagens de auditoria e cursos pelo DeRose Method na província argentina de Mendoza.

Minha jornada continuou pelo Novo Mundo, por cidades do litoral brasileiro, cuja história o poder público pouco se esforça para preservar, mas onde pude relembrar cruéis embates e encontros inusitados entre o europeu e os nativos. Por exemplo, o caso dos indígenas Tupinambás que capturaram o náufrago Hans Staden e, por muito pouco, não fizeram dele o jantar, além das divertidas histórias do lendário Caramuru.

Entrada da cidade de Cachi (Argentina) – Foto: Milena Sandoval

Tive o privilégio, ainda, de passear pelos mercados de especiarias da minha cosmopolita São Paulo, que nos permite degustar as mais variadas opções gastronômicas do mundo, além de, em visitas ao interior do estado, conhecer algumas propriedades rurais, produtoras de grandes quantidades de pimenta.

Longe de ter a pretensão de preencher as lacunas da história, desejo apenas diminuir as fronteiras e colocar o ser humano como agente responsável pelo seu passado e futuro, independentemente de nação, religião ou filosofia. Afinal, olhar para trás nos ensina a entender o momento presente. Ainda que o tempo passe, a natureza do homem mantém-se, incrivelmente, quase imutável. Após séculos, continuamos a testemunhar a dificuldade do ser humano em compreender o outro. E, assim, o preconceito e a ignorância bloqueiam a percepção de que todos habitam o mesmo planeta.

Este livro é só o começo. Existe ainda um mundo inteiro para vasculhar, pois compreender as especiarias significa estudar o comércio e a relação de trocas entre os homens, o que faz com que uma vida seja pouco para desvendar esse universo.

Loja de especiarias no Mercado Municipal de São Paulo – Acervo pessoal

Orientação aos leitores

Não é o que entra na boca que torna o homem impuro,
mas o que sai da boca, eis o que torna o homem impuro.

Evangelho de Mateus 7, 14-23

Não seja uma pessoa difícil no quesito alimentação. É comum encontrar defensores ferrenhos deste ou daquele sistema alimentar, pessoas que engendram debates eternos e que, pelos seus pontos de vista, são capazes de matar ou morrer. Ler, estudar e aprofundar-se sobre o tema deve ser sempre experiência pautada na tolerância, no respeito e na compreensão para com aqueles que divergem da nossa opinião.

Quero somar informações e dicas que agreguem algo à sua vida e ao seu prato. Respeito todas as opções gastronômicas e minha proposta é somente a de enriquecê-las ou, no mínimo, ofertar uma leitura leve e gostosa. Aproveite e faça das suas refeições um momento de prazer e descontração. Se mudar de ideia, adote alterações de modo consciente e de maneira a contemplar uma vida em sociedade, afinal ter um comportamento de quem entrou para uma seita alimentar afasta amigos e não é saudável para ninguém. Na dúvida, pergunte a um colega bem próximo: "você acha que estou ficando inconveniente?" Se a resposta for sim, pare tudo!

Seja exigente, aprimore-se, adote um estilo de vida mais saboroso, mais saudável, com mais qualidade. Procure sempre o melhor para si o tempo todo, inclusive com aquilo a que dedica boa parte do tempo em sua vida: comer!

TEMPERAR OU CONDIMENTAR?

Chamamos de veneno o que nos mata rapidamente
e alimento, o que nos mata a longo prazo.

DeRose

Sempre tive curiosidade de entender a diferença entre os verbos *temperar* e *condimentar*. Condimentar um prato significa acrescentar especiarias a ele. Já a palavra tempero tem outra história.

Antigamente, quando diagnosticava um paciente, o desafio do médico era descobrir o temperamento do indivíduo para poder equilibrar a dieta deste. Esse sistema foi bastante difundido por Galeno (130-200 d.C.), médico grego que revolucionou a medicina em sua época. Galeno trabalhou em uma escola de gladiadores e, com isso, adquiriu grande conhecimento sobre anatomia e fisiologia. Em Roma, tornou-se celebridade, responsável pela saúde de imperadores, como Marco Aurélio e Sétimo Severo, e respectivas cortes.

O sistema elaborado pelo médico combatia diretamente as enfermidades com compostos que se opunham aos sinais delas. Esse sistema ficou conhecido como teoria humoral, segundo a qual a saúde era resultado do equilíbrio entre quatro humores e suas qualidades, e cada ser humano teria uma dessas combinações, em maior ou

"Os quatro apóstolos" (Albrecht Dürer, 1526)

menor grau: sanguíneo (quente e úmido); fleumático (frio e úmido); colérico ou bílis amarela (quente e seco); e melancólico ou bílis negra (frio e seco). Essas definições e divisões já foram temas inspiradores para a arte[1] e, só de ler seus nomes e atributos, sinto certa aflição.

Todo e qualquer fenômeno poderia ser explicado segundo essa teoria. E uma dieta adequada era uma ótima maneira de "temperar" um possível desequilíbrio. As especiarias, utilizadas tanto por cozinheiros quanto por médicos, tinham a função de equalizar tais desarranjos. Consta, por exemplo, que o duque de Borgonha tinha uma junta de seis médicos que o acompanhavam à mesa para indicar o que o digníssimo podia ou não ingerir (Strong, 2004, pág. 74).

A língua portuguesa ainda se utiliza dos termos *tempero* e *temperar* como resultado da influência desse período em que os alimentos, incluindo também especiarias, eram usados para calibrar a dieta de um enfermo.

No Ocidente, temperar significa usar alho, cebola e sal

Dupla imbatível, o alho e a cebola certamente são os temperos mais utilizados e aceitos do mundo, assim como o sal, unanimidade que invade todo prato em qualquer parte do planeta. É muito comum encontrar pessoas que temperam a comida somente com esses ingredientes, privando o paladar da enormidade de delícias disponíveis que, hoje, podem ser facilmente encontradas.

---

1 Na importante obra "Os quatro apóstolos" (1526), Albrecht Dürer faz referência à teoria galênica, segundo a qual cada apóstolo representa um estado de humor diferente. São João seria o sanguíneo; São Pedro, o fleumático; São Marco, o colérico; e São Paulo, o melancólico. A obra pode ser vista na Antiga Pinacoteca em Munique, na Alemanha.

Mix turco de especiarias – Foto: Karina Cordeiro

Cabeças de alho, cebolas e ervas aromáticas – Foto: Karina Cordeiro

Confesso que conheço algumas pessoas capazes de cozinhar divinamente utilizando quase que apenas o trio de ferro: alho, cebola e sal. Considero essa habilidade de cozinhar bem com simplicidade algo acima da faixa da normalidade, acessível somente para cozinheiros de mão cheia. Uma dessas pessoas é minha querida tia Luzia Baptista, que tem um talento culinário nato. Ela é o tipo de pessoa que faz o básico bem-feito, mas também sabe usar temperos incomuns com maestria. Nesses casos, seus pratos, obviamente, ficam ainda mais saborosos. Mas, olhando mais de perto, a sua comidinha básica do dia a dia esconde modestas quantidades de cebolinha, cheiro-verde, folhinha de louro, uma pimentinha-do-reino e assim vai.

A cebola e o alho são comumente usados na base de refogados dos mais diversos ingredientes; contudo, caso queira ter um cuidado maior com sua alimentação, procure utilizar um ou outro,[2] já que juntos podem, em algumas pessoas, fermentar no intestino e provocar desconforto.

---

2 Conforme cita o professor DeRose entre alguns princípios da alimentação inteligente, em seu livro *Método de boa alimentação*.

Cozinhar bem não é fácil, exige tempo, dedicação e, principalmente, querer aprender e pôr a mão na massa. Os temperos podem ser grandes aliados para realçar o sabor de sua comida. Utilizar-se somente de sal, cebola e alho é um pecado, afinal nunca foi tão fácil e barato ter o armário da cozinha repleto de especiarias. Se você conhece uma pessoa assim, que tal presenteá-la com um exemplar deste livro ou uma boa mescla de condimentos? Vamos ao trio de ferro.

Alho (*Allium sativum*)

Picância: 3

Espanhol: *ajo*; francês: *ail*; inglês: *garlic*

O alho tem origem na Sibéria (Arbelos, 2004, pág. 70), mas acredita-se que tenha sido cultivado ao largo do Mediterrâneo, desde os tempos das construções das pirâmides do antigo Egito. Na época, com apenas sete quilos da especiaria, comprava-se um escravizado. O melhor alho se desenvolve em terras quentes e, hoje, já se espalhou por todo o mundo.

Cresce em formato de bulbos ou cabeças, que são as partes comestíveis, e pode ter cascas nas cores branca, roxa e rosada. Cada cabeça pode ter bulbilhos ou dentes em números e tamanhos variados.

O ideal é encontrar um bulbo cujos dentes sejam firmes e não murchos. Alho de boa qualidade significa sabor garantido a seu prato e, se ingerido cru, o gosto é bem picante. Tem a fama de reforçar a imunidade, de ser antisséptico, estimulante natural, e também atua no combate a vermes e resfriados. Mas o preço que pagamos ao ingerir alho cru pode ser caro, caso não se tenha a noção do que ele pode causar. Uma dica para você não ficar "alhudo" e diminuir o odor "antirrelacionamentos" é cortá-lo ao meio e retirar o pequeno miolo. Ou que tal, antes de ingerir aquela deliciosa pizza de alho, consultar o parceiro? A dica é: ou os dois comem, ou ninguém come... Curiosamente, o alho é considerado um afrodisíaco.

Seu sabor é marcante e conquistou a mesa de milhões em todo o mundo. Cozido ou frito, combina com quase todos os alimentos. As opções para utilizá-lo são muitas: pode-se descascá-lo e cortá-lo em tiras, picá-lo ou espremê-lo. Alho vai muito bem em refogados de leguminosas, como berinjela e abobrinha, cereais e pizzas – neste último caso, nas variações crua[3] ou frita. Também pode ser usado para fazer patês e aromatizar azeites e queijos, além de ser assado em papel-alumínio com outros temperos e sal grosso.

Caso queira evitar o contato das mãos com o alho, minha sugestão é amassar o dente com um garfo e jogá-lo com casca e tudo direto no preparo. No fim, deve-se retirar a casca. Para uma suave influência no sabor do prato, basta esfregá-lo no alimento, a exemplo do gostoso *pa amb tomàquet* (pão com tomate), prato típico da Catalunha.[4]

Cebola (*Allium cepa*)

Picância: 2

Espanhol: *cebolla*; francês: *oignon*; inglês: *onion*

Da mesma maneira que o alho, a cebola, desde a mais remota antiguidade, já era venerada pelos egípcios,[5] gregos e romanos. Acredita-se que seja originária da Pérsia – ou seja, em um território tão vasto, não se sabe exatamente de onde ela veio. Diz a lenda que Nero, o imperador romano, comia cebola antes de cantar, para melhorar a voz. A cebola até podia melhorar a voz do incendiário imperador, afinal é composta de muita água. Já seu hálito, eu não sei...

As semelhanças com o alho não param por aí. Quando crua, a cebola tem força máxima para impregnar o hálito daqueles que a consomem; já quando cozida, assada ou frita, essa característica diminui bastante. Conta com uma imensa lista de supostos benefícios que soam até exagerados, entre eles combate a resfriados e tratamento de graves infecções.

---

3 Ótimo no combate a vampiros. (Nem todas as notas precisam ser sérias, não é mesmo?)

4 Para combater o perfume dos óleos voláteis do alho e da cebola, o professor Alfons Balbach, no livro *As hortaliças na medicina doméstica*, página 240, recomenda esfregar aipo nas mãos.

5 Acredita-se que a cebola tenha sido um dos principais alimentos da dieta dos escravizados que ergueram as pirâmides (Moreira Yarza Acharam em *As plantas que curam*, página 106).

Mas lembre-se: quando necessitar de orientações terapêuticas, procure um profissional de saúde ou especialista em nutrição.

A cebola vai muito bem com refogados de todos os tipos. No caso do preparo de um simples arroz branco, por exemplo, prefiro a cebola ao alho, já que este toma o sabor do prato.

Se você utilizar ambos no mesmo preparo, não se esqueça de que a cebola solta bastante água. Assim, use inicialmente o alho e, depois que ele dourar, insira a cebola, cuidando para não queimar o primeiro ingrediente. Algumas correntes gastronômicas, no entanto, não recomendam o uso desses condimentos juntos, pois um teria o poder de anular o outro. Deixo essa decisão a seu critério.

Entre as opções de preparo, as cebolas podem ser fritas – a versão em formato de grandes anéis empanados é extremamente popular, chegando ao ponto de rivalizar com as rainhas absolutas do *junk food*, as batatas fritas. As cebolas também reinam sobre o delicioso *mjadra*,[6] prato árabe de arroz com lentilha. Versáteis, as cebolas também podem ser colocadas no espeto ou assadas diretamente na brasa, quando envoltas em papel-alumínio, e acrescidas de temperos diversos. No caso de usá-las em refogados ou nos curries indianos, quanto menor e mais fina elas forem cortadas, menos tempo você precisará deixá-las no fogo para ganhar a característica coloração amarronzada. Quando cozidas, podem enriquecer caldos, pães, omeletes, molhos e, ainda, o melhor de seus preparos: a sopa de cebola! Já com a cebola crua, caso não se incomode de ficar "ceboludo", você pode montar deliciosas e refrescantes conservas usando suas variações diminutas, em tiras ou em rodelas. Ela pode compor, ainda, um mix de folhas – aqui, prefiro a cebola-roxa à cebola-branca.

A aplicação mais curiosa que encontrei para as cebolas foi na Índia. Em uma farmácia na pequena cidade de Khajuraho, comprei um colírio da marca Drishti, que tinha suco, ou extrato de cebola, na composição!

---

6 Vem do termo *mujaddara*; no Brasil, mijadra.

De chorar, não é mesmo? Precisando verter lágrimas e não sabe como? Pique uma cebola e descubra!

Sal de cozinha (cloreto de sódio)

Picância: 0

Espanhol: *sal*; francês: *sel*; inglês: *salt*

O uso do sal é notório na gastronomia de todas as partes do mundo e remonta ao período neolítico. Na Roma Antiga, esse condimento era oferecido como recompensa a trabalhos prestados, o que deu origem ao termo que hoje conhecemos como "salário". Há muitas histórias que poderiam originar outro livro, entre elas uma barbárie que ocorreu no início do Império Romano. Segundo a história, no fim das Guerras Púnicas – série de conflitos entre romanos e cartagineses pela hegemonia do Mediterrâneo –, Cartago é destruída e seus opositores jogam sal no solo da cidade, a fim de deixá-lo infértil.

A extração do sal pode ocorrer em jazidas na superfície terrestre, o chamado sal-gema, ou nos oceanos, denominado sal marinho. Sua utilização é muito ampla: além de salgar, serve também para conservar os alimentos. Mas cozinhar apenas com sal é sinal de pouca habilidade e informação, já que o uso das especiarias se tornou fundamental para uma cozinha refinada. Basta saber condimentar da maneira certa. Paradoxalmente, tenho visto surgir muitas variações de sal grosso acompanhados dos mais diversos condimentos para serem moídos juntos: sal com alecrim, cúrcuma, pimenta-vermelha, orégano, açafrão... Cabe uma última ressalva: fuja das modas! A cada par de anos, vejo surgirem tendências alimentares que passam a frequentar os pratos dos mais suscetíveis de plantão.

O sal marinho, por exemplo, é uma opção interessante para você evitar os aditivos do sal refinado tradicional. Sugiro um moedor para ter sal grosso marinho moído na hora: é mais gostoso e usa-se em menor quantidade. Por outro lado, o refinado vem com acréscimo de iodo para compensar uma eventual falta de ingestão do elemento na dieta da população. A moda atualmente (deve mudar muito em breve) é o consumo de sal mineral das famosas cadeias de montanhas dos Himalaias, teoricamente mais rico em minerais e livre de processos químicos dos refinados. Costumo brincar que, se juntarmos todo o sal que dizem ser dos Himalaias, podemos criar uma nova cordilheira hindu! Desconfie. Há grande chance de termos adulterações para emular o popular sal rosa. Pesquise a fonte, compre em fornecedores e marcas confiáveis. Resumindo: mude as marcas e varie sempre as fontes de ingestão de minerais, entre eles, é claro, o sal. E vale para todos os minerais: evite entupir-se de um só tipo.

Cozinhando com DeRose

No fim de 2012, participei de um pequeno grupo que teve a oportunidade de cozinhar com o professor DeRose. A proposta do encontro era aprender a construir um sistema alimentar[7] leve para quem deseja emagrecer, mas com um grande diferencial: os pratos deveriam ser saborosos de verdade e, para isso, a utilização de condimentos seria fundamental.

Uma de suas mais importantes dicas foi a substituição do sal por condimentos como curry, cardamomo, orégano, cominho, pimenta-malagueta, garam masálá, gengibre e outros. Outra opção recomendada foi o *salt free*,[8] uma simpática mistura pronta de temperos, com cebola, alho, pimentão, casca de laranja, tomate, manjericão, salsa, louro, manjerona, sálvia, orégano, tomilho, coentro, alecrim, mostarda, endro,[9] açúcar mascavo e ácido cítrico. Ufa! Um show de sabores que faz com que nossa língua nem perceba que não há sal.

---

7 O escritor DeRose enfatiza que não se trata de dieta, e sim de um sistema alimentar. Para ele, dieta não funciona, pois "impõe sofrimentos, é antissocial e, mesmo que faça perder peso, quando termina, o infeliz engorda tudo outra vez" (*Como perdi 10 kg em dois meses*, página 7).

8 Em São Paulo, você encontra na Bombay Herbs & Spices.

9 O endro também chama-se *dill*; suas folhas e sementes têm similaridade com a erva-doce e o funcho, pois também contêm anetol.

Com DeRose em Taj Mahal (Agra) – Foto: Karina Cordeiro

Trocando o sal por temperos, ganhamos em saúde, diminuímos a sobrecarga de sódio no corpo e, com isso, evitamos problemas como inchaço e aumento de peso, sobrecarga dos rins, aumento da pressão arterial e doenças relacionadas a esses sintomas, como infartos e derrames. As especiarias ainda nos dão uma rápida sensação de saciedade e, assim, tendemos a comer menos.

Mesmo sem utilizar sal nos alimentos, é impossível não o ingerir em conservas, patês, refrigerantes, caldos em cubos, shoyu, biscoitos, queijos e diversos outros alimentos que contêm grandes quantidades de sódio. Por isso, fique atento.

O VALOR DAS ESPECIARIAS

As propriedades ditas curativas ou milagrosas das especiarias povoaram o imaginário do homem antigo. As qualidades atribuídas a elas variavam de antissépticas a afrodisíacas. O peregrino que as utilizava estava imune a enfermidades ou ao mau agouro. As especiarias beiravam o divino. Utilizadas em alimentos, óleos, unguentos, ceras aromáticas e produtos cosméticos, tornaram-se alvo de procura insaciável e, por muito tempo, tiveram seu valor comparado ao de metais ou pedras preciosas, com a vantagem de que, em seu comércio e transporte, as especiarias ofereciam menor risco. Extraídas de frutos, raízes e sementes, quase sempre dependiam de mão de obra barata para a colheita e, por serem comercializadas secas, geralmente não estragavam, podendo ser transportadas e armazenadas por longos períodos.

As especiarias eram tão valiosas quanto o ouro, "representavam em importância, naquela época, o mesmo que o petróleo hoje", como cita Rosa Nepomuceno (2005, pág. 20). É claro que devemos respeitar certas diferenças, afinal as especiarias nunca figuraram como produtos essenciais ou de consumo em grande escala, como ocorreu com o petróleo nos séculos XX e XXI.

O apreço às especiarias data da Grécia Antiga, desde os tempos dos cultos no Oráculo de Delfos, quando as profetisas usavam o louro para os rituais, que desempenharam papel decisivo na sociedade grega por muitos anos. Já os conhecidos banquetes condimentados, com o uso de diversas especiarias, representaram uma forma de sustentação da ordem política e social.

Foi Alexandre, o Grande, que promoveu uma maior aproximação do Ocidente com o conhecimento e os sabores orientais. Em 331 a.C., a partir da conquista do Egito, o macedônio foi proclamado Filho do Sol e fundou uma cidade à beira-mar, à qual deu o nome Alexandria. A cidade foi uma das mais importantes e ricas da Antiguidade, tornando-se o local de partida das especiarias para a Europa. Os feitos de Alexandre, como a vitória sobre os persas e sua expansão até a distante Índia, abriram o continente europeu para novos costumes, povos e produtos do Leste. Em território persa, por exemplo, Alexandre conheceu o palácio de seu rival, Dario III, onde encontrou vários escravizados, além de cozinheiros exclusivamente dedicados aos segredos das especiarias.

Já o Império Romano, com a imensidão de seu território, favoreceu um grande afluxo das exóticas especiarias do Oriente em direção ao centro do império. São vários os documentos, datados dos séculos I e II d.C., entre eles a obra *Geografia*, de Cláudio Ptolomeu, que relatam o intenso trato comercial com a Índia. Na literatura, os romanos produziram um grande número de livros em que as especiarias são colocadas como ingredientes nobres.

Apício escreveu a mais importante obra da culinária romana, chamada *De re coquinaria*,[10] com 470 receitas, das quais 90% pediam caras especiarias importadas, como pimenta-preta, canela, gengibre, noz-moscada e cravo-da-índia. O aparecimento da publicação de Apício mostrou ao mundo uma gastronomia altamente requintada, que cultiva os prazeres da mesa (Strong, 2004, pág. 120) sem a característica culpa que assombrava a Idade Média tardia. Para Roy Strong, Apício "estava a léguas de distância dos séculos de jejum e de autoprivação institucionalizados pela igreja". O conteúdo integral da publicação foi redescoberto somente em 1498.

No século V, o Império Romano do Ocidente caiu, mas deixou como legado para a Europa a obsessão por especiarias importadas do Oriente. Esse fascínio pelos sabores fez surgir uma intrincada rede de comércio e rotas de especiarias que se fortaleceram com as Cruzadas, por volta do ano 1000 d.C., e as viagens de Marco Polo alimentaram a fome do europeu por essas riquezas, desejo que culminou no período dos descobrimentos, nos séculos XV e XVI.

Sem dúvida alguma, os temperos estão entre os primeiros produtos que atravessaram continentes em redes de comércio, na maioria das vezes por via terrestre, até chegarem à Europa. Antes de chegar a seu destino, passavam por inúmeros atravessadores e, por isso, seus preços eram exorbitantes. Para se ter ideia do tamanho e da complexidade dessa teia comercial, consideremos, por exemplo, a rota da noz-moscada e do cravo. Ambos vinham das longínquas Ilhas Molucas, localizadas na Indonésia, de onde os mercadores partiam em navios para a costa indiana. Lá, eram vendidas. Da Índia, atravessavam o Oceano Índico, entrando no estreito Mar Vermelho, cujas águas banham os atuais Yêmen, Arábia Saudita e Egito. Então, eram descarregadas e colocadas em camelos, rumo a Alexandria, onde os venezianos retiravam-nas para levá-las à Europa Ocidental.

---

[10] A tradução seria "Sobre a culinária".

No fim da Idade Média, os preços beiravam o insano. "Caro como pimenta" era uma expressão encontrada na França; lá, uma libra de pimenta, menos de meio quilograma, era usada para a compra da liberdade do servo, para pagar aluguel (Watkins, 2011, pág. 47) ou até mesmo impostos. Na Europa do início do século XVI, a presença dos condimentos na mesa era um indicador de alta despesa e, consequentemente, riqueza daquele que as utilizasse.

Os valores, atualmente, são muito mais acessíveis comparando com o passado, por diversos motivos. A melhora da botânica, por exemplo, fez com que especiarias que antigamente se desenvolviam bem apenas em seu local nativo pudessem ser viáveis em diversas partes do mundo, sobretudo com o uso das máquinas agrícolas que contribuíram para o inegável incremento da colheita. Permanecem ainda caras aquelas que, por algum motivo, estão restritas a determinadas áreas ou para as quais o trabalho manual da colheita é insubstituível, caso do açafrão, da baunilha e do cardamomo, que correspondem às mais valiosas especiarias da atualidade.

Outro local relevante da Antiguidade era Constantinopla, que quando cristã, durante o Império Bizantino, e com localização privilegiada, permitiu que a Europa recebesse as riquezas do Oriente. Disputada por muitos povos, sucumbiu ao assédio dos invasores turcos otomanos no meio do século XV, resultando no fechamento das portas do Oriente e na elevação dos preços das especiarias. Poucas décadas depois, a expansão turca pelos Bálcãs provocou terror nos países do Velho Mundo, enquanto o leste do continente europeu, com Colombo, Gama, Cabral e companhia, avançavam em direção ao Novo Mundo, formando, posteriormente, impérios coloniais em quase toda a Ásia e nas Américas.

Na época dos descobrimentos, o incentivo da coroa lusitana aos navegadores era enorme. Os soberanos que os contratavam responsabilizavam-se pela compra de toda a carga de especiarias trazida de suas expedições e, no caso da pimenta-preta, por exemplo, chegavam a pagar até sete vezes o valor pago por eles na Índia. As naus traziam do Oriente, em média, trinta toneladas. Os navegadores também tinham o benefício de abocanhar integralmente os bens saqueados de qualquer povo não cristão com os quais cruzassem em suas jornadas.

O comércio dessas riquezas naturais exigia uma infraestrutura robusta, que ia desde a construção de naus para transportar imensas quantidades de temperos até a necessidade de aprimoramento dos sistemas de navegação e o crescimento da militarização das expedições, a fim de empreender conquistas e fincar feitorias. Quando, em 1498, Vasco da Gama voltou de sua primeira viagem à Índia, seus investidores ganharam o equivalente a 4.000% sobre o valor gasto com a expedição.

Cabral recebeu 10 mil cruzados (equivalentes a 35 quilos de ouro!) pela viagem à Índia que culminou na chegada ao atual território do Brasil. Se, nos dias de hoje,

Ilustração de uma antiga nau (acervo Casa de Portugal, em São Paulo)

esse volume já corresponde a um bom valor, imagine na época, quando havia escassez do minério, inclusive para cunhar moedas. Toneladas e mais toneladas de especiarias afluíram para o sedento mercado europeu no período das Grandes Navegações.

Mesmo hoje, não é fácil imaginar o impacto que as expedições de Cabral, Vasco da Gama e outros aventureiros causaram na economia da época. Fazendo um paralelo com o Brasil das primeiras décadas dos anos 2000, seria o equivalente a descobrir que as jazidas de petróleo encontradas na camada do pré-sal totalizassem a quantidade de óleo já extraído no mundo até hoje, e que estivessem disponíveis para o mercado mundial (novamente, guardadas as devidas proporções).

O que um homem de verdade come?

Como vimos anteriormente, além do fator econômico, um ar de extraordinário envolvia as funções e os feitos do uso das especiarias. Dizia-se que aumentava o apetite, combatia resfriados, evitava picadas de insetos e, até mesmo, anulava o efeito de venenos. Com o gengibre e outros condimentos, as pimentas tinham – e têm até hoje – a fama de realizar milagres. Afirmava-se que incentivavam a potência sexual: eram como o *vyagra*[11] do passado. Na verdade, acreditava-se que todos os alimentos caloríficos teriam o poder de estimular a libido; como consequência, os itens frios teriam o efeito contrário (Krondl, 2007, pág. 260). Por esse motivo, seriam chamados "homens de verdade" os apreciadores de uma alimentação forte e picante, sem saladas! Já aos solteiros e aos sacerdotes, em tempos de grande repressão sexual, estava liberado o consumo de alface à vontade...

Das muitas especiarias, a pimenta foi a mais valiosa durante os séculos XVI e XVII. Com o cravo-da-índia, o cominho, o coentro, a canela, o gengibre e o sal, combinados em diferentes proporções, era possível conservar a carne em um estado minimamente aceitável para o paladar, a fim de poder consumi-la durante meses. Para a tripulação das naus, a canela aliviava a sensação de vômito agravada pela ingestão de água, que em pouco tempo se tornava escura e fétida. Os pães também tinham problemas de estocagem, por isso a pimenta, o açafrão, o coentro e o cominho contribuíam para a conservação. Até vinhos e azeites eram misturados às especiarias, segundo os costumes medievais e a teoria dos humores, a fim de aquecer e preparar o estômago para a digestão dos demais pratos. Ainda hoje, temperos e sal são empregados na conservação de alimentos.

Além de contribuírem para a sobrevivência de um povo, as especiarias possibilitaram um "upgrade" na cozinha europeia medieval, que saltou de uma comida simplória, bárbara, tostada ao fogo de chão, para uma alimentação bem preparada, saborosa, rica e colorida. Por tudo isso, o uso dos condimentos tornava possível uma alimentação de maior qualidade, contribuía para os cuidados com a higiene e, consequentemente, trazia benefícios à saúde.

Começamos, assim, a entender por que a busca pelas especiarias se tornou uma obsessão para aqueles aventureiros europeus, que enxergavam nas expedições uma maneira de alcançar um futuro melhor.

---

11 *Vyagra* é uma palavra sânscrita de origem indiana que significa distraído, confuso, agitado (*excited*), animado, alarmado, de forma agitada, com grande entusiasmo, entre outras traduções segundo *A sanskrit english dictionary*, de Monier Williams.

ISRAEL: O DESEJO PELAS ESPECIARIAS DO ORIENTE

A era das Cruzadas é uma das mais importantes da história da civilização ocidental. Quando começou, o oeste europeu mal emergira do longo período de invasões bárbaras que denominamos de Idade das Trevas; quando terminou, o grande desabrochar que chamamos de Renascença acabara de ter início.

Steven Runciman

AS CRUZADAS E SUAS INFLUÊNCIAS NO PALADAR OCIDENTAL

As Cruzadas marcaram o momento no qual a Europa Ocidental, por meio de seus cavaleiros cruzados,[1] travou contato *in loco* com a cultura oriental. O movimento durou de 1096 a 1291 e, no início, teve como meta tomar os lugares que os cristãos consideravam sagrados, onde Jesus supostamente vivera: Belém, Nazaré e Jerusalém.[2] Para tanto, multidões de peregrinos e soldados deslocaram-se

---

1 Deriva do latim *cruce signatus*, que significa "aquele que leva o signo da cruz", explica Thomas Madden em *Cruzadas*, página 51.

2 Como destaca Michael Krondl em *O sabor da conquista*. Já para o Islã, as três cidades mais sagradas são, na ordem: Meca, a cidade do profeta; Medina, que o acolheu; e Jerusalém, para onde o profeta foi miraculosamente transportado e de lá ascendeu aos Céus.

Placa da estátua do papa Urbano II, Clermont-Ferrand (França) – Acervo pessoal

em direção a Palestina, resultando em intensas trocas culturais e comerciais que incitaram, no Ocidente, o desejo de conquistar as riquezas do Oriente.

Houve um intenso fluxo de conhecimento, cultura e hábitos de leste a oeste, e vice-versa. Estava claro que aqueles soldados e peregrinos desejavam "implementar em suas terras natais, ao voltarem para casa, os confortos de Outremer" – nome francês dado às terras de além-mar –, como destaca Steven Runciman, grande historiador das Cruzadas. O padrão de vida no Ocidente foi, então, içado a novos patamares. Hoje, sabemos que boa parte do conhecimento ocidental e da construção da ciência moderna deve-se à interação da Europa com o mundo oriental.

Os cruzados foram responsáveis pelo despertar do Ocidente para as especiarias. Legumes, pães, doces, vinhos, carnes e peixes: para eles, tudo parecia exageradamente condimentado, quando preparado conforme os hábitos orientais. No entanto, essa percepção também os fez questionar que, talvez, a culinária ocidental fosse insossa.[3] Assim, levaram consigo o gosto pelos alimentos condimentados e o contato efetivo com as especiarias. Anos depois, lançaram-se ao mar para buscar o monopólio comercial dessas riquezas.

---

[3] Insossa é uma palavra que designa uma alimentação pobre em condimentos. Michael Krondl a utiliza no mesmo sentido quando descreve a comparação entre os mundos ocidental e oriental: "suas torres de menagem eram úmidas, lúgubres e cheias de corrente de ar e [...] de como era insossa sua comida na terra natal." (*O sabor da conquista*, pág. 61)

Esses peregrinos seriam responsáveis também pelas aberturas de diversos entrepostos comerciais na região do Oriente Médio e da Ásia Menor, pelos quais trocavam-se lã, ferro e madeiras de construção por frutas e especiarias, como pimenta-negra, noz-moscada, cravo, canela e cardamomo (Camargo-Moro, 2000, pág. 41). No período pós-Cruzadas, o sabor do Oriente havia conquistado o europeu definitivamente.

Se você, leitor, já teve o prazer de viajar para países onde a comida é mais temperada, como Índia, Marrocos, Turquia, Irã, Israel, China e outros, possivelmente teve a mesma impressão vivenciada pelos antigos cruzados. Mesmo já sendo um admirador das especiarias, fiquei surpreso, em minhas primeiras viagens, com a forma e a quantidade com que são usadas nesses locais. Meu paladar mudou para sempre, após essas experiências.

Primeira Cruzada

A resposta cristã do Ocidente à expansão do Islã

Desde as origens do cristianismo, a peregrinação é uma atitude de reafirmação do fiel e de sua posição na comunidade religiosa, bem como uma maneira de se redimir dos pecados por meio de extensas e difíceis viagens. O mais desejado destino para os cristãos da Idade Média foi a cidade de Jerusalém e a região da Terra Santa, onde viveram os primeiros seguidores de Cristo. Dentro de Jerusalém, o lugar mais importante é a igreja do Santo Sepulcro, onde, segundo a tradição, Jesus foi crucificado e enterrado.

> *O santo sepulcro de nosso Senhor, nosso Salvador, que está em mãos de países ímpios, assim com outros santos lugares, que se veem tratados como ignomínia e irreverência.*
>
> Papa Urbano II em um trecho de seu discurso na cidade de Clermont, em 1095

Mesmo com a tomada da cidade pelos árabes, em 638 d.C., cristãos e muçulmanos conviveram em certa estabilidade e paz, permitindo que as peregrinações continuassem. Em 1009, a situação mudou, quando o califado vigente[4] destruiu o Santo Sepulcro, estremecendo as relações entre os dois gigantes grupos monoteístas.

---

[4] Califado dos fatímidas, pois consideravam-se descendentes de Fátima, filha do profeta. No comando da dinastia estava Al-Hakim Bin-Amr Alá (996-1021), considerado um líder religioso intolerante para com cristãos e judeus.

Entrada da Igreja do Santo Sepulcro, Jerusalém (Israel) – Acervo pessoal

Como resposta, os bizantinos – nome dado aos habitantes do império cristão no Oriente – criaram um embargo aos comerciantes árabes. Após extensas negociações entre muçulmanos e cristãos bizantinos, foi ordenada a reconstrução da igreja, então novamente colocada em pé. Uma frágil estabilidade havia sido resgatada, mas uma carta do imperador bizantino Alexius I[5] abalaria esse cenário. Esta pedia ajuda aos cristãos do Ocidente para combater os turcos que atacavam suas posses.

Atendendo ao sermão proferido pelo papa Urbano II em 1095,[6] perto da cidade de Clermont, na França, milhares dispuseram-se como soldados da Guerra Santa e formaram o exército da igreja. O chamado do imperador bizantino havia sido aceito. Vilas inteiras deslocaram-se para engrossar as fileiras daqueles que buscavam, no Oriente, a retomada da Terra Santa, a libertação dos irmãos cristãos presos e o resgate das relíquias roubadas, além da vingança pelos templos profanados. Como incentivo, foi oferecida, aos fiéis, a possibilidade de uma passagem direta para o paraíso, estando todos previamente absolvidos de seus pecados. *Não matarás* tinha, agora, uma exceção. E matar por Deus passava a ser uma obrigação do crente. Assim, fez-se a guerra como ato e prova de devoção.

---

5 Amin Maalouf, em seu livro *As cruzadas vistas pelos árabes*, pág. 18, descreve-o: "É uma das figuras mais prestigiosas do Oriente. Este quinquagenário de baixa estatura, olhos faiscantes de malícia, barba cuidada, maneiras elegantes, sempre adornado de ouro e de ricas vestes azuis."

6 Acredita-se que, por causa da grande quantidade de fiéis que foram ouvir o papa, o sermão teve de ser conclamado no campo do lado de fora da igreja.

O Santo Sepulcro

A visita à Igreja do Santo Sepulcro é obrigatória para quem passa por Jerusalém, religioso ou não. Foi edificada por ordem de Constantino, no século IV d.C., a pedido de sua mãe, Helena Augusta.

Apesar de não ter um tamanho imponente, é de tirar o fôlego e guarda ali a força acumulada por milhões de fiéis, peregrinos e turistas, ao longo de mais de 1.700 anos. Um aspecto que me chamou a atenção foi o descuido com diversas áreas. Não foram poucas as belíssimas obras de arte que notei em deplorável estado de conservação, como quadros rasgados, pinturas desgastadas e outros detalhes que revelam uma triste negligência. Compreendi por que isso ocorre apenas quando descobri que as decisões de reformas e melhorias passam pelo crivo das distintas e numerosas denominações cristãs que detêm a custódia da igreja: cristãos armênios, gregos, coptas (descendentes de antigos egípcios que se converteram ao cristianismo), católicos romanos, etíopes e sírios. Realmente, não deve ser fácil chegar a um consenso. Mesmo assim, estar diante de um lugar de tamanha relevância histórica e religiosa emocionou-me e fez-me pensar o que teria se passado no coração e nas mentes daqueles antigos soldados cruzados quando tomaram a Jerusalém durante a Primeira Cruzada, em 1099.

Uma grande quantidade de peregrinos predispunha-se a rumar até o Levante – região do Oriente Médio que inclui Síria, Líbano, Israel, Jordânia e territórios palestinos. A igreja enxergou a oportunidade de ser o elemento aglutinante para os fiéis de uma Europa católica ainda dispersa. Surgiu, então, a ideia de que o Ocidente poderia novamente reinar em terras do Oriente. Somava-se a isso o fato de os cristãos, pouco a pouco, reconquistarem os territórios ocupados pelos mouros na Península Ibérica e no sul da Itália, elevando o moral cristão em toda a Europa.

Soldados da Alemanha, Itália e França marcharam em direção ao Oriente, percorrendo 4.800 km a pé, em uma média de 40 km por dia! As formações deslocaram-se de diferentes partes da Europa e quase todas tinham um mesmo histórico: a falta de organização e de planejamento para uma viagem tão longa e extenuante. No caminho, deixavam para trás um rastro de desgraças, que maculou a história da peregrinação dos cristãos. A fome assolava os peregrinos e, com isso, a turba barbarizou: dezenas de propriedades foram invadidas, outras saqueadas e vilas inteiras foram incendiadas, além da violência perpetrada contra qualquer opositor que se recusasse a permitir a passagem de milhares por sua propriedade. Os judeus, em especial, sofreram bastante; muitos foram mortos, desmascarando o evidente antissemitismo que reinava pela Europa.

Em junho de 1099, chegaram a Jerusalém 13 mil soldados cristãos, menos de 25% do efetivo original. O que viram não foi nada recompensador: as muralhas da cidade tinham sido reforçadas; os fossos, cavados; as cercanias da cidade, devastadas; e poços, secos ou envenenados. Para os soldados que levam o sinal da cruz, tanto muçulmanos quanto judeus eram inimigos de Cristo e deveriam pagar por isso. Na violenta investida, um verdadeiro banho de sangue varreu as ruas de Jerusalém, chegando até os tornozelos. Nem mulheres, nem crianças foram poupadas, e acredita-se que mais de 30 mil muçulmanos, judeus e até cristãos – provavelmente os orientais – foram mortos. A cidade mais sagrada da cristandade passou às mãos dos cruzados e a Igreja do Santo Sepulcro ficou sob proteção do governo cristão católico. Já a Mesquita de Al-aqsa foi transformada em estábulo para os cavaleiros de Cristo e, segundo os cronistas árabes, 70 mil pessoas foram mortas no local.

Portão de Herodes, Jerusalém (Israel) – Foto: Milena Sandoval

Portão de Herodes

Após entrar na Cidade Velha pelo monumental Portão de Damasco, busquei o antigo local pelo qual os cruzados invadiram Jerusalém, o Portão de Herodes, cujo nome em árabe é Bal al Zahra e, em hebreu, Shaar ha-Prakhim, que significa Portão de Flores, referência à roseta de pedra localizada acima do arco.

Fazendas, aldeias, fortalezas e castelos foram erigidos nos territórios invadidos, a fim de criar um estado cristão, precisamente em quatro áreas: Antióquia, Edessa, Tripoli e Jerusalém. Famílias europeias foram conclamadas a largarem suas terras e tentarem a vida no Oriente Médio. Teve início um período de efervescência e excitação para a cristandade.

Parecia que o mundo todo poderia ser governado pela mesma "bandeira da cruz". Da necessidade de proteger os cristãos, os turistas da fé, durante deslocamento e estada, foram criadas ordens religiosas militares para cuidar da saúde dos visitantes e dos novos moradores. Ficaram conhecidas por Templários, a tropa de elite dos cruzados, ou pobres cavaleiros de Cristo e do templo de Salomão.

Saída da Cidade Velha de Jerusalém (Israel) – Acervo pessoal

A verdade, porém, é que a paz estava longe de ser alcançada. Em uma *jihad*[7] sem fim, os seguidores de Cristo e os muçulmanos revezaram-se na troca de poder e conquistas em batalhas que se arrastavam por cidades, vilarejos e fortalezas por todo o Oriente Médio. Passados mil anos, assistimos às notícias dos conflitos na região, dos atentados, dos ataques de terroristas extremistas, do preconceito a imigrantes e refugiados e de outras tristezas propagadas pelos jornais da atualidade, o que me faz sentir que demos poucos passos no progresso dessas delicadas questões.

---

7 Em tradução simples, *jihad* significa "guerra santa".

Loja de especiarias, Cidade Velha (Jerusalém) – Acervo pessoal

Após a vitória das Cruzadas, uma grande migração de peregrinos chegou à Terra Santa. Queriam seguir os passos de Cristo e seus apóstolos. Houve, assim, uma profunda interação entre os dois distintos mundos que lá tangiam, mudando o modo de pensar, de se portar e de se alimentar desses povos. Isso inclui os sabores exóticos do Oriente, com a invasão das especiarias nos pratos de toda a Europa.

Um pecador na Terra Santa

Visitar Israel sempre foi um desejo meu. E, ao estudar os grandes fatos que marcaram a história das especiarias, Jerusalém, em especial, tornou-se um de meus principais destinos. Em vez de seguir o tradicional roteiro dos religiosos cristãos, que partem de Tel Aviv e encerram a jornada em Jerusalém, local da morte de Jesus, iniciei a viagem pela cidade santa, priorizando o caminho que os antigos cruzados percorreram e locais ocupados por eles.

Quase mil anos depois da Primeira Cruzada, lá estava eu na Terra Santa, com toda a intenção de cometer um grande pecado: o da gula. Com a globalização do mercado, poucos são os lugares que oferecem especiarias exóticas, exclusivas de uma única região ou raras. Em geral, é possível comprar a maior parte dos temperos em bons mercados de qualquer grande cidade. Mas, em Israel, além dos condimentos clássicos – pimenta-preta, cominho, gengibre, cardamomo e outros –, encontrei curiosas misturas que se repetiam em lojas por todo o país.

Em um estabelecimento da Cidade Velha, o senhor Basim Ju'beh, proprietário do local, carinhosamente me mostrou suas misturas de especiarias e permitiu que eu as experimentasse. Há mais de 30 anos tocando o negócio, ele me informou, com toda a educação, que não me acompanharia na degustação em razão do Ramadã – época do ano em que o fiel mantém jejum absoluto do nascer ao pôr do sol, durante 40 dias, uma referência ao igual período no qual o profeta Maomé recebeu os ensinamentos de Allah.

A culinária da região de Israel destaca-se pela diversidade. Há uma combinação esplêndida dos sabores e frescor do Mediterrâneo com os condimentos típicos do Oriente. Destacam-se as misturas para arroz com amêndoas, arroz persa, arroz indiano, shakshouka, carneiro e frango. O mix philadelphia, por exemplo, é composto de sementes de mostarda, páprica defumada, tomate seco e alecrim. Já o mix para peixes leva coentro em grão, bastante alho seco, páprica, orégano, tomate seco e outros.

O charmoso Mercado Mahane Yehuda

Construído em 1929 para abrigar trabalhadores judeus, o Mercado Mahane Yehuda, localizado no bairro de mesmo nome, é pequeno e acolhedor. O local oferece um espetáculo de cores e aromas bem como um ambiente de descontração e tranquilidade, mesmo quando cheio de gente.

Percorri os corredores com olhos e sorriso bem abertos, afinal vasculhar mercados do mundo em busca de especiarias, provando um mundaréu de comidinhas deliciosas, não é nenhum sacrifício para mim, você já deve ter percebido.

As tendas tomadas por diversos tipos e tamanhos de azeitonas conquistaram-me; em especial, as que vendiam uma mistura deliciosa de azeitonas verdes guardadas com rodelas de limão-siciliano, azeite e salsinha. Sem falar nas conservas de miniberinjelas, saborosíssimas e visualmente atraentes, e de pequeninas pimentas, chamadas cherry peppers, com ardor suave e intenso sabor.

Mercado Mahane Yehuda, Jerusalém (Israel) – Acervo pessoal

Além de frutas e legumes frescos, frutas secas e conservas diversas, as lojas estão abarrotadas de condimentos em pó, como um mix de pimentas conhecido na culinária do Iêmen, onde vive uma tradicional comunidade judaica. Trata-se do shehoge, também chamado red skhug ou zhug, composto de pimenta vermelha moída, páprica, entre outros condimentos. Pode ser utilizado em sopas, caldos e diversos pratos em que se deseja dar uma tonalidade avermelhada e, claro, com boa picância.

Já no fim da minha caminhada, encontrei a loja de que mais gostei, a Tavline Pereg. Dividindo sua atenção entre vários clientes, o atendente Davi arranjou tempo para me desafiar, trazendo especiarias que, para ele, provavelmente eu não conheceria. Enganou-se. Ele me ofereceu o macis (o invólucro da noz--moscada) e a galanga, apresentada a mim em Fez como o *vyagra* marroquino. Passei no teste! E, além do efusivo agradecimento formal, aproveitei para fazer minhas comprinhas.

A FORÇA DE SALADINO E A UNIÃO ÁRABE

O êxito da Primeira Cruzada, a partir da tomada de Jerusalém pelas forças cristãs do Ocidente à base de atrocidades, fez surgir no mundo árabe um sentimento de alerta e a vontade crescente de unir os dispersos reinos muçulmanos contra o inimigo. Nesse contexto, surgiu Saladino,[8] grande estrategista militar que, primeiramente, eliminou todos os opositores locais e, em pouco tempo, assumiu a liderança do processo de resistência e ataques aos cruzados, que tanto assediavam o Médio Oriente e o norte da África. Saladino passou a ter controle de boa parte do Egito e da Síria, reinando como um poderoso sultão[9] e ganhando unanimidade entre os árabes.

Em um episódio trágico, durante um período de trégua estabelecido entre cristãos e muçulmanos na Palestina, após a Primeira Cruzada, novos soldados vindos da Europa atacaram uma caravana de mercadores árabes, violando os acordos de não agressão mútua e estabelecendo um ultraje à fé islâmica. Ao serem questionados sobre a quebra do acordo, os cruzados responderam: "peça a Maomé para libertá-los." Para aumentar ainda mais a fúria de vingança de Saladino, conta a história que sua irmã foi capturada e, provavelmente, violentada. Como resultado, houve um massivo apoio do estado egípcio e da união geral dos povos que seguiam o Islã, todos contra os francos, nome genérico dado aos invasores ocidentais.

---

8 Salah al-Din Yusuf ibn Ayyub, conhecido como Saladino no Ocidente.
9 Sultão é um título árabe que pode ser traduzido como "governador".

Entre conquistas e perdas de territórios, Saladino ganhou força e estabeleceu-se como um poderoso líder político e militar, responsável por brilhantemente reestruturar a força do Crescente. Quando mirou a Terra Santa, os cruzados, por sua vez, tinham o frágil governo de Balduíno IV, dono de uma saúde instável, já que padecia de lepra. Quando morreu, aos 24 anos, foi sucedido por seu sobrinho, Balduíno V, uma criança de 6 anos, que também faleceu um ano depois. A mãe do herdeiro enamorou-se de Guido de Lusignan, que viria a assumir a posição e a guerra iminente.

Região de Horns of Hattin (Israel) – Foto: Milena Sandoval

A batalha que consagrou Saladino

Foi em 1187, nas proximidades de Tibéria – atual Galileia, em Israel –, que ocorreu a batalha de Hattin, a mais importante travada entre cruzados e muçulmanos. Ainda hoje, a região é formada por um terreno seco e arenoso na maior parte do ano, com um calor extremo que provocou baixas no exército cristão na época. Ao perceber a oportunidade de armar uma cilada, Saladino posicionou estrategicamente seus mais de 30 mil soldados para obstruir a chegada dos inimigos ao lago da Galileia, privando os cruzados de água e comida. Não satisfeito, "deitou fogo à erva seca", produzindo uma espessa e intoxicante fumaça que fez do lugar um verdadeiro inferno na Terra. Címbalos, tambores e cânticos vindos das hordas do sultão davam um toque de terror à cena.

Placa dos Horns of Hattin (Israel) – Foto: Milena Sandoval

Os embates se sucederam e os cruzados foram, então, massacrados. Saladino, já idolatrado por suas façanhas, mirou e cercou, então, a frágil Jerusalém. Em uma atitude desesperada, o governador cristão da cidade, sabendo da superioridade dos árabes após a derrota de Hattin, ameaçou matar os cerca de quatro mil cativos muçulmanos e destruir os lugares sagrados do islamismo.[10] Fez o poderoso sultão concordar com a proposta de poupar a vida dos cristãos ocidentais caso pudessem comprar sua liberdade. É claro que muitos, cerca de 15 mil, não tinham condições de pagar e, assim, engrossaram a lista de escravizados. Saladino teve mais piedade dos cristãos orientais, autorizando a permanência destes na cidade, diferentemente do que ocorreu com os latinos, considerados os bárbaros do Ocidente.

Após Hattin, o mais famoso inimigo dos soldados cruzados entrou, triunfante, em Jerusalém, reconquistando a Terra Santa para os crentes do Alcorão.[11] Acredita-se que o então atual papa, Urbano III, tenha falecido em razão do desgosto provocado pela perda da cidade e das relíquias da Santa Cruz. O líder seguinte, Gregório VIII, após um pontificado de apenas dois meses, também faleceu. A cruz franca da cúpula do Rochedo deu novamente lugar ao Crescente. Água de rosas foi jogada nas paredes do templo.

Com a derrota, os cruzados expulsos pelas forças de Saladino passaram a retornar à Europa, deixando para trás suas fortalezas. Levaram para casa, no entanto,

---

[10] Como a Mesquita de Al-Aqsa, a maior da cidade, que tem capacidade para receber cerca de cinco mil pessoas. É considerada o terceiro lugar mais sagrado do Islã.

[11] Alcorão é uma compilação das revelações de Deus que o profeta Maomé teria recebido do arcanjo Gabriel, a partir de 610 d.C. até pouco antes da morte do profeta, em 632 d.C.

as mudanças que experimentaram após contato com o Oriente e a cultura islâmica. Carregaram também artigos e bens locais, considerados de alta qualidade, além do gosto adquirido pelas comidas condimentadas. Um movimento que impactou profundamente toda a sociedade europeia.

A MUDANÇA NO PALADAR OCIDENTAL

As especiarias, que já eram cobiçadas, subiram a um patamar ainda mais elevado de desejo e consumo. Esses sabores traziam aos cristãos ocidentais as lembranças do breve tempo que reinaram sobre Jerusalém. Destaco o cardamomo, o cravo, a canela, o macis, o almíscar, o gengibre e o popular bálsamo da Terra Santa (Runciman, 2003, pág. 311), planta de folhas carnosas, cultivada nos arredores da cidade e bastante utilizada em ritos da cristandade. Outro importante hábito que os europeus transportaram para o oeste do Mediterrâneo foi o uso do azeite na cozinha. Até o período das Cruzadas, a Europa medieval consumia quase exclusivamente óleo de origem animal, como banha de porco, fato que ainda ocorre no interior não só do continente europeu mas também do Brasil.

Mesquita da Ascensão: antiga capela cristã no Monte das Oliveiras, em Jerusalém, onde acreditava-se que, no pátio descoberto, a poeira formava, por milagre, as pegadas de Cristo. O formato octogonal da igreja foi estruturado após a ocupação dos cruzados e, em 1187, Saladino transformou o lugar em mesquita.

Interior da Mesquita da Ascensão, Jerusalém (Israel) – Acervo pessoal

Todo esse fluxo de mercadorias de Outremer, nome dado pelos europeus ao reino franco d'além-mar, dependia das condições políticas do período. Com o êxito da Cruzada de 1099, essa movimentação intensificou-se e os entrepostos comerciais estabelecidos pelos italianos na Síria e no litoral da Palestina ajudaram a incrementar o comércio. Para se ter uma ideia, quase todo o açúcar consumido na Europa, durante os séculos XII e XIII, provinha das usinas de cana nas cidades francas, entre elas o porto de Acre. Grandes quantidades de tecidos também começavam a migrar para o Ocidente, como a seda, o linho e até artigos de couro produzidos em curtumes da região. Destaque, ainda, para objetos de porcelana e relíquias de caráter religioso.

Já no caminho inverso, da Europa para o Oriente, dois principais produtos eram exportados: madeira e metal, ambos usados na fabricação de armamentos. Genoveses e venezianos eram os responsáveis por todo esse leva e traz de produtos e pessoas. Não é exagero mencionar que, sem a força logística italiana, não seria possível a existência do reino franco d'além-mar. Por outro lado, não foram poucas as vezes que os italianos – segundo Runciman (2003, pág. 320), "arrogantes e cínicos em suas condutas políticas" – indispuseram-se com as autoridades eclesiásticas ao serem flagrados comercializando insumos bélicos com os chamados infiéis.

As especiarias em Acre

Acre foi a cidade mais importante na história de Outremer, ou seja, o reino europeu que existia na Terra Santa. Tratava-se de uma enseada e era o local mais seguro para o desembarque de peregrinos cristãos em direção a Jerusalém.

Entre todos os *souks* ou bazares que conheci em minhas viagens, o de Akko é o menor, mas ao mesmo tempo o mais charmoso. Em suas ruelas estreitas, lojas de quinquilharias, brinquedos, temperos, peixes, frutas, calçados e tudo que você possa imaginar compõem o cenário do que seria viver na Idade Média, misturado com as tranqueiras de uma conhecida rua de São Paulo, a 25 de março. Citando Amin Maalouf, trata-se de "uma colmeia que zumbe assim há séculos".

Após almoçar no Hummus, restaurante que carrega a fama de servir o melhor homus do mundo,[12] fui visitar uma curiosa loja de esquina

---

12 O restaurante não tem cardápio e as opções são variações de homus servidas com pão e picles.

onde estavam expostos especiarias, peças antigas, cabaças penduradas, balanças, pilões e, sobre o balcão, vários potes com condimentos. Conheci Hamudi Kurdy, proprietário da loja, que gastou horas de sua tarde para nos explicar sobre seus mix de temperos, enfatizando que os ingredientes e as proporções eram segredo. Ele nos apresentou apenas o açafrão, guardado a sete chaves em um baú no qual estava escrito "Paris", após muita conversa.

Também nos ofereceu os cafés "temperados" chamados *spice coffee*, mistura preparada especialmente por ele. Os ingredientes principais são: cravo, canela, cardamomo e um pouco de gengibre, tudo em pó, com aromas predominantes de canela e cardamomo. Uma das melhores misturas que experimentei para turbinar o tradicional cafezinho. Além de gostoso, é simples de preparar: acrescente uma medida das especiarias para o triplo de pó de café. Do resto, a água se encarrega.

Enfim, deixei a loja de Hamudi e segui meu caminho em direção à cidadela dos cruzados com um monte de sacolas, carregadas de condimentos que perfumariam minhas roupas na mala até a chegada de volta ao Brasil.

Cidade de Akko, antiga Acre (Israel) – Acervo pessoal

Rua de Saladino

No bairro muçulmano próximo ao portão de Damasco, as ruas receberam nomes de celebridades islâmicas, como Ibn Sina, Ibn Battuta e Salah al-Din. Foi nesta última que encontrei a loja Kit Kat Coffee, de Usama Khoury, que herdou do pai a paixão pela arte de preparar especiarias, tradição mantida há mais de 35 anos.

Placa de Rua de Saladino, bairro muçulmano, Jerusalém (Israel) – Foto: Milena Sandoval

Por volta das 17 h, quase todo o comércio estava fechado por causa do Ramadã; então, indelicadamente, questionei: "Por que você não fechou sua loja ainda?" Ele respondeu: "Sou cristão, trabalho hoje." De família ortodoxa, Usama me explicou que ele mesmo prepara suas misturas com ingredientes de primeira qualidade, pois deseja fidelizar clientes, enquanto muitos de seus concorrentes buscam apenas lucro.

Falou-me sobre o qidreh, mistura de temperos para arroz que me chamou a atenção, pois, no pote que armazenava e identificava a especiaria, não havia tradução para o hebreu ou o inglês, como ocorre geralmente com os produtos comercializados em Israel. Ele me explicou, então, o nome correto, transliterou sua grafia e confessou que, algumas vezes, adiciona ao mix o caro açafrão, mas que o qidreh também pode ser feito com a cúrcuma – com preço mais em conta. Os demais ingredientes são: cardamomo, pimenta-preta, feno-grego, noz-moscada e alho. O qidreh deu uma bonita coloração amarelada e um sabor agradável aos pratos que posteriormente preparei. Mais uma dica para finalizar: a páprica defumada preparada por Usama foi a melhor que já comprei em todo o mundo.

A QUEDA DE ACRE E O FIM DAS CRUZADAS

Novos movimentos de guerra no Ocidente foram engendrados na tentativa de resgatar a Terra Santa e, a pedido do papa de Roma, soldados cruzados rumaram para a Palestina, desembarcando em Acre, Israel, no ano de 1290. A iniciativa não foi considerada nem mesmo uma cruzada e, segundo os cronistas, tratava-se, em sua maioria, de italianos classificados de "desordeiros, bêbados e devassos", para usar as palavras de Runciman. Obstinados por encontrar os infiéis, os soldados bárbaros invadiram a cidade e promoveram ataques a todos aqueles que lhes parecessem muçulmanos, critério que custou a vida de muitos cristãos confundidos com seguidores de Alá só por usarem barba!

Ruína das antigas muralhas de Akko, atual Acre (Israel) – Acervo pessoal

As notícias correram e Qalawun, então sultão muçulmano, organizou uma força com o intuito de erradicar os francos de todo o território sírio e palestino. Enviou uma carta ao rei cristão da Armênia citando o próprio voto de não deixar vivo um só cristão na cidade. Qalawun não obteve êxito, pois faleceu seis dias depois de partir do Cairo rumo à sua meta. Em seu leito de morte, fez o filho Al Ashraf Khalil jurar a ele que cumpriria a missão.

Em abril de 1291, as tropas de Khalil estavam diante de Acre, com forças muito superiores ao contingente cristão. Como de costume, tentativas desesperadas de buscar apoio no Ocidente não tiveram êxito. Nuvens de flechas cobriram o céu da cidade. Pedras e misturas explosivas foram lançadas sobre suas muralhas. Em 8 de maio, toda Acre estava nas mãos do sultão egípcio, quase totalmente destruída. Soldados, crianças e idosos foram mortos; os poucos sobreviventes foram vendidos como escravizados; e, no caso das mulheres, as poupadas foram enviadas para os haréns dos emires mamelucos. Alguns relatos de viajantes citam velhos templários vivendo como mendigos em cidades como o Cairo, que recebeu o batente da antiga igreja de Santo André, em Acre, para ornar a mesquita lá construída em homenagem ao vitorioso sultão (Runciman, 1951, pág. 367).

Depois desse episódio, cairiam também as cidades cristãs de Tiro e Beirute, além de algumas fortificações dos templários que teimavam em existir. Em julho, os homens do sultão chegaram a Haifa, 25 quilômetros ao sul de Acre, onde atacaram e destruíram o monastério do Monte Carmelo e assassinaram seus monges. Chegava ao fim a aventura dos cruzados na Terra Santa.

As Cruzadas falharam, mas aguçaram a fome do Ocidente pelas riquezas do Oriente

A atual região do Mediterrâneo ainda hoje assiste ao comércio das especiarias, que, no passado, cruzava o Oriente Médio, transportando mercadorias do antigo Ceilão (atual Sri Lanka), da China e da Índia, entre outros locais, para a Europa. No início do primeiro milênio, temperos como a noz-moscada, a canela, o cravo, o gengibre e a pimenta tinham valores altíssimos, e sua entrada na Europa medieval ocorria por meio de perigosas rotas e caravanas que atravessavam desertos e extensos territórios, até abastecer as fartas mesas de poucos na Europa.

Durante os anos das Cruzadas, houve a ascensão progressiva dos venezianos no cenário europeu. Ao assumirem o controle do deslocamento de peregrinos rumo à Terra Santa, eles conquistaram gradualmente a hegemonia do Mediterrâneo. O constante aumento do ir e vir fomentou, no europeu, a vontade de travar cada vez mais contato com as riquezas, as belezas e os sabores vindos de um mundo que eles desconheciam completamente, mas que aprenderam a desejar.

Em busca dessas conquistas, as Cruzadas haviam falhado e as portas do Oriente pareciam fechadas. Novos aliados e estratégias precisavam reforçar a causa cristã e saciar a sede europeia pelas riquezas ao leste do mundo. Nesse contexto, Constantinopla, capital do prestigioso Império Bizantino, surge no mapa como o último reduto cristão no Oriente próximo e fonte de riquezas que aguçaram o apetite do Ocidente. Entram em cena os venezianos.

VENEZA: A CIDADE DOS MERCADORES

Veneziani, poi Christiani!

Venezianos primeiro, depois cristãos! (Tradução livre)

Herdeira de Constantinopla

Com personalidade ainda fortemente ancorada no passado, Veneza, na Itália, foi palco de inúmeros acontecimentos relevantes no comércio mundial. Pelas próprias circunstâncias geográficas, os venezianos desenvolveram-se na arte da navegação e detinham um know-how invejável para a construção de embarcações, além de manufaturas como tecido, madeira, cerâmica e vidro (este último pelo qual ainda se destacam). Além do óbvio tráfego de insumos, no período das primeiras Cruzadas, seus serviços marítimos foram bastante úteis para a causa cristã, garantindo o deslocamento de soldados para as terras sagradas no Oriente.

Veneza ganhou importância e passou a reinar absoluta no Mediterrâneo. Seus mercadores foram responsáveis por garantir o crescente fluxo de exóticas e caras mercadorias de diversas partes do Oriente para a Europa, entre elas peixes do Mar Negro, trigo da Rússia meridional, vinhos da Ásia Menor, frutos distintos, açúcar e, sobretudo, as caras especiarias.

Foto tirada da Ponte de Rialto, em Veneza (Itália) – Acervo pessoal

Metrópole mais poderosa de sua época, Veneza foi fundada no fim do século VII por habitantes do norte da Itália, que enxergaram na região de baías pantanosas e lagunas um local seguro para se instalar, protegendo-se dos bárbaros que assolavam a Europa ocidental. Na região do Vêneto, havia uma forte influência de uma das cidades mais importantes do mundo antigo: Constantinopla, a capital do poderoso Império Bizantino. O coração da Sereníssima República, como Veneza ficou conhecida, pertencia ao Oriente e, desde os primórdios dessa ocupação, intensas relações comerciais foram estabelecidas. A ligação entre Veneza e o Ocidente, como conhecemos hoje, consolidou-se somente muitos séculos depois.

Atualmente, a região da cidade velha de Veneza resume-se a uma grande bolha turística, onde nem mesmo o próprio veneziano consegue viver. A cidade tornou-se um espetacular museu inundado a céu aberto, cujo movimento das marés leva, anualmente, 20 milhões de turistas a desembarcarem pela manhã e, no fim da tarde, na maré baixa, retornarem ao continente, em busca de hotéis mais econômicos. A cidade fascina multidões que procuram, em seus becos, pontes e canais, uma explicação para uma cidade flutuante que resiste aos séculos. A impressão é que, a qualquer momento, os visitantes vão afundá-la de vez.

À caça de especiarias em Veneza

Para um estudioso das especiarias, travar contato com Veneza e seu passado glorioso é mandatório. Como capital da Sereníssima República por mais de um milênio, a cidade permitiu o acesso do Ocidente ao apurado paladar do Oriente. Mas, curiosamente, a badalação que havia em torno dos produtos do Leste perdeu força na Itália e na Europa ocidental em geral. Segundo Michael Krondl, os italianos, por exemplo, estão em último lugar no consumo de especiarias.

Tal constatação, entretanto, não afetou em nada meu plano original de desvendar as riquezas culinárias de Veneza. Assim, fiz questão de me hospedar na região antiga de Veneza, pois sabia que estaria mais próximo de tudo que fosse tradicional e histórico.

Descobri um agradável restaurante que obrigatoriamente tinha de visitar: o Bistrot de Venise,[1] localizado próximo ao burburinho da Praça de São Marcos e onde o chef do local, Sergio Fragiacomo, mantém viva a chama dos sabores do Oriente. Com um ambiente agradável e mesas disputadas, o restaurante oferece no menu o chamado *Historic and classic venetian cuisine*, cujo subtítulo *Discovering the ancient flavours of Venice*, ou "Descobrindo os sabores antigos de Veneza", em português, deixou-me satisfeito. No cardápio, há sugestões de recriações feitas pelo chef, que remontam à cozinha do Vêneto dos séculos XIV, XV e XVI.

Pedi um agradável ravióli da casa, recheado com queijo e ervas aromáticas, sálvia e alecrim, além de gengibre. No fim, uma sobremesa de torta de queijo acompanhada de sorvete de açafrão, regado a água de rosas. Tudo impecavelmente apresentado e adequado ao gosto europeu contemporâneo, porém com quantidades modestas de especiarias para o meu ansioso paladar.

---

1 Restaurante citado por Michael Krondl em *O sabor da conquista*, pág. 86.

Caso visite a cidade no fim de abril, uma boa pedida gastronômica para fugir dos pratos para turistas com "seus canelones disformes e pizzas tristes", como ironiza Mina Holland (2015, pág. 124), é procurar um bom restaurante para comemorar o dia de São Marcos, mais precisamente dia 25 do mês, com o tradicional risoto de ervilhas (*risi e bisi*), no qual o arroz e as ervilhas celebram a fartura e a primavera, respectivamente.

Marco Polo: a descoberta do Oriente

O mais ilustre cidadão veneziano da Idade Média hoje tem o nome associado a um só tema: viagens. Marco Polo estampa nomes de agências de turismo, companhias de ônibus, panfletos de férias e qualquer comunicação relacionada ao assunto! E essa fama não surgiu à toa. Fazer o que ele fez em sua época parecia impossível. A obra que deixou e o dinheiro que ganhou fizeram com que o Ocidente se levantasse para conhecer o Oriente.

Idolatrado por todos os navegadores europeus do período de expansão ultramarina, este veneziano era filho de mercadores e foi o único homem da época a ter relatos publicados sobre os encantos, as riquezas e os sabores do Oriente.

Em 1271, Marco Polo partiu para Khanbaligh,[2] atual Beijing (Pequim), na China, transformada na capital do império mongol em 1260. No caminho para a Ásia, passou pelo porto de Acre (atual Akko), antiga cidade cristã do tempo das Cruzadas. Também esteve em Jerusalém, levando relíquias da Igreja do Santo Sepulcro para o soberano dos mongóis. Marco Polo tinha o aval do papa, que enxergava na jornada do veneziano a possibilidade da efetivação de uma aliança antimuçulmana entre cristãos e mongóis. Dotado de grande carisma, ele conseguiu a confiança do homem mais poderoso do Oriente na época: o imperador mongol Kublai Khan, tornando-se embaixador e emissário de importantes missões políticas e comerciais voltadas à expansão do império.

---

[2] Khambalic ou Cambalic, que significa "cidade real" ou "cidade do Khan" (Andréa Doré, em *Sitiados*, pág. 29).

JANTAR COM MARCO POLO

A antiga Acre, no norte de Israel, abriga as antigas construções cruzadas e é, sem dúvida, a atração turística mais interessante da cidade velha. Dotada de uma excelente infraestrutura, não me admiro que seja um dos mais bem preservados locais para se entender e recriar a maneira como viviam os cavaleiros cruzados.

Dentro do complexo, há a antiga sala de refeições (*dining room*), construída em 1148, onde os membros das ordens cristãs comiam no mais absoluto silêncio, como pregavam as duras ordens monásticas do período. Mas antes de fazer as próprias refeições, os irmãos da Ordem atendiam a dezenas de pobres, famintos e enfermos, separando os alimentos de melhor qualidade para a turba. Só então comiam e, depois, dirigiam-se para seus ritos religiosos. Não é à toa que, próximo à cidadela dos cruzados, uma rua leva o nome do mercador Marco Polo – acredita-se que o veneziano, em sua visita ao porto de Acre, tenha se alimentado em um refeitório por lá.

Sala de refeição na cidadela dos cruzados, atual Acre (Israel) – Acervo pessoal

Placa em campanário na Praça de São Marcos, em Veneza (Itália) – Acervo pessoal

Com o pai e o tio, trabalhou a serviço do imperador por cerca de 15 anos e permaneceu na Ásia até 1295. Nas constantes viagens, obtiveram informações sobre diferentes povos, costumes, religiões e culturas. Esse contato revelou, aos europeus ocidentais, novidades como o carvão, a pólvora, o macarrão, a bússola, a astronomia, o papel e a impressão de livros, os mapas do Oriente longínquo, entre outras tantas maravilhas.

Marco percorreu as grandes rotas e caravanas de comerciantes do Oriente, entre elas a conhecida Rota da Seda, que, nos tempos do célebre veneziano, conectava a China ao Oriente Médio para o transporte de especiarias, pedras preciosas e, claro, a seda. O caminho variava de acordo com a época e com a geopolítica local. Durante a estabilidade de um governo extenso e poderoso, Gengis Khan e seus sucessores possibilitaram a esses comerciantes uma segurança nunca antes vista em trechos tão vastos. Polo, então, usufruiu de livre trânsito por tais longínquas terras.

No retorno à Europa, em 1292, Marco Polo foi preso por navegadores genoveses, eternos rivais dos venezianos. As experiências do aventureiro fascinaram seus companheiros de cela, mas ele teve de se explicar à Santa Inquisição italiana, que via nos relatos de Marco Polo um perigo às tradições da igreja, um convite ao pecado e um péssimo exemplo aos demais.

Na mesma Veneza de Marco Polo, alguns séculos depois, Galileu com sua luneta, do alto do campanário na Praça de São Marcos, mostrou ao mundo que nós não éramos o centro do universo e teve de enfrentar os tribunais da Inquisição. Foi condenado por heresia[3] e teve de negar suas afirmações para não ser condenado.

---

[3] Em 1979, o papa João Paulo II manifestou pesar pelos maus-tratos sofridos pelo cientista.

Detalhe da placa existente na antiga casa de Marco Polo

O grande ato que eternizou Marco Polo foi a transcrição de seus relatos por um colega de cadeia, Amedeo Rústico, conhecido como Rustichello. Pela tamanha importância do fato, ele está descrito na placa da imagem mostrada ao lado,[4] que hoje identifica o local da antiga casa da família do navegador, na cidade veneziana. O livro das memórias de Marco Polo escrito por Rustichello intitulou-se *Descrição do mundo* ou também *Livro das maravilhas*, mas seu nome popular foi *Il milione*, pelo exagero das descrições do autor sobre o efetivo de pessoas e espécies de aves e animais que teria encontrado (Felipe Pigna, 2013, pág. 27). Com a queda do império mongol, em 1368, a Rota da Seda foi fechada e, por isso, a obra tornou-se a única referência ocidental sobre o Oriente. Pelos relatos de Marco Polo, os territórios da China e do Japão, por exemplo, passaram a ser conhecidos, durante a Idade Média, pelos nomes Cataio e Cipango, respectivamente.

Nos últimos anos de vida, o italiano virou motivo de chacota na Veneza medieval, que simplesmente não podia crer no que aquele homem dizia. Seria o equivalente, hoje, a alguém afirmar que foi a Marte, descrevendo os pormenores. Esses relatos ganharam credibilidade somente após a expansão espanhola e portuguesa, 200 anos depois, que confirmou algumas das histórias do astuto veneziano. Segundo a lenda, Marco Polo, ao ser questionado, afirmou: "É tudo verdade! Só disse a metade de tudo que vi."

Seu relato, mesmo que fantasioso e censurado, era o único que revelava os países com riqueza de detalhes: os costumes e o comércio de China, Japão, Índia e ilhas do sudeste asiático. Polo influenciou fortemente toda a Europa e deu asas à imaginação dos grandes sábios portugueses[5] e navegadores quatrocentistas que se lançaram ao mar rumo ao Oriente. Entre eles, Vasco da Gama, Cristóvão Colombo, Cabral, Fernão de Magalhães e Bartolomeu Dias. Colombo, em sua viagem para o Novo Mundo, levava uma carta direcionada a qualquer grande Khan que pudesse encontrar e tinha a certeza de que chegaria à Ásia, navegando pelo Atlântico, no fim de sua jornada.

---

4 A placa diz "Qui furono le case di Marco Polo che viaggiò le più lontane regioni dell'Asia e le descrisse" (em tradução livre "Aqui foi a casa de Marco Polo, que viajou pelas regiões mais distantes da Ásia e as descreveu").

5 Entre as quatro principais crônicas que escreveu, Zurara é autor do clássico texto *Crónica dos feitos da Guiné*, que conta a saga dos portugueses pela África

A casa de Marco Polo

Mercado do peixe, em Veneza (Itália) – Foto: Karina Cordeiro

Em Veneza, andei à procura da casa onde viveu o ilustre veneziano. Teria sido mais fácil e óbvio embarcar em uma gôndola, no entanto preferi me embrenhar nos becos e ruelas da cidade a pé. No caminho, cruzei com o velho Mercado do Peixe, malcheiroso como qualquer comércio do gênero, mas que guarda a alma de uma Veneza antiga, medieval, comerciante e muito próspera.

Atravessei a Ponte de Rialto, segui em frente e encontrei a Praça de San Bartolomeo, local que, no passado, fora o epicentro do comércio de especiarias na Europa.[6] A estátua do dramaturgo Carlo Goldoni e inúmeros cafés e bares tomam a velha região, onde antigamente os mercadores venezianos descarregavam as especiarias trazidas de portos do mundo, a fim de comercializá-las para toda a Europa.

Adiante, avistei uma livraria chamada Marco Polo. Imediatamente pensei estar próximo de meu destino, mas logo uma atendente frustrou minhas expectativas. Não podia acreditar que, trabalhando na livraria Marco Polo, não tivesse a menor ideia de onde estaria a casa do ilustre viajante veneziano. Prefiro imaginar que ela não entendeu o que eu perguntei. Mais à frente, percebi que algo comum batizava o nome de tudo ao meu redor: a palavra *milion*. Lá estava o *sotoportego milion*, a *pizzeria milion*, a *calle dei milion*. Finalmente, achei uma pequena plaqueta fixada em 1881 no alto de um pequeno edifício, hoje um teatro, identificando onde seria a antiga residência de Marco Polo.

---

6 Fato que ocorreu no período pós-quarta Cruzada (Michael Krondl em *O sabor da conquista*, pág. 24).

Fundo de hotel com placa indicativa (no alto) da antiga residência de Marco Polo, em Veneza (Itália) - Foto: Karina Cordeiro

A Beijing de Marco Polo

O mais ilustre viajante europeu da Idade Média ficou eternizado pela descrição de sua extensa viagem para o Oriente ditada por ele para seu colega de cela Rustichello, que, durante o tempo em que esteve na prisão, ajudou a compilar todas as histórias do veneziano (pelo que consta, Marco Polo não gostava de dialogar com o papel branco). Seu livro teria sido escrito em 1298

A ocupação mongol no norte da China durou aproximadamente de 1260 até 1360, quando a dinastia Ming expulsou os ocupantes do território. Curiosamente, foi quando a Grande Muralha da China sofreu grandes reparos e teve seu tamanho expandido, para evitar a invasão de "bárbaros" do Norte.

Mas, tratando-se de China, é necessário entender um pouco da Pequim de Marco Polo. Em seu livro *Descrição do mundo*, o viajante explica fatos curiosos sobre a atual capital chinesa. O nome da cidade aparece como Cambalic (encontra-se também como Cambalau, Cambalique, Camblau, entre outros), assumida como capital dos mongóis e residência oficial do imperador mongol e extensa corte.

Marco relata que havia anteriormente outra cidade muito grande e bela, de nome Garibulu (a tradução seria "a cidade do Senhor"), mas o soberano local, Kublai Khan, consultando seus astrólogos, descobriu que a cidade se revoltaria, causando problemas. Então, outra foi erguida ao lado da que diziam ser amaldiçoada e ganhou o nome Cambalic. Foi construída em formato de quadrado, todo murado, com ruas também todas dispostas geometricamente. Segundo Marco Polo, em torno dos muros havia um grande número de vilarejos com população bem maior que a da própria cidade murada, a qual Marco descreve como "além-muro" e "um bando de malfeitores que vagueiam pelos arredores dos portões". Atualmente, há poucos resquícios das muralhas construídas pelos mongóis.

Simone de Beauvoir, em sua obra *A longa marcha* (1963, pág. 22), faz uma interessante comparação entre o modelo europeu de constituição das cidades e de Pequim:

> As cidades da Europa foram organizadas em torno de monumentos que as encarnam: catedrais e prefeituras; próximos a estes edifícios estendiam-se os átrios, as praças, os mercados, para os quais convergiam as ruas, carreando as ondas dos cidadãos que aí periodicamente se reuniam. Ao contrário, em Pequim é um polo não atrativo, mas repulsivo. A população não tinha o direito de aproximar-se do palácio; Pequim não se organiza em torno dele, mas foi repelida pelas muralhas.

A permanência do Grande Khan em Cambalic estava restrita a determinadas épocas do ano, quando grandes cerimônias e festas eram organizadas. Ao chegar, ia diretamente ao palácio, onde gastava os três primeiros dias desfrutando de mulheres e suntuosos banquetes.

Destaca-se a grande abundância e fartura, colocando a antiga Cambalic como uma cidade que concentrava diversas riquezas vindas de distintas partes do mundo, como pedras preciosas, pérolas e as melhores especiarias e demais produtos de grande valor das Índias.

Após a queda dos mongóis por obra da dinastia Ming, quase todos os resquícios dos descendentes de Gengis Khan foram varridos do mapa; entre as exceções está aquela chamada pelos guias turísticos Ponte Marco Polo, nos subúrbios da atual Beijing, 18 km a oeste. No fim das contas, é pouco visitada pela maioria dos turistas ocidentais.

Ponte Marco Polo em Beijing (China), 2018 – Acervo pessoal

Sua construção data do século XIII e, por não ter sido feita de madeira, como tantas outras construções chinesas antigas, perdura até hoje. A China que vemos hoje nem pode ser considerada tão velha, pois lá se vão apenas duzentos anos, mas obedece a um plano que vem de épocas bem anteriores.

Em seu livro *As maravilhas* (pág. 71), Marco Polo encerra a descrição dessa ponte como "uma das coisas mais belas de ver no mundo." Vamos a um trecho na íntegra.

> [...], encontra-se um rio chamado Pulisanghin [...] Sobre o rio há uma ponte muito bonita, toda de pedra, digo mesmo que não há outra igual. Tem o comprimento de duzentos passos e largura de oito. Por ela passam muito bem dez homens a cavalo, um ao lado do outro. Esta ponte apoia-se sobre trinta e quatro arcos, formados por trinta e quatro pilares, que se levantam da água, todos de mármore. A balaustrada é toda em colunetas de mármore, que se apoiam sobre leões esculpidos e que, por sua vez, carregam outros leões muito grandes, bonitos e bem esculpidos. A cada passo há uma dessas colunas com seus leões. O vão entre as colunas é vedado por uma laje de mármore, a fim de evitar que alguém caia no rio. Assim é a ponte inteira. Uma das coisas mais belas de ver no mundo.

Vista da Basílica de São Marco, em Veneza (Itália) – Acervo pessoal

Os antigos banquetes: relatos de uma cozinha excêntrica e rica no uso das especiarias

Sabe aquela festa de casamento em que você nota o exagero do banquete e prevê o desperdício que aquilo tudo vai gerar? Bem, comparado ao que já houve no passado, os fartos jantares de hoje parecem até econômicos. Nos tempos pós-Marco Polo na Europa, o apreço pelas especiarias era altíssimo, e as cortes francesas e italianas abusavam de tais eventos gastronômicos.

Entre os livros que ficaram populares na época, temos o *Le viandier*, célebre coletânea culinária da Idade Média, escrita pelo cozinheiro da corte de Carlos V; *Du fait de cuisine*, de autoria de Maistre Chiquart, o cozinheiro do Duque de Saboia;[7] e *De honesta voluptate et valetudine* (Strong, 2004, pág. 122), obra italiana provavelmente escrita em 1465, por Bartolomeo Sacchi.

Chiquart, por exemplo, descreve os detalhes de um banquete de dois dias, realizado em 1420. Roy Strong especifica as quantidades de ingredientes utilizados: cem bois gordos, 130 carneiros, 120 porcos, duzentos leitões, sessenta porcos gordos, duzentos cabritos e duas mil galinhas. Seis mil ovos somam-se aos milhares de animais mortos. Para condimentar a abundante refeição, foram usados nada mais que doze quilos de açafrão e três quilos de noz-moscada, além de cravo, macis, gengibre, grãos-do-paraíso, canela e pimenta. O banquete foi servido em quatro mil pratos de ouro, prata, estanho e madeira (Strong, 2004, pág. 80). Exagero é a palavra mais modesta que posso usar para me referir a tais acontecimentos.

Strong descreve, ainda, um jantar organizado por um nobre, em 1368, em comemoração ao casamento da filha. Na festividade, foram servidos dois leitões dourados que cuspiam fogo. Já no Império Romano, as mais diversas excentricidades ocorriam nos jantares. Em um deles, foram mais de seiscentos convivas de uma só vez; em outro, mais de mil mesas postas. Muitas dessas reuniões eram acompanhadas de torturas e decapitações ou até mesmo lutas de gladiadores.

A criatividade posta à mesa não para por aí. Os relatos mencionam singelos pássaros que, aprisionados em guardanapos dobrados, surpreendiam os convivas ao fugirem do laço. Animais gigantes eram esculpidos em açúcar, outra "especiaria" caríssima na época. Havia também espetáculos teatrais com cantores, dançarinos, cortesãos tocando alaúde, músicos tocando trombetas montados em elefantes, leões, cavalos e camelos. Sem falar nas mais estranhas iguarias, como carne de pavão, garça, enguias, esturjão, capões,[8] pintinhos, esquilos, javalis, pombos, marrecos, faisões, perdizes, patos selvagens, gansos, miolos diversos, timos, orelhas, olhos e testículos de cabrito, cabeças de bezerro desossadas e recheadas, patas, narizes, focinhos, bexigas, cristas, rins, tripas etc.

---

7 O Duque de Saboia era Amadeu VIII (1383-1451).

8 Espécie de galo castrado que se alimenta em demasia para compensar sua disfunção sexual; sua carne seria, assim, mais saborosa.

5
סוכריות
מתוק
מתוק
מתוק

ESPECIARIAS E ERVAS AROMÁTICAS MEDITERRÂNEAS

ESPECIARIAS E ERVAS AROMÁTICAS MEDITERRÂNEAS DE ORIGEM OU LARGA UTILIZAÇÃO

Tanto os condimentos quanto as ervas aromáticas têm o poder de incrementar o sabor dos alimentos. Parece simples classificar o que é condimento e o que são ervas aromáticas, mas não é. Entre os diversos critérios e classificações permitidos, prefiro utilizar, sem rigidez, o que considero mais abrangente: os condimentos são feitos de grãos, caules, sementes, rizomas, frutos e flores secos, temperos em pó e suas combinações. Nessa classe, encaixam-se coentro, cardamomo, grãos de mostarda, noz-moscada, macis, canela, cravo, gengibre, grãos de pimentas e outros. Já as folhas, raízes e tubérculos – usados muitas vezes frescos, outras vezes secos – considero ervas e especiarias aromáticas. Entre elas, estão o alecrim, o orégano, a salsa, a cebola, o alho, a sálvia, o tomilho, o louro, a hortelã e a segurelha.

Os componentes de ambas as categorias têm o poder de alterar o gosto dos alimentos, no entanto a forma de preparo e a utilização variam. A região mediterrânea, por exemplo, é bastante conhecida por ser o berço de variados condimentos e por oferecer um elevado número de ervas e especiarias aromáticas, das quais muitas são aplicadas frescas. As ervas mais delicadas, quando submetidas a intenso calor, podem perder as características. Por isso, recomenda-se observar o tempo de cozimento e inserir esses ingredientes, geralmente, ao finalizar os pratos. Essa orientação vale para folhas de coentro e manjericão, entre outras.

Na contramão das especiarias frescas, os condimentos secos, sob as mesmas condições, têm os efeitos potencializados e, consequentemente, propiciam mais sabor. Um bom exemplo são as sementes de cominho, que liberam sabor quando colocadas em óleo quente, ou esquentadas na frigideira, e moídas na hora. Essas dicas, no entanto, apenas ilustram situações genéricas e podem variar bastante. Cada chef tem suas particularidades e arrisco dizer que todos estão certos.

Vendedor em loja de ervas na Medina de Assilah (Marrocos) – Foto: Karina Cordeiro

Açafrão

Espanhol: *azafrán*; francês: *safran*; inglês: *saffron*; hindi: *kêsar*

De origem mediterrânea, precisamente nas regiões da Ásia Menor, Grécia e Itália, o açafrão (*Crocus sativus*) carrega o título de especiaria mais cara do mundo. O melhor e mais custoso exemplar é encontrado na Espanha, mas o Irã é considerado o maior produtor mundial do tesouro.

No passado, as especiarias tinham alto valor quando encontradas em apenas determinada região, especialmente em terras longínquas. Hoje, com a expansão do comércio e os transplantes de mudas de um continente a outro, elas se tornam caras quando o plantio ou manuseio depende de mão de obra artesanal. É exatamente isso que ocorre com o açafrão.

O contato entre a Espanha e o açafrão ocorreu como resultado da permanência dos mouros em território espanhol durante séculos. Curiosamente, sua utilização permitia que se emulasse na gastronomia a nobre cor do ouro e, por isso, quem comia o alimento condimentado com a especiaria tinha a esperança de evitar a decadência (Strong, 2004, pág. 78).

Os fios ou pistilos que formam o que chamamos açafrão são extraídos dos estigmas das delicadas flores *Crocus sativus*. Alguns autores

Açafrão verdadeiro e duas variantes de cúrcuma em pó – Foto: Karina Cordeiro

citam que 220 mil flores, ou 600 mil pistilos, representam um quilo de açafrão puro. Outros, mais modestos, mencionam 150 mil flores para um quilo. Maior ou menor, essa referência é sempre altíssima.

Ainda hoje, o açafrão é vendido em pequenas caixas com somente um grama de pistilos da flor; para essa pequena quantidade, temos aproximadamente duzentas flores. Imagine o número de flores que devem ser colhidas para que milhares de quilos de açafrão possam invadir os mercados por todo o mundo.

O trabalho braçal envolvido no processo é notório e, como para toda especiaria cara, variações mais simples imitam o açafrão original. A versão mais econômica é a cúrcuma, apelidada no Brasil de açafrão-da-terra, além do urucum. Para os puristas, isso é, claro, uma afronta.

O açafrão tem o poder de realçar o sabor dos alimentos e proporciona uma linda cor alaranjada aos pratos. Quando de boa qualidade, o pistilo logo se incha em contato com a água. Uma boa opção para extrair toda a sua magia é socá-lo em um pilão e, depois, acrescentar água morna. Seu aroma é forte e o gosto levemente amargo. Deve ser utilizado com cuidado, já que poucos pistilos dissolvidos em água são suficientes para colorir o prato, sem desvirtuar o sabor.

Na indústria, pode servir de matéria para tingimento de madeiras, cosméticos, vernizes e até dar cor a bebidas. Com o aprimoramento da indústria química e o barateamento dos tingidores industrializados, porém, o açafrão é cada vez menos aplicado nesses casos. A utilização da especiaria, normalmente, é mais restrita a pratos como a paella espanhola e o bouillabaisse[1] francês, além de risotos, omeletes, pães e refogados. Outra opção é o simples arroz branco, que se torna um prato super-requintado e bonito quando colorido com o açafrão.

Já na Índia, por exemplo, há uma variedade de lassí doce, bebida à base de iogurte, que inclui o açafrão entre os componentes.

---

1 Tom Stobart, em *Ervas, temperos e condimentos de A a Z*, pág. 137, considera desastrosa a ideia de usar cúrcuma em vez de açafrão nessa famosa sopa francesa, feita com legumes, peixes e especiarias.

Alecrim selvagem colhido nas montanhas de Tinghir (Marrocos)

ALECRIM

Espanhol: *romero*; português (Pt): *rosmaninho*; francês: *romarin*; inglês: *rosemary*

Em minhas andanças pelo Marrocos, encontrei alecrim por todo lado. Em diversas cidades, a erva cresce como mato, sempre em terra seca. Não foi uma só vez que parei diante de um arbusto de alecrim para sentir seu perfumado aroma e esquecer um pouco o forte calor. Em Tinghir, belíssima região do vale do rio Todgha, conheci o alecrim selvagem, variedade mais rude da erva e, por crescer em uma região muito seca e pedregosa, tem folhas mais rugosas e espinhosas.

O Mediterrâneo é o berço do alecrim, cujo nome proveio de uma corruptela do árabe; sua designação em latim (*Rosmarinus*) significa "orvalho do mar", pois desenvolve-se, preferencialmente, em regiões costeiras expostas à atmosfera litorânea – por isso, é chamado também rosa marinha –, onde o solo é seco e rico em cálcio (Linguanotto, 2003, pág. 28). De início restrito à costa mediterrânea, o alecrim espalhou-se por quase todo o mundo.

Diz a lenda que o pequeno arbusto se desenvolve apenas no quintal dos bons e justos – ainda bem que na pequena horta da minha casa ele vingou! Para os gregos, era considerado "a flor por excelência" e servia para ornar a coroa na cabeça dos merecedores, fato que também ocorria com o louro. A utilização da erva teve

Alecrim fresco, sálvia, zimbro, orégano, coentro em pó e grão – Foto: Karina Cordeiro

grande prestígio durante a Idade Média e a Renascença, quando sua utilização era associada à fecundidade e a diversos benefícios terapêuticos,[2] que iam desde efeitos estimuladores até unguentos que faziam nascer cabelo!

No Brasil, seu nome é divertidamente usado para que as pessoas apareçam sorrindo nas fotos. Basta dizer "alecrim" enquanto o fotógrafo aperta o botão da câmera. E, por falar em foto, ela está publicada ao lado, com outras ervas mediterrâneas. Uma pena que a imagem não consiga expor o intenso aroma que a planta exala.

O alecrim perfuma e realça o sabor dos alimentos, com a vantagem de ser uma erva perene, o que facilita o uso fresco dessa especiaria. A versão desidratada pode durar muitos meses, mas seu poder aromático diminui. O inconveniente é que as pequenas folhas pontiagudas podem se desprender com facilidade do galho, cair no prato e desagradar os mais exigentes. Para evitar essa situação, sugiro utilizar galhos frescos inteiros no início do preparo dos pratos, mantidos durante o cozimento e retirados no fim. Para que o alecrim não perca as características, guarde-o em geladeira, em embalagem que não permita entrada de luz.[3]

O alecrim fica muito bem quando utilizado em molhos de tomate, omeletes, sopas, pães de ervas, conservas, batatas e cenouras cozidas, tempero de azeitonas, cogumelos e até em sucos de frutas, como o de limão. Outra boa utilização dessa erva é no preparo de azeites aromatizados. Basta deixá-lo curtir em um recipiente com azeite de boa qualidade. Impossível viver sem ele.

CEBOLINHA

Picância: 1

Espanhol: *cebolleta, cebolla de verdeo*; português (Pt): *cebolinho*; francês: *ciboulette*; inglês: *green chive*

Quando se une à salsinha, compõe o famoso cheiro-verde no Brasil, que pode ser vendido também em chumaços com o coentro. A cebolinha (*Allium fistulosum*) tem bulbo pequeno e formato longo e cilíndrico. O sabor é marcante, mais picante que o da cebola comum (*Allium cepa*).

Da mesma maneira que o alho e a cebola, a cebolinha pode enriquecer molhos, refogados, pães, sopas e, na versão crua, com folhas, combina muito bem com o

---

2 Optei por evitar divulgar os benefícios terapêuticos, a fim de poupar o leitor de eventuais riscos à saúde. Sugiro a utilização de qualquer condimento com parcimônia e com o objetivo de dinamizar o sabor dos alimentos, somente.

3 Excelente dica de Roberto Araújo em *Ervas e temperos*, pág. 16.

tomate. A diferença é que a cebolinha não é normalmente utilizada na base do refogado, mas, sim, frita diretamente no óleo.

É fácil de ser cultivada em canteiros ou vasos: exige apenas um solo saudável, bem adubado. Tem a vantagem de poder ser colhida sem que se perca a muda. Para tanto, basta cortar, com o auxílio de uma tesoura de jardinagem, uns cinco centímetros acima de sua faixa branca junto à terra e esperar a nova colheita.

CEREFÓLIO

Espanhol: *perifollo*; francês: *cerfeuil*; inglês: *chervil*

O cerefólio (*Anthriscus cerefolium*) é originário do Mediterrâneo e tem sabor delicado, parecido com o do anis. Compõe o famoso *fine herbs*, com a cebolinha, o estragão e a salsa, e fica muito bom no tempero de molhos, ensopados e omeletes. Tem aplicação semelhante à da salsinha[4] e das folhas de coentro, mas também pode funcionar como um suave calmante sob infusão. Não é recomendado para mulheres que estão amamentando, pois inibe o fluxo lácteo.

Folha de louro seca – Foto: Karina Cordeiro

LOURO

Espanhol: *hoja de laurel*; francês: *laurier*; inglês: *bay leaf*; hindi: *têj* ou *tuj patta*

Acredita-se que, popularmente, o louro (*Laurus nobilis*) tenha se originado no Mediterrâneo, mas seu berço, na verdade, é a Ásia Menor. Extremamente apreciado por muitas nações, é conhecido no mundo todo como um elemento de distinção social. Portar uma coroa de louros costumava ser símbolo de status, e grandes imperadores de Roma ficaram eternizados em esculturas e pinturas renascentistas portando o adorno, ou seja, foram laureados. Linguanotto, em seu *Dicionário gastronômico*, faz-nos lembrar: "Hoje ainda, os campeões de grand prix são agraciados com uma coroa de louros."

As folhas da erva podem temperar quase tudo. No Brasil, o louro é popularmente usado com grãos, principalmente

4 *Petroselinum crispum* é seu nome e trata-se de uma erva popular, com um grande número de variedades pelo mundo.

o feijão; já na França, compõe o famoso bouquet garni. O louro também combina com molho de tomates, molho bechamel, omeletes, caldos, cozidos, gratinados e uma infinidade de receitas. Difícil encontrar alguém que não goste de seu sabor.

A versão indiana do louro chama-se *têj patta*, traduzido como folha (*patta*) de sabor acentuado e forte (*têj*), mas acredita-se que a palavra *têj*[5] em hindi tenha derivado de *tuj*, que em gujaráti (língua do estado de Gujarat, oeste da Índia) significa "canela". Ou seja, *tuj patta* seria a "folha de sabor canela". A aplicação mais curiosa a que tive acesso foi um xampu de folhas de louro, que encontrei em um mercado de especiarias em Istambul. Sobre o efeito nos cabelos? Nada de espetacular. Outra curiosidade, segundo o professor DeRose: folhas de louro nos armários evitam cupins. Não custa tentar!

Ensopados, molhos, refogados e até um simples arroz podem ser acrescidos da erva. Com gosto e perfume suaves, deixa qualquer receita gostosa. Em pratos com ampla variedade de ingredientes, o ideal é retirar a folha de louro após o preparo para evitar que o convidado leve-a à boca e mastigue-a sem querer. Curioso é que mascar folhas de louro fazia parte de rituais feitos pelas profetisas de um dos lugares mais sagrados da antiga Grécia, o Oráculo de Delfos.

Templo de Apoio, Delphi (Grécia) – Acervo pessoal

[5] Curiosamente, o termo sânscrito *têjas*, segundo *A sanskrit english dictionary*, pág. 454, de Monier Williams, significa "fogo" ou "energia vital".

Manjerico exposto em loja no Porto (Portugal) – Acervo pessoal

MANJERICÃO

Espanhol: *albahaca*; árabe: *al-habáqa*; francês: *basilic commun*; inglês: *basil*

Chamado também alfavaca, o manjericão (*Ocimum basilicum*) é nativo da Índia, mas foi na Europa que ganhou destaque e, por isso, classifica-se entre as especiarias mediterrâneas, cultivado em regiões com temperaturas mais amenas. Pode ser encontrado com o nome alfavaca, em árabe *al-habáqa*, influência clara da época em que os mouros reinavam na Península Ibérica.

Atualmente, sua relação com a culinária do Mediterrâneo é bastante estreita, mas tem variedades espalhadas por todo o mundo e pode ser encontrado, ainda, como item de decoração. No Brasil, a alfavaca é vastamente conhecida, tanto quanto o manjericão-miúdo – que nada mais é que a versão miniatura do manjericão tradicional (folha-larga) – e o manjericão roxo.

É uma erva suave, levemente apimentada e aromática. Pode acompanhar quase todos os pratos que contêm tomate, entre eles o gaspacho, sopa fria de tomate tradicional na culinária espanhola, além de saladas, brusquetas, molhos e, é claro, a tradicional pizza margherita, composta também de muçarela e folhas de manjericão. Por se tratar de uma erva frágil, deve ser utilizada no fim do cozimento para que não perca o sabor.[6]

A melhor e mais clássica aplicação da erva fresca é no preparo do molho pesto, que consiste basicamente em muito manjericão, alho, azeite, sal, queijo pecorino ou parmesão e pinoli ou nozes. Como tantas outras especiarias, a variação desidratada da folha tem sabor bastante reduzido.

Uma versão interessante é o manjerico (*Ocimum minimum*), outro minimanjericão, cujas pequenas folhas formam simpáticos buquês perfumados, sem utilização gastronômica.

---

[6] Dica de Eric Treuille no livro *Le Cordon Bleu: todas as técnicas culinárias*, pág. 185.

MANJERONA

Espanhol: *mejorana*; francês: *marjolaine*; inglês: *marjoram*

A manjerona (*Origanum majorana*) confunde um pouco, pois tem nome similar ao do manjericão, mas o sabor lembra o do orégano (*Origanum vulgare*). Originária do nordeste da África e do Oriente Médio, pode ser empregada em pratos da culinária mediterrânea em geral, inclusive em substituição ao tomilho, ao orégano ou ao manjericão, exceto no pesto.

Integrante da clássica mistura de especiarias chamada ervas de Provença, a manjerona é da família da menta e, por isso, sua infusão é bem agradável ao paladar. O sabor é levemente doce, com tom suavemente amargo. Por ter um perfume mais delicado, recomenda-se o uso no fim dos cozimentos para evitar a perda do aroma. Fica ótima com sopas, ensopados, cremes, queijos e tomate.

Além de popularmente associada à felicidade conjugal, acredita-se que um arbusto de manjerona, quando cresce sobre um túmulo, trará ao sortudo falecido felicidade eterna. Esse é um fato que, até hoje, ninguém pode comprovar...

SEMENTE DE MOSTARDA

Espanhol: *mostaza*; francês: *moutarde*; inglês: *mustard*

Nativa da Europa e do sudoeste da Ásia, a mostarda (*Sinapis alba*) com outras especiarias circulava nas cortes dos nobres e dos sacerdotes durante a Idade Média.

Por um longo período, as abadias cristãs eram espaços importantes para a difusão da cultura e dos valores religiosos, além de fomentar o crescimento econômico do entorno. Na abadia de Saint Germain des Près (Camargo-Moro, 2000, pág. 41) em Paris, por exemplo, as sementes de mostarda eram um dos principais produtos cultivados pelos monges. A mostarda tinha ligação estreita com a tradição cristã: suas sementes são citadas por Mateus no Novo Testamento,[7] quando fala da parábola em que Jesus compara o cultivo do grão com a semeadura da fé.

Em deslocamento de Jaipur para Agra, duas importantes cidades na Índia, pude contemplar os infindáveis quilômetros de plantações de mostarda que acompanham a surpreendente e moderna estrada,[8] a qual conecta os dois pontos.

---

7 O texto integral, segundo o Evangelho de Mateus (13, 31-32), é: "O Reino dos céus é comparável a um grão de mostarda que um homem toma e semeia no seu campo. É a menor de todas as sementes; mas quando cresce, é a maior das hortaliças." (*Bíblia: tradução ecumênica*, pág. 1209)

8 O forte da logística indiana sempre foi as ferrovias construídas pelos antigos colonizadores ingleses. A partir de 2013, passaram a investir também em estradas e rodovias.

Bastante disseminada na culinária local, a especiaria e o cominho são usados de maneira semelhante. São fritos em óleo quente e criam a base para os demais condimentos no preparo dos curries, tradicionais molhos condimentados.

Ao acrescentar água e vinagre às sementes de variação amarela, prepara-se o molho de mostarda que tanto apreciamos no Ocidente. Já as escuras, típicas da culinária francesa, têm sabor mais forte e seu óleo integra a culinária oriental, além de servir como óleo de massagem. Um banho de imersão com sementes ou mostarda em pó alivia dores musculares e fadiga.

ORÉGANO

Espanhol: *orégano*; português (Pt): *orégão*; francês: *origan*; inglês: *oregano*

O orégano ou orégão (*Origanum vulgare*) é um velho conhecido dos brasileiros e ingrediente indispensável na pizza. Curiosamente, tudo o que contiver o mesmo sabor, no Brasil, acaba ganhando o nome desse prato. Ou seja, em vez de enrolado ou sanduíche sabor orégano, dizemos salgado sabor pizza, não é verdade?

É pouco comum a utilização da erva fresca, mas qualquer mercado oferece a desidratada. Ela realça o sabor dos molhos de tomate e molhos de saladas, dá um toque especial aos queijos, feijões, ovos e legumes. Serve também como tempero de conservas e, na culinária italiana, incrementa o sabor dos sanduíches. Mesmo o menor apreciador das especiarias não costuma recusar o orégano.

SALSA

Espanhol: *perejil*; francês: *persil*; inglês: *parsley*

Erva aromática extremamente popular, a salsa (*Petroselinum sativum*) faz parte da culinária ocidental desde os tempos romanos. Durante a ocupação moura no sul da Espanha, era comum a utilização de uma erva chamada *cilantro* (coentro, em português), de uso bastante popular na gastronomia andaluza, mais precisamente de Sevilha. Com a reconquista cristã que culminou em 1492, o *cilantro* extinguiu-se, a salsa (*perejil*) tornou-se popular e, hoje em dia, é amplamente utilizada na gastronomia de muitos países. Tem sabor suave, leve e agradavelmente ardido. Fica ótima com pepino, tomate, ovos, batata, sopas, caldos e diversos outros pratos. Além de dar sabor, a salsa pode entrar como elemento decorativo na finalização dos pratos. É daquelas ervas obrigatórias em qualquer cozinha.

SÁLVIA

Espanhol: *salvia*; francês: *sauge*; inglês: *sage*

Conhecida desde a antiguidade como a erva da longevidade, a sálvia (*Salvia officinalis*) tem forte propriedade aromática e é empregada tanto na gastronomia quanto em tratamentos de beleza. Friccionar os dentes com folha de sálvia era um hábito comum das mulheres da antiguidade, certas de que o sorriso pareceria mais branco e saudável.

A sálvia tem um leve toque de amargor, o que faz dela uma erva com personalidade. Não se deve cozinhá-la em excesso, para evitar a perda de seu poder aromático. Vai bem com sopas, batatas, no recheio de pães e, particularmente, gosto quando acompanha a abóbora. A utilização mais conhecida da especiaria é no complemento de massas; um bom nhoque, preparado apenas com manteiga, sálvia e queijo parmesão de qualidade, fica divino.

HORTELÃ

Espanhol: *menta*; francês: *menthe anglaise*; inglês: *peppermint*; turco: *nane*

Mundialmente popular e fácil de ser cultivada, a hortelã (*Mentha piperita*) cresce em margens de rios e bosques, bem como em hortas caseiras. É também denominada menta, tem gosto levemente adocicado e perfume que nos incita a respirar mais fundo, prolongando aquele efeito de bem-estar. Em visita aos curtumes em Fez, no Marrocos, um punhado de hortelã salvou-me do odor asqueroso desses lugares.

O uso mais difundido da erva é em uma agradável infusão, que acalma o estômago e facilita a digestão. Há duas maneiras de preparo: a feitura somente com água (infusão) ou então acompanhada de chá preto; esta última é bastante adotada em países como Marrocos e Turquia, onde as negociações entre compradores e comerciantes, nos bazares, são regadas a hortelã.

Ainda nas bebidas, temos, no Brasil, a moda dos sucos refrescantes com hortelã, dos quais o de abacaxi batido com a erva tornou-se um clássico. Em geral, sucos de frutas cítricas ficam muito bem quando temperados com o leve adocicado da hortelã.

Além de chás e infusões, a utilização da menta na gastronomia é famosa nos pratos árabes, muitas vezes como elemento decorativo, ou compondo saladas, iogurtes e caldas doces para sobremesas.

SEGURELHA

Espanhol: *ajedrea de jardín*; francês: *sarriette*; inglês: *summer savory*

A segurelha (*Satureja hortensis*) é nativa do norte da África e do Mediterrâneo europeu; a segurelha de verão (*hortensis*) e a segurelha de inverno (*montana*) são as versões mais famosas. Seu aroma tem um suave toque de menta e suas folhas desidratadas assemelham-se levemente às do orégano, mas o gosto é bem diferente. A cozinha iraniana é bastante adepta da segurelha, que compõe o *sabzi khordan*, conjunto de ervas e vegetais servidos entre as refeições.

De sabor e aroma delicados, a segurelha deve ser usada no fim do cozimento, para evitar que a erva perca seu poder. Pode ser utilizada no tempero de feijões, nos pratos de forno e também para condimentar tomates, ovos, batatas, sopas e legumes em geral, além de ser aplicada pela indústria nos famigerados embutidos e, ainda, nos licores.

TOMILHO

Espanhol: *tomillo*; francês: *thym*; inglês: *garden thyme*

Bastante importante na culinária europeia, o tomilho (*Thymus vulgaris*), com a salsa e o louro, forma o bouquet garni e compõe as ervas de Provença. Em ambos os casos, dá um toque indireto ao sabor e, ainda assim, contribui com um intenso aroma.

Durante o antigo império romano, com o orégano, o cominho e outras ervas aromáticas, o tomilho era utilizado para temperar pães. A tradição de assá-los foi amplamente desenvolvida pelos romanos. Ainda hoje, o tomilho, assim como o alecrim, é encontrado com facilidade nos montes espanhóis, como erva nativa. Lembro-me das histórias de minha avó, que, com o irmão, saía para colher *tomillo y romero* em montes, nas cercanias de Saragoça. Uma variedade bastante interessante e curiosa é o chamado tomilho limão; seu delicado aroma mescla-se com a lembrança do perfume da fruta.

Tanto o bouquet garni quanto as ervas de Provença são exceções à regra de não se misturar muitas ervas na mesma receita. A cultura da mistura de especiarias é típica da tradição oriental.

O tomilho pode ser bem utilizado em pratos de forno, sopas, cozidos de batatas e legumes, tomates assados, berinjelas, abobrinhas e omeletes, além de compor conservas de azeitonas e tomates secos. Deve ser empregado no começo do preparo, pois seu aroma é potencializado quando sofre longos cozimentos.

ZIMBRO

Espanhol: *junipero, enebro*; francês: *baies de genièvre*; inglês: *juniper*

Seu nome faz-me lembrar o célebre conjunto de bossa nova surgido nos anos 1960, chamado Zimbo Trio. Mas as semelhanças entre a especiaria e a banda terminam por aqui. O zimbro (*Juniperus communis*) não é uma especiaria conhecida do paladar brasileiro e eu nunca tive o hábito de comprá-lo por onde quer que eu passasse, até iniciar as minhas andanças e adquirir um pacotinho. Os maiores produtores são Itália e Hungria. Já o zimbro encontrado no Brasil é importado do Chile.

O arbusto do zimbro produz o fruto que usamos como especiaria. A cor desse fruto é bem interessante: tem tonalidade escura mesclada com um tom de azul. Apresenta gosto levemente adocicado e, quando utilizado na gastronomia, dá ao prato um sabor suavemente picante. Cada pequena baga tem várias pequenas sementes, cujo agradável aroma ficou popular no passado. Acreditava-se que a especiaria purificava ambientes que eventualmente estivessem repletos de pessoas: o zimbro serviria para prevenir enfermidades durante epidemias, o que obviamente é falso. Já a utilização da fumaça de bagas de zimbro queimadas para defumar presunto (Balmé, 1982, pág. 371) é, no mínimo, curiosa.

Sua principal aplicação é na aromatização de bebidas alcoólicas como o gim, mas eventualmente serve para temperar, com outras especiarias mediterrâneas, molhos, marinados e cozidos. Combina bem com pratos fortes da cozinha europeia central. Um bom refogado de repolho com zimbro é uma excelente pedida.

Meu primeiro contato com um pé de zimbro ocorreu por acaso, quando estava em pesquisas na pacata Ilha de Kihnu, na Estônia. O simpático arbusto lembra muito um pinheiro e os frutos variam do verde mais claro a colorações mais escuras quando o fruto está maduro.

Há uma curiosa relação da história do zimbro com a cristandade. De origem mediterrânea, durante a antiguidade, foi uma especiaria conhecida por trazer proteção. Diz a lenda que foi em um pé de zimbro que a Sagrada Família se escondeu dos soldados de Herodes.

حسن
حسين

TURQUIA: CONSTANTINOPLA, O PORTAL PARA OS SABORES DO ORIENTE

Imagine que os impérios de Grécia e Roma jamais tivessem desaparecido, mas se fundido em um único império construído entre o Oriente e o Ocidente.

John Rommer

A FUNDAÇÃO DE BIZÂNCIO

Os registros existentes da região datam de 657 a.C., quando colonos gregos liderados por Byzas[1] fundaram Bizâncio, que se desenvolveu como cidade-estado independente durante o mundo antigo. Sempre cobiçada, a região passou pelas mãos dos lídios,[2] persas, atenienses e macedônios, estes últimos com Alexandre, e foi anexada formalmente ao Império Romano em 64 a.C.

Situada estrategicamente entre rotas terrestres e marítimas que ligavam a Europa à Ásia, a capital do mundo antigo, que passou a ser denominada Constantinopla,

---

1 General espartano que liderou uma expedição vinda da Grécia para fundar uma colônia mais a Leste, ponto estratégico para o comércio de produtos do Oriente. A cidade chamou-se Bizâncio (*Byzantium*, nome latino) e virou uma importante cidade-estado do mundo grego antigo.

2 Grandes cavaleiros da Ásia Menor que estiveram no controle da região de 560 a 546 a.C.

tinha importância vital no comércio das preciosidades do Oriente. Por elas percorriam ouro, cera, marfim vindo da África ou Índia, âmbar, pérolas, peles, escravizados e, claro, as supervalorizadas especiarias. A riqueza de Constantinopla fascinava os visitantes e os inimigos sonhavam tomá-la. Era conhecida como a "inveja do mundo".

Banhada por mar por dois lados, oferecia uma preciosa passagem para o Mar Negro. Suas grandes muralhas garantiram, por séculos, a defesa e a soberania da cidade; a oeste, o fabuloso muro de Teodósio, construído no século V pelo imperador romano homônimo, que se estendia do Chifre de Ouro até o mar de Mármara por quase 20 quilômetros. Para os turcos otomanos, a muralha romana representava "um osso entalado na garganta de Allah" e, para a cristandade ocidental, o baluarte contra o Islã.

O FECHAMENTO DO ORIENTE PARA A EUROPA

Como mencionado, Constantinopla tinha uma importância vital no comércio por terra e mar das preciosidades do Oriente e tal prosperidade econômica atraía comerciantes e visitantes de diversas partes do globo, todos fascinados pelas riquezas do local, entre elas a seda[3] e as especiarias. No esplendor do Império Bizantino, a cidade constituiu-se em um centro de saber, comércio e expansão cristã e foi considerada o centro do governo de Cristo na Terra. Seus habitantes autodeclararam-se "líderes do cristianismo verdadeiro" e seus missionários espalharam-se por muitas nações, como as eslavas. Por tudo isso, Constantinopla assumiu o papel de guardiã de diversas relíquias cristãs.

Desde a fundação, os ataques foram muitos: entre 600 d.C. e 1100 d.C, a cidade foi sitiada nove vezes.[4] Já de 1123 até 1453, foram mais de vinte ataques, e a persistente resistência da cidade fez surgir lendas da invencibilidade de suas muralhas. Representantes de um dos principais fantasmas do Império Bizantino, os persas – com os quais uma rixa perdurava desde a época dos gregos –, foram finalmente derrotados em 628 d.C. Mal comemoravam a vitória sobre os antigos inimigos, já nascia o movimento que mais ameaçaria Constantinopla: a expansão islâmica, ocorrida rapidamente após a morte de Maomé.

---

3 A seda de Constantinopla era tingida com a chamada púrpura real, extraída de um molusco do gênero *Murex*. A cor era reservada aos membros da família imperial.

4 Geoffrey Blainey, em *Uma breve história do mundo*.

Setor restaurado das antigas muralhas de Constantinopla – Acervo pessoal

O sonho do profeta do Islã, dizia a lenda, era fazer da cidade o centro sagrado da fé islâmica. Após sua morte em 632 d.C., o Islã e a expansão árabe conquistaram territórios considerados sagrados para a ortodoxia cristã bizantina, como: Jerusalém, Síria, Egito, entre outros. Diversos locais percorridos pelos grandes homens do cristianismo foram tomados – alguns deles permanecem assim até hoje.

A falsa Cruzada dos venezianos: a cidade cristã de Constantinopla sofre o pior golpe

Conhecida pelas inexpugnáveis muralhas, Constantinopla certamente não esperava que seu pior revés viria de um ataque de outra nação cristã. O sonho de reconquista da Terra Santa, e das tantas relíquias cristãs em posse dos muçulmanos, não havia terminado. Coube ao papa Inocêncio III mobilizar os fiéis para mais uma jornada e convocar os venezianos, sob o comando do experiente Enrico Dandolo, para deslocar mais um exército cruzado para Jerusalém, por via marítima, configurando aquela que viria a ser a Quarta Cruzada, ratificada pelo papa em 1201.

Chefe supremo de Veneza, Dandolo havia assumido o governo da cidade em 1192 e ficou conhecido por ser um homem de infinita malícia e poder. Ele mostrava duas das maiores qualidades prezadas em um *dux*:[5] a competência na organização político-administrativa e a afinada capacidade de exercer a diplomacia. Como reserva, caso a última falhasse, poderia usar a força da poderosa armada naval.

Antiga Basílica de Santa Sofia, hoje uma mesquita, em Istambul (Turquia) – Acervo pessoal

Com o acordo selado, os soldados de Cristo deslocaram-se até Veneza, onde receberiam provisões e de onde partiriam para a Terra Santa. No entanto, em uma mudança de estratégia, a antiga cidade de Constantino tornou-se alvo da ganância dos venezianos, que atacaram Constantinopla com poderio militar máximo. Após inúmeros incidentes diplomáticos, a cidade foi cercada e, depois de quatro dias de assédio, sucumbiu. O resto da história é barbárie. Inaugurou-se, assim, o que ficou conhecido por Império Latino, que durou sessenta anos.

5 Termo do latim que significa líder, chefe, guia, condutor, general. O lema da bandeira da cidade de São Paulo, por exemplo, é *non ducor, duco* que significa "não sou conduzido, conduzo".

Os relatos das atrocidades são de assustar. A cidade dourada foi saqueada e incendiada, "mais casas foram queimadas do que podemos encontrar nas três maiores cidades do reino da França", declarou Godofredo de Villehardouin, nobre franco, mariscal[6] de Champanha e cronista da expedição. Outras descrições narram momentos dramáticos, entre eles a invasão ao altar da Basílica de Santa Sofia por mulas e outros animais de carga para transportar o butim. Conta-se, também, sobre uma prostituta bêbada colocada no altar do patriarca da cidade (Achcar e Barbosa, 2010, pág. 31). "Portas de mosteiros arrancadas e monjas estupradas. (...) A rota das especiarias estava garantida." (Krondl, 2007, pág. 72) A barbárie foi tamanha que consternou o mundo cristão; o papa, em resposta, mandou excomungar todos os venezianos da cidade. Sobrou pouco do que antes se conhecia como Constantinopla e os limites do império oriental nunca mais seriam tão extensos. Para Steven Runciman, grande historiador das Cruzadas, a Quarta Cruzada foi o maior de todos os crimes contra a humanidade.

O conflito deixou evidente que a proposta inicial de junção das forças cristãs do Oriente e Ocidente contra um mal comum, o Islã, havia se perdido. O Ocidente buscava a submissão dos cristãos orientais à igreja cristã ocidental. O propósito inicial dos cavaleiros cristãos – o sonho de retomar Jerusalém –, tão conclamado no sermão do papa Urbano, 106 anos antes, havia sido esquecido. O paradoxo é que as Cruzadas visavam à propagação da fé cristã e à conquista de territórios sagrados, bem como ao controle da expansão islâmica, no entanto acabaram por enfraquecer as defesas da cidade que, poucos anos mais tarde, se renderia de vez aos turcos.

Interior da atual Mesquita de Santa Sofia, em Istambul (Turquia). Um ano depois da invasão ocidental, Enrico Dandolo, líder de um dos movimentos mais violentos da história, faleceu na Basílica de Santa Sofia. Pode-se ver o nome do *dux* cravado no solo que guarda seus restos mortais.

O conflito deixou uma cicatriz na história da cristandade. Por isso, em 2004, o papa João Paulo II pediu perdão e lamentou o saque a Constantinopla, além de autorizar a devolução dos santos ossuários dos mártires e relíquias roubados do interior de Santa Sofia para a igreja cristã ortodoxa.

---

6 Antigo marechal.

Em Santa Sofia, Istambul (Turquia) – Foto: Karina Cordeiro

Os venezianos são expulsos de Constantinopla

O saque à cidade bizantina não ficou restrito a uma visita dos venezianos. Em seis décadas de Império Latino, todas as riquezas possíveis foram arrastadas para a Europa, em embarcação atrás de embarcação. Com Constantinopla sob o jugo dos venezianos, a cidade italiana passou a controlar todo o comércio no Mediterrâneo, inclusive o de riquezas e especiarias do Oriente. Somente em 1261, liderados por Miguel VIII Paleólogo e com o auxílio das embarcações genovesas, os bizantinos invadiram Constantinopla e, mais uma vez, destruíram igrejas de culto romano, lojas de mercadores venezianos e tudo o que remetesse ao Ocidente cristão. Assim, recuperaram a cidade para a cristandade oriental e puseram fim ao curto patriarcado latino na região.[7]

Na igreja de Santa Sofia, na atual Istambul, foi construído um dos mosaicos mais belos do mundo, em homenagem à reconquista de Constantinopla. Nele estão as imagens de São João Batista, da Virgem Maria e, ao centro, a de Cristo, representando aquele que trouxe novamente a ordem e a estabilidade. Uma obra-prima da arte bizantina.

Nessa época, os venezianos em Constantinopla já não tinham os benefícios de outrora e foram, obviamente, exilados da cidade, espalhando-se por diversas regiões – uns voltaram para Veneza, outros deslocaram-se para a Ásia Menor ou ainda mais para o Oriente.[8] Os genoveses, por sua vez, foram reintegrados a Bizâncio e passaram a controlar o comércio de mercadorias com o Ocidente.

Os estrangeiros, em especial os genoveses, instalaram-se no norte da cidade, na região conhecida, ainda hoje, como bairro Pera.

Mosaico Deesis com São João Batista, Virgem Maria e Jesus Cristo, atual Mesquita de Santa Sofia, em Istambul (Turquia) – Foto: Karina Cordeiro

[7] Durou de 1204 a 1261.

[8] Andréa Doré, em *Sitiados* (página 29), explica que, dessa fuga, Nicolau e Mafeu Polo, pai e tio de Marco Polo, foram estimulados a seguir para o extremo Oriente. Anos depois, o menino Marco Polo se juntaria aos dois, fazendo história.

Estava constituído o estado independente de Gálata. Abriga visitantes de diversas nacionalidades, fascinados pelo intenso comércio – entre eles, este autor. Em Istambul, onde estive em 2011 e novamente em 2014, adquiri punhados de todas as especiarias que encontrei pela frente. É claro que nem se comparam aos volumes carregados pelas embarcações venezianas e genovesas.

O fato é que, mesmo após a expulsão dos venezianos, a joia bizantina nunca recuperaria o esplendor de séculos atrás e, no meio do século XV, se tornaria presa fácil para as forças turcas.

A antiga igreja de São Salvador, construída em 1048, hoje abriga o museu Kariye Müzesi. É guardiã de belíssimos exemplos dos tradicionais afrescos bizantinos,

Antiga igreja de São Salvador de Chora, hoje um museu, em Istambul (Turquia) – Acervo pessoal

utilizados como alternativa artística aos valiosos mosaicos no período tardio do império, na dinastia dos Paleólogos, época de sérias dificuldades econômicas. A beleza interior da Basílica mostra a retomada da arte bizantina após a expulsão dos latinos, em 1261.

RUMO A ISTAMBUL

Meu voo com destino à antiga Constantinopla partiu de São Paulo, no Brasil, e a escala na capital espanhola só fez aumentar a minha ansiedade. Essa euforia, somada a meses de leituras e estudos prévios, proporcionava-me a sensação de que eu desembarcaria não na Istambul de hoje, mas, sim, na Constantinopla bizantina do século V, ou séculos depois, na cidade já conquistada pelos imponentes sultões otomanos. O descortinar das últimas nuvens vistas pela pequena janela do avião fizeram-me enxergar a forma triangular daquela cidade mágica, que por tantos anos eu só conhecia por livros. Somente naquele momento pude assimilar a localização estratégica do chifre de ouro, que, daquela perspectiva, passava a fazer todo o sentido.

Entre os importantes pontos turísticos que denotam o passado comercial da cidade estão duas construções bastante significativas até hoje. A primeira é o mais famoso mercado de Istambul, chamado Grand Bazaar,[9] ou bazar coberto – em turco, Kapali Çarsi. Como é de se esperar, tem impressionantes 45 mil metros quadrados e é ponto obrigatório de parada. Turistas de todo o mundo perdem-se, durante horas, nos emaranhados de mais de quatro mil lojas, 64 corredores e 22 portões. Essas dimensões tornam o Grand Bazaar o maior centro de comércio do mundo em atividade, com aproximadamente 25 mil trabalhadores. Além de ser o mais antigo.

Podemos considerá-lo o primeiro shopping center do mundo, edificado, em boa parte, pelo próprio Mehmet, conquistador de Constantinopla, a partir de 1456, com o propósito de incentivar mercadores e comerciantes a se instalarem na recém-conquistada cidade. A experiência de negociar e comprar nos bazares turcos nada tem de convencional, como pude constatar. Em uma viagem ao passado, vivenciei negociações regadas a chá, olhares sisudos e regateio, mas em geral recebi a recompensa: um enorme e gratificante sorriso do comerciante, satisfeito por ter chegado a um acordo.

---

[9] Dalal Achcar e Kátia Barbosa, em *Istambul: uma cidade fascinante*, descrevem a experiência das compras no bazar de modo bem interessante: "Comprar no Grand Bazaar não é uma experiência de consumo, mas sim outra forma de absorver a rica e diversificada cultura local!" Estou plenamente de acordo.

Lustres e lamparinas no Grand Bazaar, em Istambul (Turquia) – Acervo pessoal

A regra é básica e aplica-se a todos os mercados de cidades como Fez e Marrakech, no Marrocos, Delhi e Jaipur, na Índia, entre outras: o preço inicial nunca é o real, ele sempre pode baixar. Lembre-se de ter paciência. Algumas aulas de interpretação em escolas de atores podem ajudar! Minha tática era sempre fazer uma cara feia quando recebia o valor hipervalorizado do mercador. Balançava a cabeça indicando uma atitude de negação e, muitas vezes, ameaçava educadamente deixar a loja. Entre idas e vindas e quase desistências, um bom negócio saía. O importante é não perder o bom humor nunca, mesmo que externamente você não transpareça. Mas não se iluda: não raramente, preços muito baixos referem-se a produtos de qualidade inferior; a seda, por exemplo, será sempre seda e sempre mais cara que os tecidos comuns. A questão é: o produto escolhido é seda mesmo?

Esses momentos marcaram a mim e a minha visita à antiga Constantinopla. Pois foi então que percebi o que realmente estava em jogo. Mais que a conclusão da venda e a efetivação do lucro, havia um embate, sempre com base na boa educação, na negociação e na pechincha. Mas eu tinha uma meta. E foi em uma loja de xales e pashminas que obtive a indicação do local onde eu tanto desejava estar em Istambul: o Bazar das Especiarias, também conhecido pelo nome turístico em inglês: Spice Bazaar, em turco Misir Çarsisi, o mais expressivo centro de comércio de condimentos da cidade.

A tropa de elite otomana

Para a constituição de um efetivo militar disciplinado, os turcos otomanos optaram pelo aliciamento de cristãos, frequentemente recrutados à força, cujos territórios haviam sido ocupados. Contavam mais com esse contingente que com os próprios soldados muçulmanos, os quais vinham de diferentes feudos rivais entre si.

Os turcos entraram em acordo com as famílias cristãs para que estas, ao entregarem os filhos para o exército, tivessem atenuado o valor dos impostos a serem pagos ao sultão. Essa prática de aliciamento denominava-se *devşirme*.[10] Os meninos eram escolhidos segundo rígidos critérios, como inteligência, força física, vigor e beleza. Criados de acordo com a tradição islâmica, não tinham direito a acumular bens e, por não terem vínculos familiares com clãs rivais, estavam menos vulneráveis a incitar dissidência ou golpes. Mesmo obrigatório, o alistamento no exército era visto pelas famílias mais pobres como uma oportunidade de ascensão social.

Muitos dos jovens convertidos atingiam alta hierarquia no novo governo otomano, ou mesmo ocupavam a tropa de elite do sultão, os janízaros, cuja denominação vem do termo *yeniçeri*, que designa a infantaria e significa "nova força". Inteligentes e leais, os janízaros recebiam educação de ponta e treinamento militar extremamente qualificado, além de terem benesses que um guerreiro tradicional não tinha. Formavam a elite guerreira do sultão, sua infantaria. Um exército treinado para apreender e sitiar cidades bem protegidas, disposto a morrer pelo governante. Estava formada a elite turca, que aterrorizaria a cristandade em todo o Ocidente.

---

[10] *Devshirme ou devsherme.*

Os últimos suspiros da Constantinopla cristã: a porta do Ocidente para o Oriente estava se fechando

No fim de maio de 1452, Mehmet e o poderoso exército janízaro estavam às portas da cidade. A superstição medieval permeava a mente dos cristãos locais: o primeiro reinado começara com Constantino, filho de Helena, em 330 d.C.: mesmos nomes do atual imperador e de sua mãe em 1453. Seria esse um sinal do fim de um ciclo de mais de mil anos? A resposta é sim.

Na manhã de 25 de maio daquele ano, na igreja de São Salvador de Chora, uma multidão reuniu-se e partiu em direção às muralhas da cidade, a fim de pedir proteção à Virgem. Afinal, como fantasma da invasão turca, a fé era a única solução.

Perto de alcançar seu maior objetivo, Mehmet enviou, como mandava a lei islâmica, um mensageiro com um ultimato: uma proposta de rendição e entrega de Constantinopla. Caso a oferta fosse aceita, famílias e bens não sofreriam danos, prometeu o sultão. Mas, no caso de uma negativa, não haveria piedade aos cristãos. O imperador Constantino XI[11] rechaçou a possibilidade de rendição. Após cinquenta dias de insultos e batalhas, ceder a um acordo parecia improvável. Em um dos conflitos, o exército de Mehmet capturou marinheiros que fugiam de um naufrágio e ordenou a execução de cada um deles, à vista da cidade. Em resposta, os cristãos mandaram decapitar, diante do inimigo, 260 prisioneiros turcos (Runciman, 2010, pág. 206).

O sultão ordenou a investida a Constantinopla em 27 de maio, um domingo. Seus canhões proferiram um dos ataques mais pesados de todo o cerco (Crowley, 2008). Para cooptar seus homens a avançar, Mehmet, grande estrategista, contava aos guerreiros sobre as riquezas que estavam logo ali, por detrás daqueles muros. Citava os tesouros únicos e as igrejas incrustadas de ouro – este que, na tradição bizantina herdada dos antigos gregos, simbolizava o divino, o eterno, pois nunca perecia –, além de prata, pérolas e pedras preciosas jamais vistas. Se vencessem aquela etapa, os soldados teriam direito a três dias consecutivos de pilhagem por toda a cidade, ofereceu o líder. Pautados pela fé, os otomanos trouxeram à luz toda a força do Islã – motivação que andava adormecida em outros tempos – para seguir em frente.

O exército islâmico era treinado para vencer e não recuar, por isso Mehmet vociferava: caso algum homem se escondesse na tenda e se recusasse a lutar, não escaparia de uma morte lenta e dolorosa. "Tende bom coração e estás pronto para morrer alegremente pelo amor de Maomé", doutrinava o chefe turco.

---

[11] O último soberano cristão em Constantinopla; esteve no poder de 1449 até 1453.

Afinal, o assédio turco não teria sido um castigo divino vindo dos céus por consequência do Grande Cisma de 1054, quando as igrejas latina ocidental e grega oriental divergiam em diversos aspectos? Entre eles, a redação do credo, o pão usado na eucaristia – com levedura[12] para os orientais, sem levedura para os ocidentais – e também a questão do celibato?[13] No entanto, as diferentes nações cristãs presentes na cidade – espanhóis, genoveses, venezianos e gregos – dissolveram momentaneamente as inúmeras diferenças e formaram uma emocionante liturgia na Basílica de Santa Sofia. Mulheres e crianças oravam e trabalhavam duro nos muros da cidade, carregando vigas, madeiras e terra. No que podemos chamar de último discurso do Mundo Antigo, no palácio imperial, Constantino XI bradou a seus comandados que enfrentassem o perigo e a animalidade do inimigo, assim como haviam feito seus antepassados, enaltecendo a coragem dos romanos ao se depararem com os elefantes de Aníbal muitos séculos antes.[14]

A ofensiva final começou oficialmente naquela madrugada, a partir de 1 h 30 min. Após os bombardeios aos muros, os primeiros ataques foram proferidos por Mehmet. Seu exército de irregulares,[15] para cansar o oponente, aproximava-se dos muros e era rechaçado pelos defensores da cidade, que empurravam as mais de duas mil escadas dos invasores e neles atiravam óleo quente. Com o efeito devastador dos ataques durante dias, as impenetráveis muralhas revelaram brechas e, assim, começaram a desfalecer. A luta era desigual. Mehmet contava com sessenta mil soldados e mais de 140 mil auxiliares, enquanto os cristãos de Constantino somavam apenas oito mil.[16]

Na madrugada de 28 de maio de 1453, o imperador cristão, enquanto rezava, teve uma visão da Virgem Maria descendo à Terra, pedindo-lhe para entregar a coroa imperial e levá-la aos céus. Esse era o presságio do fim. A cidade agora

---

12 A levedura significava a presença do Espírito Santo e a não utilização soava como costume judaico, explica Steven Runciman em *La caída de Constantinopla*, página 49.

13 No Ocidente, o celibato era obrigatório para todos os que recebiam a ordem sacerdotal; já no Oriente, o casamento era permitido entre os clérigos, exceto os bispos.

14 Fato ocorrido em 218 a.C., na Segunda Guerra Púnica entre cartagineses e romanos.

15 Irregulares era o nome dado aos homens de outros povos convertidos ao Islã. Tinham a sobrevivência garantida pela subserviência ao sultão e serviam como "bucha de canhão". Já a tropa principal era composta de cinco mil homens bravos, treinados e muito bem equipados, divididos em infantaria pesada, arqueiros, lanceiros e janízaros, horda da elite militar turca otomana.

16 Segundo Judith Herrin em *Bizancio*, páginas 407 e 408. Já Steven Runciman, em *La caída de Constantinopla*, página 17, assume 80 mil, mais 20 mil irregulares e outros que somavam poucos milhares. Em compensação, cita sete mil do lado cristão.

estava espiritualmente desprotegida. Em atitudes desesperadas, os fiéis levavam imagens sacras e símbolos cristãos para as surradas muralhas, na intenção de amaldiçoar os invasores.

O ataque otomano prosseguiu até uma flecha ferir gravemente Giustiniani,[17] principal organizador das tropas de Constantino. Seus homens buscaram socorro e levaram-no para longe das muralhas, contra a vontade de Constantino, que não queria seu maior comandante longe das defesas. Sem o líder, os genoveses desesperaram-se e fugiram. As portas da cidade abriram-se. Nas muralhas, ouvia-se o grito: "Tomaram Constantinopla!"

Agora, Mehmet não era apenas sultão, mas o mais novo herdeiro do antigo Império Romano. Constantino XI retirou suas insígnias imperiais e jogou-se no campo de batalha. Não se sabe de seu fim, nem o que houve com seu corpo, mas, como é praxe na tradição cristã, os líderes militares[18] que lutaram em guerras santas tornam-se lendas. Acredita-se que um anjo tenha protegido o imperador, transformando-o em uma coluna de mármore e ocultando-o das mãos sedentas de sangue de Mehmet. E que um dia esse anjo retornará para fazê-lo humano e novamente reconquistar Constantinopla. Outra versão conta que o corpo de Constantino, depois de morto, teria sido reconhecido por cativos cristãos; sua cabeça foi exibida no alto de uma coluna para deleite dos inimigos otomanos e, posteriormente, enviada às principais cortes do mundo islâmico (Runciman, 2010, pág. 253).

Mehmet e seu exército entram triunfantes em Constantinopla

Incentivados pela promessa dos saques à cidade dourada, os soldados promoveram um evento de sangue e horror. Com o ódio entalado na garganta, foram mais de cinquenta dias de insultos e mortes de ambos os lados. Constantinopla não quis se render, mas agora deveria pagar caro pela recusa. A maioria dos relatos da invasão é de fontes cristãs e condena as atrocidades. Nas versões otomanas, as descrições já são mais sucintas. Isto é certo: uma invasão nunca é pacífica,

---

17 Famoso soldado genovês chamado Giovanni Giustiniani Longo. Havia chegado como reforço ocidental em 29 de janeiro de 1453 e trouxe com ele 700 soldados bem armados. Era um estrategista para defender cidades muradas e foi uma grande inspiração para os soldados locais e os ocidentais. Segundo Runciman, em vez de uma flechada, foi ferido por uma bala de canhão que atravessou seu peito.

18 Como Dom Sebastião, rei de Portugal, que foi morto em Marrocos, entre outros.

Rumeli Hisari, fortaleza construída por Mehmet, o Conquistador, em 1452, Istambul (Turquia) – Foto: Karina Cordeiro

educada ou cordial. De qualquer maneira, a proposta aqui não é apontar o lado mais cruel, mas, sim, mostrar do que o ser humano é capaz, independentemente de credo, raça ou nacionalidade.

Em muitas igrejas, os invasores interromperam os cultos e prenderam todos os participantes. Profanaram os interiores e furtaram cálices, taças, mantos adornados com ouro e pedras preciosas. Derrubaram altares e violaram as tumbas dos imperadores em busca de tesouros. Na igreja de Santa Teodósia, profanaram relicários e até mesmo os ossos da santa, que foram jogados para os cães.

Outros relatos descrevem que os turcos, em ato sarcástico, vestiram-se com trajes eclesiásticos e também seus animais. Atacaram o palácio imperial, queimaram livros, arrancaram e destruíram mosaicos e mármores a machadadas. Poucos dias após a queda, o sultão presenteou os amigos príncipes maometanos com quatrocentas crianças capturadas, para que as incorporassem às próprias forças (Runciman, 2010, pág. 264).

Descreve-se que os turcos teriam feito uma grande fogueira com as imagens da cristandade, na qual assaram carnes para se alimentar. Verdade ou não, esses fatos, como as atrocidades dos cruzados perpetrados contra os muçulmanos no Oriente, mostram que esses homens eram guerreiros e que seus principais interesses eram o butim, o saque e a violência. E, na guerra, não dá para esperar cenas de amor. A causa espiritual sempre foi uma desculpa.

A Basílica de Santa Sofia[19] foi invadida pela tropa de elite de Mehmet I. Concordo com alguns autores[20] que consideram a entrada das tropas otomanas no local o momento preciso da queda da cidade. Encontrando a porta fechada, derrubaram-na com machadadas. Acima de suas cabeças, as imagens sagradas em mosaicos belíssimos assistiam à destruição e à pilhagem. Os ossos do odiado doge de Veneza, que tinha devastado a cidade 250 anos antes, também foram atirados aos cães. A liturgia havia terminado, mas os fiéis permaneceram por ali. Muitos foram assassinados, outros amarrados e retirados em fila. Seus suplícios tinham sido em vão.

O silêncio de Mehmet

Mehmet entrou pelas ruas de Constantinopla, montado em seu cavalo branco, na terça-feira de 29 de maio de 1453. Dirigiu-se a Santa Sofia. À porta da Basílica, agarrou um punhado de terra e colocou-o sobre o turbante, em sinal de humildade e respeito a seu Deus. Permaneceu por alguns instantes em silêncio. Diz a lenda que, ao ver a chacina que ocorria dentro da igreja, Mehmet chorou e ordenou que aquilo tudo parasse.

O silêncio de Mehmet é compreensível e provavelmente similar ao meu e ao de tantos visitantes que ainda hoje adentram essa monumental Basílica. Nela, tudo é de impressionar, como os detalhes da arquitetura e, especialmente, a mescla de símbolos cristãos e islâmicos. Um misto de perplexidade e admiração tomou conta de mim, quando atravessei a porta principal da Sagrada Sabedoria, que, ainda hoje, guarda um certo clima de mistério e transporta-nos para a época de Mehmet.

---

19 "A obra-prima arquitetural da época é um dos maiores triunfos da criatividade humana em qualquer tempo..." (H. W. Janson, em elogio à belíssima Santa Sofia no livro *História geral da arte*)

20 Entre eles, Roger Crowley em *1453: a guerra santa por Constantinopla*.

A entrada do sultão no templo mais sagrado da cristandade deve realmente ter sido algo emocionante, mas, ao mesmo tempo, aterrorizador para os cristãos. A Basílica ainda tem nas paredes as marcas de objetos arrancados dali, resultado dos conflitos entre as duas grandes religiões monoteístas. Mosaicos restaurados com imagens cristãs contrastam com grandes painéis arredondados (ver foto da página 100) feitos de couro de camelo e pintados com textos do Alcorão, além de nomes do profeta e dos respectivos parentes.

Estava selada a invasão turca![21] A Basílica de Santa Sofia, que reinara por novecentos anos desde Justiniano, agora estava nas mãos dos otomanos e, pelas ordens de Mehmet, foi transformada imediatamente em mesquita[22] (em 1935 virou museu e, já em 2020, voltou a ser mesquita por ordem do conservador Recep Erdoğan). Mais tarde, seriam acrescentados mais minaretes[23] à construção, totalizando os quatro atuais e marcando a conversão do antigo monumento ao Islã. Agora, Mehmet era o sultão otomano chamado Fatih, o Conquistador. E Istambul pertencia, então, ao Império Otomano.

Mehmet certamente estava orgulhoso de seu feito. A maior e mais importante cidade da antiguidade, após mil anos nas mãos cristãs, estava a seus pés. Difícil imaginar o que se passava na cabeça daquele jovem de vinte e poucos anos, o qual possivelmente pressentia a entrada de seu nome e suas conquistas na história para sempre.

Trinta anos depois da conquista de 1453, a população de Constantinopla, hoje Istambul, havia quadruplicado e, em um século, atingiria a marca de meio milhão de habitantes. Mehmet e sucessores ampliaram as fronteiras do império otomano, do Oriente Médio até a Europa, ficando conhecidos pela beligerância e rápida capacidade de expansão. O apogeu da liderança turca ocorreu no século XVI, sob o reinado de um grande governante: seu nome era Suleyman, conhecido como o Magnífico.

A tomada de Constantinopla pelos turcos desencadeou as grandiosas navegações e a descoberta das Américas. Isso porque, quando a cidade sucumbiu definitiva-

---

21 A violência contra a Basílica não é fato unânime entre os pesquisadores. Correntes defendem que o sultão Mehmet solicitou a seus homens que preservassem Santa Sofia a qualquer custo e teria chorado ao ver as desgraças impostas a monumentos e edifícios.

22 O nome da Basílica passa, então, a Aya Sofia, Camii Kabir ou "a grande mesquita de Hagia Sophia" (John Freely em *O grande turco*, página 67).

23 É no alto do minarete que se posiciona o arauto (muezim), responsável por conclamar a cidade à oração diária. Atualmente, cerca de um quarto do planeta responde a esse chamado. Istambul tem mais de três mil mesquitas.

Bazar das Especiarias, em Istambul (antiga Constantinopla), Turquia – Foto: Karina Cordeiro

mente aos otomanos, em 1453, o comércio com Veneza e toda a Europa foi fechado. Notáveis mentes que habitavam o até então território bizantino buscaram refúgio no Ocidente cristão. Essa migração desencadeou uma forte influência na arte, na alimentação e nos costumes dos europeus do século XVI.

O processo de transformação da Europa ocorreu também como resultado da ocupação árabe na Península Ibérica. Os mouros, que tomaram o oeste europeu, tinham uma excelente gastronomia, com uso abundante de especiarias, e conhecimentos sobre matemática, astronomia, física e outros. Esse povo impactou fortemente as sociedades portuguesa e espanhola, que, poucos anos mais tarde, lançariam naus e notáveis navegantes, como Vasco da Gama e Colombo, ao Oriente, em busca da fonte das valiosas especiarias. Estava na hora de procurar uma solução para as portas fechadas por Mehmet.

Bazar das Especiarias: Misir Çarşisi

Conhecido internacionalmente como Spice Bazaar, o Misir Çarşisi é também denominado Bazar Egípcio pelo fato de o Egito ter sido rota das especiarias que desembarcavam no bazar. Foi construído entre 1663 e 1664 d.C., como parte do complexo da Mesquita Nova, já sob o domínio turco-otomano. No fim do século XVII, foi reconstruído após sofrer um grande incêndio, fato que se repetiu em 1940 e 1994. Com os inúmeros aromas e as cores das especiarias, o bazar abriga, também, uma enorme diversidade de produtos como chás, frutos secos, mel e doces, entre eles os populares lokum, feitos de pistache, além de porcelanas e perfumes.

Eu me senti no paraíso! Tive longas conversas com comerciantes locais,[24] como o Fatih Mehmet Develi, que atua na área há 20 anos e, seu pai, há mais de 40. Confessou-me, também, sua preocupação com a próxima geração, que talvez não dê continuidade ao trabalho no mercado. Características dos novos tempos.

Ainda hoje, passear pelos bazares da moderna Istambul é sentir a atmosfera que reinava no passado da antiga Constantinopla. O comércio efervescente, o ritmo frenético, a mistura de povos e os diferentes sotaques de turistas reproduzem algo muito parecido com o que ocorria há mais de 1.600 anos, nos tempos bizantino e otomano.

[24] No Bazar das Especiarias, indico Develi Baharat Spice Center.

Aphrodisiac for men and women

Aphrodisiac é uma mistura que invadiu os mercados populares de Istambul, em especial o Spice Bazaar. Seu pequeno frasco é decorado com a ilustração pouco caprichada de um homem portando um grande falo ereto, detalhe que faz ruborizar alguns visitantes. Seis ilustrações de bandeiras estrangeiras professam: "É uma mescla de 31 especiarias que, se ingeridas, dão o poder de se fazer amor por cinco vezes em uma noite." A consistência lembra bastante a do mel e, o gosto, ao do xarope de guaco, aquele mesmo que combate a tosse.

Entre extratos e frutas, as principais especiarias que compõem o estimulador sexual são: canela, cravo, gengibre, pimenta-preta, galanga, coco, anis, mástique, açafrão, cúrcuma, alcaçuz, erva-doce, cominho, cardamomo preto, baunilha, folha de louro, tomilho e muito açúcar, além de outros ingredientes.

Impossível não comprar, não é mesmo? Serve como uma inusitada lembrança para se levar para os amigos mais íntimos. Eu mesmo trouxe vários frascos! O efeito? Ah, depois eu conto... Fiquei tímido agora.

Bazar das Especiarias, Istambul (Turquia) – Foto: Karina Cordeiro

RAMAS DE CANELA PELO CORPO

Palácio de Topkapi, Istambul (Turquia) – Foto: Karina Cordeiro

Com um grande e próspero império, os turcos manuseavam mercadorias deslocadas de todas as partes de seu vasto território, e com as especiarias não era diferente. A alimentação condimentada é um traço cultural que se mantém até hoje na culinária turca.

Veja o caso do magnífico Palácio de Topkapi, construído por Mehmet II, em Istambul, para sua moradia e centro da administração do Império Otomano. Os cozinheiros do palácio eram incitados a inventar e a se superar em cada novo prato, com o uso de ingredientes e especiarias provenientes das regiões mais remotas do império. Tudo era feito com o maior esmero para conquistar o exigente paladar do sultão; afinal, deixar de lograr verdadeiras iguarias aos nobres poderia significar severas punições.

Um dos pontos mais disputados pelos turistas no Topkapi é o harém do sultão, onde as concubinas recorriam a diversos ardis para conquistar o desejo do todo-poderoso. Um deles era o de passar ramas de canela pelo corpo, utilizando-se do suposto poder afrodisíaco da especiaria para encantá-lo.

O tempo dos sultões acabou, mas os resquícios podem ser sentidos nos mercados da atualidade, afinal o apelo sexual ainda é um excelente marketing.

A CULINÁRIA TURCA

Tratarei neste tópico de descrever algumas especiarias com que tive contato pelo mundo. Entretanto, me limitarei a pontuar as características sem me ater aos benefícios terapêuticos que, eventualmente, algumas possam nos proporcionar. Com essa medida, evito transmitir informações que tenham o potencial de colocar em risco a saúde do leitor. Justamente por causa do universo misterioso criado em torno das especiarias do Oriente, na época da descoberta dessas iguarias pelo Ocidente, diversos exageros sobre os efeitos da ingestão de condimentos são propagados até hoje.

No caso dos sabores da Turquia de hoje, temos uma culinária que mistura elementos das cozinhas grega, persa, árabe e dos Bálcãs. Utilizam-se muitas variedades de vegetais – quando recheados, são chamados dolma, com destaque para berinjela, pimentão, alcachofra, vagem e tomate –, além dos deliciosos iogurtes, do queijo feta e da massa folhada. Já entre os maravilhosos doces turcos, a baklava em especial, muitos são feitos com finíssimas camadas de massa folhada e recheados com pistache, nozes e outros ingredientes. O interessante dessa gastronomia é a vasta quantidade de condimentos empregados, tradição adquirida do período em que os turcos se apossaram da Rota das Especiarias, após a conquista de Constantinopla. Muitas especiarias, muito sabor, sem necessariamente se tratar de uma comida muito picante.

Além disso, compõem a mesa peixes e carnes, dos quais o carro-chefe é o kebab, que nada mais é que carne no espeto, utilizado como prato principal ou no recheio de sanduíches. Há opções também de kebabs sem carne. No Brasil, o prato tornou-se popular e é encontrado nas grandes metrópoles com adaptações; a versão mais desafortunada ficou conhecida como churrasco grego – uma das piores opções, confesso, que já vi para comer na vida e que não representa a culinária turca nem a grega!

Çemen baharat (mix turco de sete especiarias)

Picância: 1

Encontrei esse agradável conjunto de sete especiarias embaladas em forma de um pequeno tubete e colocadas uma sobre a outra, nesta ordem: páprica (*toz biber*), orégano (*kekik*), pimenta vermelha em pó (*pul biber*), feno-grego (*çemen*), sumagre (*sumak*), cominho (*kimyon*) e hortelã (*nane*). Há outras variações.

O delicado pacote de çemen baharat deve ser aberto e todas as sete especiarias devem ser mescladas; imediatamente percebe-se o dominante aroma do cominho, que eclipsa um pouco os demais. Uma boa sugestão é utilizar o mix para tempero de grãos, como feijões e lentilhas. Também é comum, em famílias turcas, salpicá-lo por cima da coalhada e comê-la com pão no café da manhã.[25]

---

[25] Dica do amigo Serkan Bozyigit.

Sumagre (*Rhus coriaria*)

Picância: 0

Espanhol: *zumaque*; francês: *sumac*; inglês: *sumac*; árabe: *sammak*

Meu primeiro contato com o sumagre foi no principal e mais famoso mercado de especiarias de Istambul, na Turquia, o Spice Bazaar. Fato que deve explicar minha estranheza com o nome aportuguesado da especiaria – sumagre, em vez de sumac (pronuncia-se *xumac*). Ele é comercializado em pó, no caso bem avermelhado, e pode ser visto na foto a seguir.

O sumagre é uma semente abundante no Oriente Médio; cresce vigorosamente em montanhas rochosas da região e é parte integrante da culinária libanesa, utilizado, por exemplo, em esfirras. Tem sabor intensamente azedo e, em muitas receitas, pode substituir o limão. Uma clássica aplicação do sumagre é no preparo do fattoush – salada com verduras frescas, ervas e pão sírio torrado. Outra opção interessante é aplicá-la no fim do preparo de lentilhas cozidas, para dar um toque discretamente ácido.

Além do limão e do sumac, outros ingredientes podem servir como agentes críticos, a exemplo do vinagre. A culinária indiana pode contribuir, ainda, com o iogurte – que fica muito bom em molhos e atenua o sabor picante das pimentas –, a manga verde e o tamarindo.

Sumagre – Foto: Karina Cordeiro

PORTUGUESES LANÇAM-SE NA ÁFRICA

A história das explorações portuguesas não é uma história de homens exóticos e originais em pitorescos barcos de madeira. É uma história de paixão, de sangue e de traição, de incomparável coragem, de majestosos arroubos de visão, da construção de nações e de impérios.

É um drama encenado no palco do mundo...

Ronald J. Watkins, 2011

BUSCA POR ESPECIARIAS, OURO E ESCRAVIZADOS

Com a tomada de Constantinopla e o fechamento das portas para o Oriente, surge um momento histórico bastante interessante e que fez nascer a força dos países ibéricos, Portugal e Espanha. Um movimento que sacudiria o mundo e alteraria o destino das Américas.

A Europa estava conspurcada de misticismo e superstições advindos de um longo período de intensa influência religiosa. Até meados do século XV, acreditava-se na existência de seres híbridos e até de monstros (Luís Adão, 2000, pág. 163) que habitavam terras longínquas, para lá das fronteiras conhecidas além-mar, em ilhas distantes e no fundo de oceanos. Progressivamente, a tecnologia da construção naval foi se aperfeiçoando, a astronomia desenvolveu-se e antigos paradigmas e dogmas foram rompidos.

Venezianos e genoveses já navegavam com desenvoltura pelo sempre disputado Mediterrâneo, cujas águas calmas e limites geográficos facilitavam o comércio.

No entanto, no caso dos lusos, sobrava a opção de encarar e domar o desconhecido e misterioso Oceano Atlântico, que, para os navegantes da época, parecia não ter fim.

No fim da Idade Média, havia a necessidade de uma solução aos preços praticados pela aliança árabe-italiana. Portugal sofria um forte revés na economia e o mercado carecia de metal, ouro e prata para cunhar moeda. A busca pelo comércio das especiarias consistia em um meio eficiente, mas não fácil, de expandir as atividades e estabilizar a situação econômica.

A burguesia e a nobreza também ansiavam por uma solução, enquanto o povo tinha a sede de consumo pelos produtos do Oriente. Podemos dizer que houve, nesse momento, uma união entre quase todos os níveis da escala social. A nobreza apoiava e dava liberdade à nova burguesia, ávida por comercializar e ganhar o Oriente. Agricultores, jovens, crianças, sacerdotes, estudiosos, todos se uniram para o projeto de viagem ultramarina.

Tudo estava a favor dos portugueses. Havia um momento mágico nos mares asiáticos, pois Veneza estava totalmente empenhada no comércio no Mediterrâneo, enquanto franceses e ingleses anulavam-se na eterna Guerra dos Cem Anos. A China, por sua vez, retirava o foco do comércio marítimo. Ou seja: favorecidos por esse contexto, os portugueses praticamente atingiram o monopólio do comércio nos mares da região.

A reestruturação naval portuguesa

Em 1317, Dom Dinis, rei de Portugal, sabiamente incentivou o plantio de árvores que produzissem madeiras apropriadas para a construção de navios. Com o aprimoramento das embarcações, uma nau de qualidade chegava a ter matéria-prima de até oito tipos diferentes de árvores (Roberto Lopes, 2012, pág. 22). Nesse processo de incremento da navegação, os portugueses mudaram o leme para trás, por exemplo, e alongaram o casco. Esse novo navio chamou-se, então, caravela.[1]

---

[1] As caravelas, portanto, são um aperfeiçoamento dos navios existentes em Portugal. Podiam ter dois ou três mastros com velas triangulares, ou panos latinos, o que favorecia a navegação contra os ventos em zigue-zague, denominada pelos marinheiros "bolinar". Fonte: Museu dos Descobrimentos, em Belmonte (Portugal).

Mapa de parte de Portugal-Espanha-Marrocos – Ilustração: Marcos Eiji

VOCÊ ACHA QUE A VIDA HOJE NÃO ESTÁ FÁCIL?

Não consigo compreender quem afirma que, no passado, a vida era mais fácil. Esse certo saudosismo desmedido não me convence, embora o respeite. O que seria de nós sem as maravilhas da modernidade, como o ar-condicionado, as telecomunicações ou a anestesia, não é mesmo? Ao longo de minhas pesquisas, travei contato com uma infinidade de textos, principalmente crônicas, que narravam as peripécias do homem no período das Grandes Navegações. Não era fácil!

> Na Idade Média, o interior do corpo humano era um território tão desconhecido quanto as Índias distantes. (Michael Krondl)

Viajar e lançar-se ao mar era uma aventura bastante perigosa, mas não podemos nos esquecer de que a vida em terra firme, na Europa medieval, estava longe de ser um paraíso. Mesmo a bordo de uma "casca de noz", sob condições precárias, esses homens almejavam uma vida melhor e até o paraíso na Terra, que se encontrava nas longínquas terras a leste, no Oriente.

Com a expansão de cidades portuárias durante as Grandes Navegações, a migração das áreas rurais para as cidades aumentou exponencialmente. Lisboa, por exemplo, foi "inundada" por marinheiros, trabalhadores braçais e curiosos que viam, na expansão portuguesa, uma maneira de ascender socialmente. A precariedade da vida na maioria das cidades europeias, na época, era absurda. Os esgotos corriam a céu aberto. Em estações de seca, a situação se agravava, já que as chuvas não lavavam as ruas estreitas (Michael Krondl, 2007, pág. 156). No campo, a situação não era melhor; a comida era escassa e, portanto, o povo passava fome e dificuldades. Isso tudo nos faz compreender por que aqueles homens se submetiam a condições tão arriscadas, em busca de riqueza e bonança no opulento Oriente.

É fácil entender, também, por que a religião estava tão presente nos corações e nas mentes daqueles bravos navegantes. Na rotina da embarcação, as atividades comuns eram: cuidar das cordas e velas, distribuir comedidamente a precária alimentação para amenizar a fome, tratar dos doentes – sem os antibióticos e as modernidades de hoje –, além de limpar e prestar assistência técnica. Sem motores, os navios eram levados pela força e vontade dos ventos. E ainda: não havia mulheres a bordo.

Nesse contexto, sair vivo já era uma vitória e, pensando racionalmente, nenhum homem sairia de casa não fosse por algo maior em que acreditar, um sentimento acalentador que lhe desse força e motivação. Cerimônias religiosas, como procissões, missas e comemorações, ocorriam frequentemente nas lotadas embarcações. Nelas, os tripulantes erguiam e reverenciavam imagens de santos, relíquias e crucifixos.

Condições precárias

De volta aos tempos antigos, banheiro não havia nas embarcações; no máximo, baldes amarrados a uma corda, nos quais os marujos se aliviavam e, depois de usados, eram esvaziados no mar. No lugar do papel higiênico, uma corda grossa desfiada na ponta; após o asseio pessoal, a extremidade da corda era mergulhada nas águas. A falta de higiene a bordo e as péssimas condições sanitárias causavam grande parte dos males e das doenças.

Muitas dessas viagens eram extremamente cansativas e longas, duravam cerca de doze meses ou até mais. A maior parte do espaço acomodava os mantimentos, já que as viagens cada vez mais se prolongavam. E os apinhados homens, muitos deles inexperientes, trombavam-se uns contra os outros e sofriam com o jogo do navio. Os marinheiros de primeira viagem passavam mal, contribuindo para a sujeira no convés.

Na importante carta escrita por um dos homens da esquadra de Cabral, Mestre João, ele se refere à dificuldade de realizar os estudos. Ele diz: "[...] Acerca das estrelas, eu tenho trabalhado o que tenho podido, mas não muito, por causa de uma perna que tenho muito mal que de uma coçadura se me fez uma chaga do tamanho de uma mão [...]."[2]

Zurara conta, em *Crônica dos feitos da Guiné*,[3] os difíceis enfrentamentos dos portugueses no processo de conquista do litoral ocidental africano, durante as décadas do século XV. Entre eles, o caso de uma armada portuguesa, destacada para desbravar o litoral, que se embrenhou em um rio e foi atacada por nativos. Uma flecha acertou a perna do capitão Álvaro Fernandes, que, sabendo do veneno existente na seta, "tirou aquella frecha muyto asinha,[4] e fez lavar a chaga com ourina e azeite..."

Alimentação

A alimentação também não era a mais adequada. No fim das expedições, um rato[5] chegava a ser iguaria, um maravilhoso manjar que custava meio ducado, talvez um ducado,[6] no caso de roedores mais gordinhos. A dificuldade de conseguir comida muitas vezes fazia com que se assumisse uma dieta não convencional. Nas interessantíssimas crônicas que relatam as peripécias europeias no Oriente, além do rato, os corajosos navegantes tinham de se contentar com carne de camelo.

---

2 Trecho da carta do Mestre João, anexa ao livro de Bento Ribeiro Dantas, *Ciência e navegação*.

3 Página 384. A crônica foi escrita entre 1452 e 1453 e é considerada um dos melhores textos da época.

4 Em português arcaico, "sem demora, depressa".

5 O náufrago alemão Hans Staden conta que passou muita fome e, nas viagens, caçou e comeu gaivotas e seus ovos, lagartos, ratos do campo etc.

6 O termo vem de moedas de ouro ou prata, que, originalmente, foram cunhadas e emitidas por duques. Para se ter uma ideia de valores, na metade do século XVI, um quilo de ouro valia em torno de 290 ducados na Península Ibérica.

Em sua jornada, cada bravo tinha direito a meio quilo de carne-seca salgada, cebola, vinagre, azeite, água, vinho e um biscoito duro e seco. Poucos dias depois, a água já estava turva e fétida; o vinho, azedo; a carne remanescente estava podre e os biscoitos, embolorados em razão da umidade das embarcações de madeira. Os biscoitos assumiram quase o lugar de principal alimento dos navegadores em alto-mar; para mantê-los secos, eram assados mais de uma vez.[7] De tão duros, talvez quebrassem o dente de um cão, mas tinham a vantagem de durar. Segundo o autor Roberto Lopes, o valor dos biscoitos da época estava relacionado à capacidade de resistirem aos efeitos deletérios do ar marinho, da corrosão pelo mofo e da penetração pelos vermes. No auge da expansão lusitana, Lisboa chegou a trocar caras especiarias vindas do Oriente por biscoitos fabricados na Itália e destinados aos navegantes e tripulantes das naus.

Na primeira viagem de Vasco da Gama às Índias, quando o estoque de água doce se aproximava do fim, os alimentos – que já eram conservados em sal – tiveram de ser preparados com água do mar, para não gastar o escasso recurso. Com os holandeses e ingleses, anos depois, a situação não melhorou muito. A cota de água por dia para cada homem no navio não ultrapassava um litro, com exceção talvez para as altas patentes.

As superlotações também representavam um grande problema que içava o risco de desordem, dissidências e motins, e a solidariedade e o companheirismo eram peças fundamentais para que a jornada ocorresse com êxito. Citando os holandeses mais uma vez, havia uma regra bem interessante: caso um navegador matasse o outro, o assassino deveria ter o próprio corpo amarrado à vítima, como punição, e ambos eram jogados ao mar.

A alimentação na expedição de Cabral, por exemplo, era constituída de carne-seca, biscoitos, peixe, mostarda, ameixas e amêndoas secas, vinho e animais, como galinhas e carneiros (Luís Adão da Fonseca, 2000, pág. 95). Outros produtos eram também embarcados, como açúcar, água, alho, arroz, azeite, carne, cebolas, farinha, lentilha, feijão, mel, mostarda, queijo, sal, toucinho, sardinha e vinagre. Vale relembrar que estamos falando de uma expedição de quase 1.500 homens.

Pelos cálculos de Luís Adão da Fonseca, a expedição cabralina gastou, por mês, o equivalente a 31.815 quilos de biscoitos, 14.895 quilos de carne e 1.395 litros de azeite. No papel, a dieta não parece tão ruim assim, mas as quantidades eram pequenas e o azeite, por exemplo, costumava acabar na primeira semana.

---

7 "Biscoito" vem do latim *bis coctum*, que significa "assado duas vezes".

Doenças

Dos males, o mais famoso e que entrou para a história foi o escorbuto. Traduzido como "ventre aberto", o mal atacava os navegantes que, por não ingerirem frutas e legumes por muito tempo, consequentemente tinham deficiência de vitamina C. Como as viagens prolongavam-se cada vez mais, o escorbuto, cujos primeiros sinais demoravam cerca de três meses para surgirem, era detectado quando a situação das embarcações, da tripulação e dos mantimentos já era deplorável. Era comum a população inteira de um navio não resistir às enfermidades e ele simplesmente vagar vazio.

A severa doença causava hemorragias, descoloração da pele e inchaço das pernas. As gengivas se intumesciam, avançavam sobre os dentes e apodreciam, ficando extremamente malcheirosas. Um dos remédios encontrados por Colombo, em uma de suas viagens para a América Central, foram os curiosos frutos ardidos colhidos pelos indígenas. Na verdade, tratava-se de variações da pimenta *Capsicum*, farta nas matas do Novo Continente e que, sem intenção, foi inserida na dieta dos navegantes. Mesmo assim, trinta marujos faleceram naquela viagem.

Cronista da época, João de Barros (1939, pág. 49) cita a aflição dos homens. Em uma das paradas de Gama na costa oriental da África, a caminho da Índia, ele relata: "[...] e de lhe crescer tanto a carne das gengivas que quási não cabia na bôca aos homens, e assim como crescia apodrecia; e cortavam nela como em carne morta: cousa mui piedosa de ver [...]."

Mas nem todos os antigos navegantes sofriam de escorbuto. Os exímios navegantes chineses, sob o comando do almirante Zheng He na próspera dinastia Ming, deslocavam-se pela costa indiana em poderosos navios, levando a bordo animais para o abate em jornadas mais longas, e também ervas e especiarias que preveniam contra a desgraça do "ventre aberto". Além do escorbuto, entre os muitos males que assombravam os navegantes, havia as febres, o sarampo, as doenças venéreas e as de pele, mas os tratamentos na época talvez fossem mais assustadores que as doenças: na tentativa de cura, usavam clisteres sem assepsia, induziam vômito e sangrias.

Quem sobrevivia às péssimas condições de higiene e alimentação tinha de superar outro enorme desafio: a viagem em si. Lembremos que o meio de propulsão das embarcações era a vela. Ou seja: não se tratava de traçar uma linha e simplesmente ir adiante. O navegador estava à mercê da intensidade dos ventos e, muitas vezes, uma calmaria significava uma pausa em alto-mar por vários dias, com as embarcações praticamente imóveis e mantimentos escassos. Uma situação desesperadora.

Vista do Castelo de São Jorge, em Lisboa (Portugal) – Acervo pessoal

Os navios portugueses da Carreira da Índia chegavam a carregar mais de mil passageiros. De cada três navios que zarpavam, dois não retornavam; de cada quarenta marinheiros, vinte não voltavam. Para piorar, diversos motins causavam assassinatos, traições e conflitos entre os tripulantes. Por vezes, homens condenados em seus países, os degradados, eram disponibilizados para compor a frota dos navios. Em uma das viagens de Colombo, embarcaram dez assassinos.

Hora do banho

Após a reconquista de Lisboa pelos cristãos, em 1147, um dos hábitos mais higiênicos acabou por ser varrido com os mouros:[8] os banhos públicos. Ainda em muitos países de influência árabe, é possível conhecer os agradáveis *hamans*, ou banhos árabes. Na verdade, o declínio nos padrões de higiene ocorreu em quase toda a Europa cristã na Idade Média. Para a igreja, as casas de banho eram lugares de incentivo à sensorialidade, à exposição corporal e, por consequência, ao relaxamento dos costumes e das regras de boa conduta. Ao reforço religioso contra o hábito do banho, juntou-se o discurso médico enfatizando que o ato de se lavar, ao deixar a pele úmida, tornava o indivíduo vulnerável a doenças, inclusive à peste.[9] Indicava-se que o ideal seria um ou dois banhos, no máximo, ao ano! Uma regra no mínimo ecológica, sem dúvida.

Já no mundo islâmico, que se expandia das fronteiras da Índia e do Oriente Médio até a Espanha, as inovações científicas possibilitaram a criação, pelos médicos, de um conceito que ainda hoje utilizamos. Eles perceberam que as doenças poderiam ser propagadas por pequenos seres existentes no ar, por isso o indivíduo doente devia ficar isolado em alas separadas. Era o princípio da estrutura de um hospital.

O cuidado com a purificação diária antes das orações contribuiu para desenvolver a atenção com a limpeza. Antigos hábitos semelhantes eram observados pelos judeus, por isso acredita-se que a população judaica tenha sido menos atacada pela peste. Curiosamente, os judeus foram os que mais colaboraram para o incremento do rico comércio de especiarias. Da Ásia, traziam pedras preciosas, cânfora, pimenta, cravo, almíscar e outros objetos valorosos para o comércio. O antissemitismo crescente na Península Ibérica, que resultou na expulsão de milhares de judeus, é considerado um importante motivo para o declínio da hegemonia econômica de Portugal e Espanha, em meados do século XVI.

---

8 Nome dado pelos ocidentais aos muçulmanos que tomaram o Sul da Espanha.

9 Trata-se da bactéria *Yersinia pestis*.

ESPECIARIAS NO COMBATE À PESTE

A maior epidemia de peste na Europa começou por volta da metade do século XIV e durante décadas assombrou o continente, ceifando a vida de um terço da população europeia. Paris, Florença e Veneza, por exemplo, perderam mais da metade de suas populações.

A peste originou-se de uma bactéria que se instalava nas pulgas, parasitas que viviam em ratos e outros roedores. Cruel e perigosa, atacava silenciosamente, sem distinguir classe social, e manifestava-se de maneira violenta e dolorosa. Afetava o sistema linfático, espalhando-se rapidamente e levando ao inchaço nos gânglios[10] de diversas partes do corpo. Febres altas e calafrios eram recorrentes e, em outras variantes da mortal doença, ocorriam manchas escuras na pele, o que deu origem aos termos "peste negra" e "morte negra".

Pela inexistência de conhecimentos hoje considerados básicos sobre medicina, higiene e saúde pública, acreditava-se que a peste se espalhava pelo ar. Como prevenção, queimavam-se ervas e especiarias como a noz-moscada, considerada a mais eficiente para purificar o ambiente. Com isso, o fascínio pelas especiarias cresceu ainda mais.

O aumento das cidades e das populações urbanas agravava as condições de higiene na Europa. As precárias condições sanitárias facilitavam a proliferação de ratos. Na capital do Império Bizantino, Constantinopla, a peste bubônica, levada por tribos invasoras, chegou a ceifar a vida de mais de dez mil pessoas por dia.[11] Mais doenças significam, é claro, menos população e, portanto, menos contingente para o exército e para a manutenção das defesas, além de menor arrecadação de impostos.

Outro hábito terrível era o de se jogar os dejetos particulares pela janela. Em Lisboa, onde houve 132 surtos de epidemias no século XV, as águas sujas não poderiam ser lançadas na via pública sem alguns cuidados prévios: "de janela que seja em cima de casa, em rua pública, sem que primeiro se diga três vezes

---

10 O gânglio linfático inflamado chamava-se bubo, o que deu origem ao termo peste bubônica. Acredita-se que a peste tenha surgido nos acampamentos mongóis que assediavam a antiga cidade de Caffa, atual Feodósia, na Ucrânia. Os genoveses que mantinham colônia comercial foram infectados e levaram a doença para Constantinopla e Itália, como ressalta Antonio Virgili, professor de história medieval da Universidad Autônoma de Barcelona, no artigo "La peste negra".

11 Cita John Hommer em *Byzantium, the lost empire*.

'água vai!'", como descreve Eduardo Bueno em *Passado a limpo: história da higiene pessoal no Brasil*.

Acredita-se que durante toda a estada da armada de Cabral no Brasil, por cerca de dez dias, nenhum de seus homens banhou-se uma vez sequer nos rios ou no mar. Já os indígenas, notadamente os tupiniquins, eram extremamente asseados e arrancavam todos os pelos do corpo. Também mantinham os cabelos cortados e tratados com ervas da mata, hoje tão popularizadas em nossa cosmética. Além disso, ingeriam e gargarejavam suco de caju e limpavam os dentes com pó de juá.

Nasce aquele que mudaria o destino de Portugal

Portugal é um país fascinante, um destino fundamental para os amantes da história e para brasileiros interessados em entender as raízes de nosso país. Nenhuma outra nação[12] carregou tão fortemente a marca do período dos descobrimentos, por isso conhecer Portugal é reviver as sensações da era das Grandes Navegações.

Em visita ao Porto, tive o prazer de passear pelo centro velho e me deliciar com a majestosa vista do Rio D'Ouro e de suas pontes,[13] cartão-postal e marca da formação da cidade. Trata-se da segunda maior cidade de Portugal e compete com sua rival Lisboa na preferência dos portugueses, uma saudável rixa, semelhante à que ocorre entre Rio de Janeiro e São Paulo, no Brasil. Conheci museus, igrejas, estátuas, restaurantes, cafés, docerias e livrarias, com destaque para a Livraria Lello, fundada em 1881, uma das mais charmosas do mundo.

Cidade portuária, o Porto desenvolveu-se sobre uma indústria naval impulsionada pelo período da expansão ultramarina.[14] Minha visita teve um motivo especial: estar no berço de um dos maiores nomes da história portuguesa, o responsável pela aparição de Portugal no cenário mundial das Grandes Navegações, o infante Dom Henrique.

---

12 Não se pode esquecer da Espanha, cujas expedições também singraram os oceanos do mundo. Sinto, porém, que o povo português ainda carrega o saudosismo e o orgulho de um período de supremacia que talvez não se repita em sua história, mas se percebe ainda muito presente no imaginário lusitano.

13 Entre elas, a ponte Luís I, construída em 1886.

14 O apogeu da cidade, no entanto, ocorreu algum tempo depois, no século XVIII, com a forte participação dos ingleses na história do comércio da cidade.

Casa do Infante, Porto (Portugal) – Foto: Karina Cordeiro

Infante Dom Henrique: o Navegador

Considerado o gênio organizador da epopeia das descobertas e o mais reverenciado nome das navegações portuguesas, com Vasco da Gama, Henrique (1394-1460), filho do casal Dom João I e Filipa[15] de Lancaster, foi um dos primeiros estadistas europeus a enxergar nos oceanos não um obstáculo intransponível, mas, sim, uma oportunidade para novas rotas de comércio. Além de ter sido nomeado governador da região hoje chamada Algarve, foi administrador da Ordem dos Cavaleiros de Cristo, antiga Ordem dos Templários.

---

[15] Encontramos as grafias Filipa ou Phillipa. Filipa era filha do duque de Lancaster, segundo Zurara em *Crónica dos feitos da Guiné*, página 16.

Seu nome ganhou prestígio quando participou da conquista de Ceuta, em 1415, com apenas 21 anos de idade. No mesmo ano, tornou-se duque de Viseu. Foi o patrono da colonização europeia; fez dos Algarves um polo de produção açucareira e incrementou o comércio escravagista. Fundou a Escola de Sagres, no sul de Portugal, e de lá organizou o programa de exploração naval português. Ele financiava expedições e estudava os mapas e relatórios delas provenientes. Teve grande êxito quando seus homens superaram os cabos Não e Bojador, até então intransponíveis. Com ele, Portugal enfraqueceu o domínio árabe na África. Atingiu, ainda, Guiné e Cabo Verde. Seu maior fracasso foi a expedição em Tânger, que resultou no aprisionamento e, mais tarde, na morte de seu irmão, Dom Fernando, em Fez, no Marrocos.

Dom Henrique faleceu em 13 de novembro de 1460. Mas na região do Cais da Ribeira as referências a ele são fortes. Encontra-se lá a bonita praça Dom Henrique, que termina na rua do Infante, quase esquina com a Casa do Infante, onde encontramos curiosidades sobre a vida desse importante personagem. Coube a esse predestinado mostrar ao mundo que Portugal não se contentava com os limites de suas terras a extremo oeste da Europa.

OS PORTUGUESES AVANÇAM SOBRE O MARROCOS

Mujtos delles tinham os rrostos cheos dagua
Nom podendo rreter a força de suas lagrimas
amte a gramdeza de sua marauilhosa allegria.[1]

Gomes Eanes de Zurara

TOMADA DE CEUTA: O CENTRO AGLUTINADOR DE ESPECIARIAS DO ORIENTE

A tomada de Ceuta era um importante passo para o início da conquista do continente africano e posterior chegada às Índias. O êxito dessa missão poderia representar, ainda, um possível encontro com o mais famoso líder dos cristãos orientais, o Preste João.[2] Conhecido também como João das Índias, acreditava-se que ele descendia da linhagem dos magos vindos do Oriente[3] e que se tratava de um sacerdote cristão fabulosamente rico, cujo império expandia-se da África oriental

---

1 Optei por manter as citações de diversos textos na grafia original; neste caso, em português arcaico.

2 "Preste" de presbítero, ou seja, um sacerdote cristão com status de ancião, sábio.

3 Na bíblia, nada consta que sejam reis. Mateus (2, 1-2): "A visita dos magos tendo Jesus nascido, em Belém da Judeia, no tempo do rei Herodes, eis que magos vindos do Oriente chegaram a Jerusalém [...]" (*Bíblia: tradução ecumênica*, Edições Loyola)

até os confins da Ásia. Sua lenda ganhou força e popularidade na época das primeiras Cruzadas, chegando até a Europa. A busca por esse possível reino no Oriente e aliado cristão tornou-se uma verdadeira obsessão para os portugueses.

Ceuta era a porta para a expansão do domínio português sobre o extremo leste do Mediterrâneo. De lá, partiram as principais incursões mouriscas contra as cidades litorâneas de Portugal e Espanha. Em um desses ataques, os mouros roubaram os sinos (Sanceau, 1961, pág. 10) de uma igreja localizada em Lagos, no sul de Portugal, levando-os para o Marrocos. A conquista de Ceuta resolveria de vez o assédio dos piratas mouros no sul da Península Ibérica.

Ceuta era um importante ponto comercial no norte da África; localizava-se entre as "serras bravias e o mar estéril" (Sanceau, 1961, pág. 29), e era ponto final das rotas de caravanas, ou seja, o terminal por onde passava o lucrativo comércio de ouro africano e de escravizados. A cidade abrigava mais de 24 mil lojas, que comercializavam todo tipo de especiarias, como pimenta, gengibre, cravo e a cara e desejada canela do Ceilão,[4] além de produtos como a mirra[5] e o incenso. Destaque para a pimenta-da-guiné, que afluía para o mercado europeu em grandes quantidades, mesmo com qualidade inferior à da desejada pimenta-preta indiana.

A população da cidade usufruía muitas bibliotecas e banhos públicos abastecidos de água pura das montanhas. A arquitetura era bem desenvolvida, refletindo-se nas construções de opulentos palácios que abrigavam pomares perfumados apinhados de frutas exóticas e mesquitas edificadas com mármores nobres e mosaicos magníficos.

Uma cruzada portuguesa, com certeza

Após a expulsão dos mouros e a assinatura de uma trégua com os espanhóis, evidentemente temporária, a calmaria na Península Ibérica contribuiu para que os filhos do rei português Dom João I reivindicassem a busca de novos horizontes de batalhas. E a solução poderia estar do outro lado do estreito, no norte da África.

---

4 Ceilão é o nome da região que hoje denominamos Sri Lanka, no sul da Índia. No clássico *Os lusíadas*, de Luís de Camões, o Ceilão é chamado *Taprobana*, termo que tem origem no sânscrito Tamraparni, como relata Andréa Doré em *Sitiados*, página 56.

5 Mirra é uma resina aromática de origem vegetal extraída no nordeste da África. Tem uso similar ao do incenso e apresenta funções medicinais e antissépticas. Na tradição cristã, a mirra estava entre os presentes levados pelos magos a Jesus quando este nasceu.

O legado de Dom João

A conquista do continente africano deu-se de maneira gradual e lenta. Essa saga começou claramente com a tomada de Ceuta, em 1415, por Dom João I. O inteligente monarca português pode ser considerado o patrocinador da epopeia dos descobrimentos d'além-mar e entrou na história por defender bravamente o território português contra as investidas do reino de Castela.

Dom João foi um dos maiores monarcas de Portugal e seu reinado inaugurou a dinastia de Avis, considerada um período glorioso da história portuguesa. Seus filhos, entre eles Henrique, estenderam essa trajetória e trouxeram estabilidade e crescimento.

A vitória obtida em 1385 por Portugal na batalha de Aljubarrota, embate cujo nome faz referência ao local do conflito na vila de mesmo nome, próximo a Alcobaça, firmou de vez as fronteiras do país, afirmando a soberania portuguesa no oeste europeu e conferindo a Portugal o status de nação. Essa conquista é considerada um dos maiores e mais bravos feitos que enchem o país de orgulho.

Para a alegria dos filhos Duarte, Pedro e Henrique, o rei Dom João I decidiu promover, em 1411, uma espécie de cruzada contra os infiéis, cujo objetivo era o de conquistar a próspera cidade marroquina Ceuta. A mãe dos "guris", a popular e influente rainha Dona Filipa de Lancaster, entregou-lhes a espada, concedendo sua bênção para a luta na África. Henrique seria o duque de Viseu, o senhor dos negócios no continente africano, tornando-se legatário das heranças dos antigos Templários[6] e comandando a Ordem de Cristo.

Sob o domínio dos mouros, grandes mestres na guerra de emboscadas, Ceuta era um local difícil de se conquistar. Os ibéricos acreditavam que os ceutenses descendiam do antigo general cartaginês Aníbal, que, séculos antes, ocupara o norte da África e desafiara o poderoso Império Romano.

---

[6] Os Templários foram uma irmandade religiosa armada, fundada por cavaleiros cruzados para a proteção dos peregrinos que se deslocavam até Jerusalém. Chamavam-se pobres cavaleiros de Cristo e do templo de Salomão ou, simplesmente, Templários.

O comércio e a interação entre os reinos cristãos sofriam com as dificuldades impostas pelos mouros no estreito entre África e Europa. Os venezianos tinham adotado uma política de aproximação com os portugueses durante o reinado de Dom João I e usufruíam benefícios comerciais por meio de acordos bilaterais. As embarcações venezianas faziam de Lisboa uma parada estratégica para atingir o norte da Europa e vender especiarias, açúcar, seda, entre outros. Comerciantes cristãos de muitos outros portos, como os de Catalunha, Gênova e Marselha, também tinham de passar pelo olhar perigoso dos mouros de Ceuta.

Com uma enorme frota composta de mais de cinquenta mil soldados e trinta mil marinheiros, partia a expedição que mudaria o status de Portugal no continente europeu, tanto no sentido militar como em termos de prestígio em relação à cristandade. Com o aval do papa Gregório XII, que absolveria os pecados de todos os que viessem a morrer nessa empreitada, os portugueses chegaram à frente de Ceuta em 10 de agosto de 1415 e massacraram os muçulmanos mal defendidos por Sala-bin, governante de Ceuta, Tânger e Arzila. Após 101 anos da expulsão dos mouros do território português, almejava-se seguir em busca de mais posses em terras dos infiéis.

Os bárbaros agora vinham da Europa

A Europa sempre temeu as invasões de povos do norte da África e do Oriente, mas a barbárie vinha, dessa vez, dos próprios europeus. Zurara, grande cronista português, relata nas últimas páginas de *Crónica da tomada de Ceuta* que, no afã de dominar a cidade, encontrar ouro e levar as riquezas, os invasores incendiaram e depredaram tudo ao redor. Casas foram pilhadas, pertences roubados e dezenas de lojas saqueadas, sem nenhuma "temperamça nem rreguardo".[7]

Pela ação dos machados portugueses,[8] sacos de especiarias de "grosso uallor foram dilacerados", espalhando grandes quantidades e variedades pelas ruas da cidade. Zurara relata a tristeza dos soldados ao verem tanta fortuna escorrendo pelas vias. Eles passavam "pollas rruas apanhamdo os pedaços de canella e graãos da pimenta", carregando assim o que pudessem do butim.

Em uma das mesquitas manchadas de sangue, os invasores celebraram uma missa de ação de graças, que chancelou a primeira vitória europeia-cristã sobre os

7 "Rreguardo" vem de "regardar", que significa "sem olhar para trás".

8 No texto original de *Crónica da tomada de Ceuta*: "Aavam com suas fachas nos sacos das speçiarias, e esfarrapuamnos todos, de guisa que todo lamçauam per o chaão."

árabes na África, desde os dias de glória do Império Romano (Eduardo Bueno, 1998, pág. 47). Ceuta representou não apenas a consolidação da reconquista mas também a celebração da vitória sobre o inimigo sarraceno.

Quando Ceuta caiu em mãos lusitanas, o moral português em toda a cristandade aumentou. De nação invadida, Portugal passou a temido conquistador. E o movimento de expansão continuaria a um ritmo alucinante por mais de um século. Estava lançada a semente para mais conquistas sobre o território infiel.

Logo após a tomada de Ceuta, os muçulmanos desviaram seus circuitos comerciais e suas caravanas, que antes descarregavam as especiarias da Ásia e o ouro do sul do continente africano em cidades mais seguras, como Tânger e a protegida Marrakech, na tentativa de isolar Ceuta e retirá-la das lucrativas rotas comerciais árabes.

O DESASTRE EM TÂNGER

Para a cristandade da época, havia apenas uma certeza: Deus estava do lado dos cristãos e havia permitido que Ceuta sucumbisse frente à força portuguesa. Logo, o porto de Tânger deveria ser presa fácil. Mas não foi. Os mouros, já sabendo do risco de perder a cidade, prepararam-se. E, na ansiedade de conquistar duas cidades, os lusos quase perderam a primeira.

A cidade de Tânger sempre se destacou como um ponto estratégico para qualquer rei ou dinastia, afinal tratava-se de uma localização preciosa e, por isso, o comércio local era intenso, perdendo em relevância apenas para Ceuta. Foi a terra de nascimento de um dos maiores viajantes medievais da história, Ibn Battuta, o Marco Polo do mundo islâmico.

Eu e amigos em caravana de camelos, cruzando o deserto do Saara, Marrocos – Foto: Karina Cordeiro

Ibn Battuta

Ibn Battuta é um exemplo da importante influência dos árabes na cultura ocidental. Nascido na cidade marroquina de Tânger, no Marrocos, em 1304, Battuta era de etnia berbere e foi um dos mais conhecidos desbravadores do imenso mundo árabe. Calcula-se que tenha viajado mais de 120 mil quilômetros e seus textos esclareciam os pormenores dos povos que visitou, como detalhes da cultura e geografia. Ele conheceu as imponentes muralhas de Constantinopla e descreveu o interior da cidade bizantina.

Sobre Jerusalém, escreveu: "Brilha como um monte de luz e cintila com o fulgor do relâmpago", relatando detalhes de uma das mais belas obras da arquitetura islâmica, a Cúpula da Rocha. E ainda descreveu a preciosa vista do minarete da famosa mesquita de Koutoubia, em Marrakech. Já em visita à Índia, narrou as atrocidades cometidas pelos muçulmanos, que mutilaram os sinuosos corpos de pedra das estátuas nas ruínas de Khajuraho.[9] Na mesma Índia, Ibn Battuta revelou os segredos da preparação da pimenta-preta, comentando: No outono, colhem-se os bagos e estendem-se ao sol em esteiras, tal como fazemos com as uvas passas, não deixam de voltá-los até estarem bem seços e ficarem negros e então vende-se aos mercadores.

---

9 A cidade teve seu apogeu durante a dinastia dos Chandelas e sob o comando de Vidyadhar, que reinou entre 1018 d.C. e 1029 d.C. Dos 85 templos construídos, pouco mais de vinte ainda resistem. Muitos outros invasores da Índia proferiram danos às belíssimas esculturas de pedra de Khajuraho, entre eles os colonizadores britânicos da era vitoriana.

A posição geográfica isolada e defendida por extensas muralhas, que perduram no tempo e podem ser vistas frente ao porto, fazia dela um alvo cobiçado pelos cristãos, mas sua capitulação não seria fácil. Coube ao sucessor de Dom João I em Portugal, o rei Dom Duarte, assumir a tarefa de tentar conquistar a segunda cidade moura na África.

A decisão de atacar Tânger não foi apoiada por boa parte da sociedade portuguesa, inclusive por Dom Duarte, pois ele sabia que o caixa do tesouro português estava vazio depois dos excessos de guerra cometidos pelo pai. A euforia das conquistas anteriores, alimentada por seus irmãos, principalmente Dom Henrique, podia custar caro. Com míseros seis mil soldados, dos catorze mil esperados, o cenário desfavorável começava a se desenhar.

Mesmo com o apoio do papa à causa da tomada da praça de Tânger, muitas das naus prometidas por nações cristãs vizinhas não chegaram. Parte do efetivo militar rumou para Ceuta, de lá deslocou-se por terra para o cerco; já outra parte, com escassos recursos, teve de se deslocar até Tarifa, no sul da Espanha,[10] buscando alternativas para atravessar o estreito e juntar-se diretamente ao exército cristão em Tânger.

Um grande chamado havia sido ecoado por todo o norte da África e numerosos reforços engrossaram a causa muçulmana. Alguns cronistas citam mais de noventa mil homens, o que parece ser um exagero. No fim, os lusos liderados por Dom Henrique foram atraídos para a periferia da cidade e isolados de seus navios, sofrendo uma derrota humilhante. Receberam a intimação de retornar a Portugal desarmados e sem bagagens, obrigados a aceitar duras condições de rendição: o estabelecimento de cem anos de trégua entre as duas nações; a devolução imediata da cidade de Ceuta para os marroquinos, cuja garantia se daria com a entrega de um refém de linhagem nobre, o príncipe Fernando, aos mouros.

O príncipe capturado passou a ser moeda de troca para a devolução de Ceuta, mas as pressões internas e as forças políticas na época, cujas vozes de protesto ecoaram por todo Portugal, não admitiam entregar a cidade aos mouros, exaltando a legítima conquista cristã que ela simbolizava. Os sacerdotes bravejavam que as novas igrejas de Ceuta não poderiam ser profanadas pelos infiéis. Já os mercadores ameaçavam revoltas, pois a devolução da cidade significava expor o sul de Portugal novamente aos piratas e corsários que rodavam o estreito. O rei Dom Duarte sabia do preço que pagaria se não cumprisse o acordo: seu irmão, Dom Fernando, que havia sonhado ser feito cavaleiro com a conquista de Tânger, seria sacrificado por uma causa maior.

Com o príncipe Dom Fernando cativo, o rei doente e deprimido recolheu-se em Tomar, vindo a morrer em 9 de setembro de 1438 de um surto de peste. Dom Fernando pagou o preço da recusa da entrega de Ceuta e definhou por mais cinco anos nas "imundas masmorras" (Sanceau, 1961, pág. 92) da medina de Fez. Suas cartas desesperadas direcionadas aos irmãos não surtiram efeito e o príncipe por lá veio a falecer em 1443.[11] Curiosamente, foi no cerco de Tânger que o avô de Pedro Álvares Cabral, também chamado Fernando, foi morto em combate.

---

10 Um dos pontos mais próximos entre o continente europeu e o africano. De ferry boat, atualmente, leva-se menos de uma hora.

11 Seus restos mortais foram devolvidos aos portugueses mediante a troca de dois prisioneiros mouros, em 1471, advindos da conquista de Arzila e Tânger pelos portugueses.

Medina de Fez, Marrocos – Foto: Karina Cordeiro

Com o fracasso em Tânger e a morte do rei e do cativo Dom Fernando, perturbações políticas fizeram Portugal mergulhar em um momento de grave crise e reflexão. Foi um banho de água fria no moral português, resultando no enfraquecimento do ímpeto de navegar e conquistar. No fim, a pausa trouxe aprendizados e as lutas no norte africano consolidaram-se como uma verdadeira escola para os soldados portugueses, que, anos depois, conquistariam terras mais longínquas.

VISEU: PASSEANDO PELA CIDADE DE DOM DUARTE

Viseu é um pequeno povoado do interior de Portugal, próximo à cidade do Porto e na fronteira com a vizinha Espanha. Minhas primeiras visitas ao local tiveram como propósito participar do charmoso evento DeRose Festival Portugal, que sempre ocorre na metade do ano e reúne centenas de alunos e instrutores do DeRose Method em uma agradável e luxuosa pousada. A pequena cidade é hoje retiro para habitantes das metrópoles e, reconhecidamente, um importante ponto na história e na política portuguesas, pois grandes homens passaram por lá no período das Grandes Navegações.

Ao caminhar pelo centro velho de Viseu, deparei-me com uma solitária estátua levemente esverdeada e desgastada pelo tempo. Lá está, impávido, o grande rei Dom Duarte, com seus quatro metros de altura. A simplória inscrição no monumento informa as datas de nascimento (1391) e morte (1438) do antigo monarca. Foi rei de Portugal; assumiu o trono das mãos do pai, o competente Dom João I; e foi responsável por continuar a política expansionista sobre o litoral africano. Foi Dom Duarte quem apoiou o irmão, Dom Henrique, a lançar ataques à cidade marroquina de Tânger, no norte da África, para compensar o pouco resultado econômico que havia rendido a conquista de Ceuta.

O monumento, erigido na praça de Dom Duarte, não transmite a grande inteligência e o ar melancólico que os livros de história nos contam sobre o Eloquente, apelido que ganhou com o passar do tempo.

Estátua do rei Dom Duarte,
em Viseu (Portugal) – Foto: Karina Cordeiro

MARROCOS: EM BUSCA DE ESPECIARIAS NAS TERRAS DO MAGREB

Os portugueses mudaram a maneira como os povos do mundo se viam a si próprios nos séculos XV, XVI e XVII e, ao fazê-lo, contribuíram, de maneira decisiva, para a formação do mundo moderno.

Anthony John Russell-Wood

A SAGA DE CONTORNAR O IMENSO CONTINENTE

O continente africano serviu de quintal para as experimentações náuticas e, a partir de 1422, o objetivo das expedições portuguesas era romper um cabo africano que as lendas muçulmanas definiam como de não retorno. Ano após ano, um novo desafio era superado e um deles ficou conhecido como Cabo Não, de onde surgiu a frase: Quem o passa tornará ou não. O Cabo Não é localizado na África ocidental, no sul de Marrocos, onde acreditava-se que o calor seria tanto que as águas do mar entravam em ebulição. Em 1426, Gonçalo Velho finalmente dobrou o Cabo Não e singrou o Mar Tenebroso, apelido dado ao temido Atlântico.

Vencido o Cabo Não, oito anos mais tarde, em 1434, Gil Eanes, nobre cavaleiro e principal homem do Infante Henrique, superou um novo desafio, 180 milhas para além do anterior: o Cabo Bojador. As lendas afirmavam que entre 12 mil e 15 mil tentativas haviam sido feitas sem êxito, resultando no lema: "Navegar é preciso, viver não é preciso."

Durante a lenta e gradual conquista do litoral oeste africano pelos portugueses, os navegadores lusitanos batizaram as costas africanas de acordo com as commodities que conseguiam levar a Portugal: Costa da Malagueta ou da Pimenta, Costa do Marfim, Costa do Ouro, Costa dos Escravos, entre outros. Os enfrentamentos entre mouros e portugueses mantiveram-se intensos por décadas e, no fim, o norte da África e as praças do Marrocos tornaram-se uma verdadeira escola para soldados e navegadores, preparando-os para os futuros desafios que estavam por vir, entre eles o de alcançar o Oriente. Logo, era para o Marrocos que eu deveria ir.

Eu e meu amigo Serkan, na Medina de Assilah (Marrocos) – Foto: Karina Cordeiro

Para lá de Marrakech

A canção do compositor brasileiro Caetano Veloso ajuda-nos a entender a associação que existe quando citamos a frase "Você já tá pra lá de Marrakech",[1] contida na canção "Qualquer coisa".[2] Quando dita por alguém, ainda hoje, passa-nos a impressão de longa distância, de estranho, alterado, fora do comum, mas, curiosamente, apenas catorze quilômetros separam a Europa do norte do continente africano. A proximidade física, no entanto, não é proporcional à vasta distância emocional sentida pelos estrangeiros. Atravessar o estreito e lançar-se à África soa, mesmo nos dias atuais, incomum, aventureiro e, para os mais alarmados, até perigoso. Existem em nós resquícios de um imaginário preconceituoso, fruto de difamações e generalizações da época das Cruzadas e dos conflitos entre cristãos e muçulmanos. A ignorância e a miopia seguem alimentadas. Já me perguntaram, mais de uma vez, se o Marrocos ficava perto da Índia!

Teria sido mais fácil atravessar da Europa para a África de avião, mas minha decisão de percorrer o trajeto por via marítima teve outra motivação: a de reviver um pouco do que foi a experiência daqueles navegadores que comandaram incríveis expedições.

Estava acompanhado de um grupo de alunos e de um amigo que nos encontrou na cidade do Porto, em Portugal. De lá, partimos em voo direto para Málaga, onde encontrei, em uma praia, uma simpática escultura de areia, que indicava o nome do local: Malagueta! Não podia me sentir mais à vontade. Após um passeio pela praia com nome de pimenta, tivemos o prazer de desfrutar de uma fantástica paella de vegetais.[3] No dia seguinte, embarcamos, logo cedo, em um ônibus para Tarifa; de lá, seguiríamos a nosso destino: Tânger, no Marrocos.

---

1 Isso também vale para a frase "pra lá de Bagdá!".

2 QUALQUER COISA. Intérprete: Caetano Veloso. Compositor: Caetano Veloso. *In*: Qualquer coisa, 1975.

3 Incrível como há inúmeras opções de pratos sem carnes, mesmo em locais cuja tradição utiliza-se prioritariamente de carnes e frutos do mar.

Deixar a Europa em direção a terras desconhecidas deixou-me, confesso, apreensivo. Mesmo tão perto, o simples fato de mudar de continente fez daquela viagem algo singular. Organizei meu roteiro com foco em lugares relevantes, relacionados ao início da expansão portuguesa e, logo, não estaria no circuito tradicional do turista comum. Sem guias de viagem e fora das excursões convencionais, como estariam hoje as terras do Magreb? Seriam seguras? Como as moças de nosso grupo deveriam se portar? Que roupas deveriam usar? Eram muitas as questões que me passavam pela cabeça. Mas, assim mesmo, tomamos o ferry, sem olhar para trás.

Em pouco mais de uma hora e em um dia lindo de verão, chegamos ao berço do Saara. As primeiras placas em francês e árabe marcam a singularidade daquele território. Em Tânger, após um pouco de caminhadas e suor, chegamos até uma das avenidas principais, a Mohammed V, nome do antigo rei marroquino responsável pela independência do país, em 1956. Lá, alugamos um carro e seguimos para a cidade de Assilah.

Chegar a Tânger de ferry foi uma experiência marcante. Seguir viagem por terra, porém, era uma maneira de sentir o país intensamente. Percorremos, então, cinquenta quilômetros de carro, trajeto fácil e encantador pela costa do Atlântico. O pôr do sol de raios alaranjados iluminava nossos rostos, enquanto a pacata cidade marroquina de Assilah nos recebia. Ainda me sentia confuso com tantos deslocamentos; havia acordado em Málaga, na Espanha, e no fim da tarde encontrava-me na África, naquela mesma praia em que, séculos atrás, os lusos haviam desembarcado, enfurecidos por conquistá-la.

Na manhã seguinte, visitamos a marca do triunfo cristão na época dos descobrimentos: as muralhas portuguesas. Construídas com pedras calcárias amareladas, as muralhas de Assilah se estendem por 1.240 metros de comprimento e 8 metros de altura. Hoje, cercam o que se chama de medina, ou cidade velha. Entramos pelo portão construído pelos espanhóis[4] e que dá acesso a uma das poucas

---

4 Os espanhóis chegaram em 1911 e fizeram da cidade parte do Marrocos espanhol. É remanescente dessa época a única igreja católica que encontrei no Marrocos, São Bartolomeu.

Antigas muralhas em porto de Tânger, Marrocos – Acervo pessoal

ruas largas de lá, onde se localiza a grande mesquita da cidade. Adiante, nós nos deparamos com os setores dos antigos canhões e a torre El kamra,[5] ponto mais alto da medina, ambos usados para a defesa do lugar. Entramos no emaranhado de ruelas estreitas e charmosos becos. Por ser uma sexta-feira, a maior parte do comércio estava fechada, então tive de me contentar com a apreciação das casinholas brancas com detalhes em azul e variadas portas, que caracterizam a cidade velha.

Foi dentro desse complexo murado que, depois da tomada pelos portugueses, em 1471, viveram aqueles que bravamente lutaram para manter a cidade sob o jugo da coroa portuguesa. Ainda hoje, em um dos portões,[6] os mais atentos e estudiosos percebem as marcas de um brasão luso esculpido na pedra.

---

5 Que resistiu heroicamente a favor dos portugueses, quando eles quase capitularam em 1508.

6 Chamado Bab al Homar. Os outros dois são Bab Al Kassabah, construído pe os espanhóis, e Bab Al Bahr, que dá acesso ao mar.

Estrada de Tânger para Assilah, Marrocos – Acervo pessoal

FEZ: ANTIGA CAPITAL IMPERIAL MARROQUINA E SUAS ESPECIARIAS

Ainda na viagem pelo Marrocos, seguimos as preciosas dicas dadas em Assilah por Maria, simpática espanhola proprietária da pousada/hotel onde nos hospedamos e que migrou para o país em busca de trabalho, em épocas de crise. Partimos de carro em direção ao interior e à cidade de Fez, a mais antiga do Marrocos. Lindos campos de girassóis no decorrer da estrada embelezaram nossa viagem.

Diferentemente de Assilah, Fez não tem nada de calmaria e, como muitas cidades antigas, é composta da parte nova, construída durante o protetorado francês, e da parte antiga, onde está localizada a medina. Em meados do século XII, Fez tornou-se a capital imperial dos Almorávidas e ficou conhecida como o centro do saber e da cultura islâmica. Foi apelidada de Meca do Oeste ou Atenas da África. Anos depois, com o reinado de Moulay Ismail, a capital marroquina foi transferida para Meknès e o reino de Fez progressivamente perdeu força.

Fez atualmente não é a cidade mais visitada pelos turistas. Marrakech, Casablanca e Rabat, a capital, abarcam a maior parte do turismo marroquino. Se você busca reviver o que eram as antigas cidades medievais e toda sua atmosfera, não deixe de visitar a medina da cidade velha de Fez. Medina significa "cidade" em árabe e é onde se concentra boa parte do comércio popular, um labirinto de inúmeras ruas estreitas, becos, grandes portões e passagens apertadas, que não possibilitam nem o trânsito de um pequeno automóvel. É na medina que sentimos a alma do local.

Orientados por nossa guia Wafa Azhar, que no fim virou uma querida amiga, pudemos percorrer as ruas estreitas da cidade velha, adentrando vielas e pátios que só poderiam ser revelados com a ajuda de um profissional. Não custa lembrar que não foram poucas as vezes que falsos guias vieram se oferecer para nos ajudar a entrar ou sair da cidade velha, mas foram prontamente dispensados pela poderosa Wafa, que educadamente apontou o crachá aos importunos pretendentes a guia.

El-Seffarine, praça onde os artesãos locais manipulam o bronze e a prata, produzindo peças de uma beleza incrível, faz-nos duvidar do que o ser humano é capaz! Joias, tecidos, cerâmicas e quinquilharias de todas as vertentes fazem desse grande mercado um lugar inesquecível.

Subimos para um local mais alto, de onde víamos a cidade velha. Naqueles breves instantes de contemplação, imaginei a agonia, quinhentos anos antes, de Dom Fernando, o príncipe caçula, capturado pelos mouros na tentativa frustrada dos portugueses de tomar Tânger, história que contei anteriormente. Suas cartas desesperadas clamando por resgate não foram atendidas pelo irmão, o rei Dom Duarte, que lá o deixou, naquele emaranhado de becos e ruelas estreitas, durante anos, apodrecendo em alguma masmorra escura, até a morte.

Sofrimento e aflição à parte, ao caminhar pela medina, nossos sentidos são brindados com um espetáculo de sabores, aromas e cores. Visitei interessantes estabelecimentos, conhecidos como *herboristerie*, onde pude encontrar algumas especiarias que conhecia apenas por meio de livros. Encontrei também muitas ervas, essências, perfumes e o famoso óleo de argan.

No primeiro deles, achei a rara pimenta longa e a raiz de galanga, apelidada de *vyagra* dos mercados marroquinos! Conheci misturas de temperos locais, genericamente denominados curries, nas versões preta, vermelha e branca. Também travei contato com o perfumadíssimo almíscar e o chamado anis preto, que, mais tarde, descobri tratar-se de sementes de nigela, muito bom para desobstrução nasal. Das especiarias marroquinas, a mais popular é, sem dúvida alguma, o has el hanout, mistura de mais de quarenta itens.

Medina de Fez, Marrocos – Foto: Karina Cordeiro

Entre outras curiosidades, encontrei uma ancestral de nossa escova de dentes – uma fita de casca de árvore de noz chamada *sowak*, usada, segundo a tradição popular, para limpar e clarear os dentes, além de tonificar as gengivas. Essa fita de material vegetal vem enrolada em pequenas porções e é vendida por um preço bastante acessível. Tem gosto amargo como o de qualquer casca de árvore que você resolva mascar.

Especiarias para tingimento de couro

O tingimento de tecidos e peles acompanha o homem desde os primórdios. Por isso, visitar os tanques de curtumes em Fez é um itinerário obrigatório. Atualmente, são muito utilizados os corantes químicos, mas, com a onda ecologicamente correta, há um movimento engajado de retorno das antigas tradições para a utilização de materiais naturais extraídos de raízes, especiarias, flores, cascas de árvores, nozes, entre outros.

Identificadas como *tanner quarter*, essas regiões, há séculos, dedicam-se à tradição de tratar o couro animal para produzir bolsas, malas, mochilas, jaquetas e tudo o que você puder imaginar. Trata-se de uma atividade extremamente importante para a economia e o mercado marroquino.

Um beco aqui, uma ruela estreita acolá e vimos a pequena porta de uma loja. Ao entrarmos, deparamo-nos com uma enorme construção de vários andares, onde, para se chegar ao terraço e ter a vista dos homens literalmente "dando no couro", é necessário passar por andares e andares com prateleiras abarrotadas de artesanato de pele animal. Orgulhoso, o atendente mostrou-nos uma vasta área repleta de peles. São diversas etapas até que a matéria-prima possa ser levada aos tanques: retiram-se a carne e os pelos; seca-se e limpa-se o material; por fim, é encaminhado para o processo de tingimento. A pele é mergulhada em diversos tanques abastecidos de líquidos

Curtume na Medina de Fez, Marrocos – Foto: Karina Cordeiro

Sowak – Foto: Karina Cordeiro

com corantes, alguns com pigmentos naturais de plantas ou minerais das mais diferentes cores e tonalidades, outros com variações sintéticas.

A vista dos tanques de tingimento é um dos cartões-postais de Fez. Por sorte, a foto do curtume não transmite o forte odor que exala o local. Para se ter uma ideia, esses estabelecimentos estão localizados longe de áreas residenciais e o visitante, para aguentar o mau cheiro, recebe um punhado salvador de folhas de hortelã, que deve ser inserida nas narinas enquanto dura a mirada.

Entre os produtos usados para o tingimento está a cúrcuma, para dar o tom amarelado ao couro. Recebi a informação de que se tratava do açafrão, mas acho difícil pelo elevado preço dessa especiaria. O processo de tingimento, nesse caso com cúrcuma, não ocorre nos tanques, mas fora deles, enquanto as peles são colocadas para secar, como mostra a foto a seguir. De Fez, o meu destino era o deserto.

Tingimento e secagem de couro, Medina de Fez (Marrocos) – Foto: Karina Cordeiro

AS CARAVANAS DO DESERTO

O grande deserto africano chama-se Saara, imensidão de areia e pedra, com aproximadamente nove milhões de quilômetros quadrados. Uma região que ocupa diversos países e desloca-se pelo interior do continente, do sudeste ao leste, passando pelo rio Nilo. Para simplificar, o Saara é o lugar mais seco, vasto e quente do planeta Terra.

As rotas comerciais atravessavam o deserto em vagarosas caravanas guiadas por camelos, em direção à costa marroquina, em especial a cidade de Marrakech, que, por anos, liderou o comércio dos produtos vindos dessas expedições. Uma caravana por via terrestre, naquela época, não era uma empreitada fácil. Saques, assaltos e emboscadas eram fatos corriqueiros, e a isso somavam-se as altas temperaturas e os extensos deslocamentos.

Condutor berbere, a pé, Karina Cordeiro, Felipe Canhoto e eu em dunas de Erg Chebbi, Marrocos – Foto: Karina Tarabay

Os camelos são verdadeiras máquinas, capazes de se adaptar a condições extremas e podem ingerir mais de 130 litros de água de uma vez. Foram corretamente apelidados de "navios do deserto", pois podem suportar viagens de até cinco dias, sem alimentos e sem água.

Estive nas maravilhosas dunas de Erg Chebbi, que fazem parte da extensão do Saara dentro do Marrocos e estão localizadas muito próximo da instável fronteira com a Argélia. Saímos cedo de Fez em direção ao sudeste, cruzando o Alto Atlas, espinha dorsal de montanhas que separam o oceano do deserto. Elevadas encostas, planaltos áridos e multicores, florestas de cedro e lagos fizeram dessa rota a mais linda que percorri em toda a minha vida. Um espetáculo de embasbacar qualquer mortal.

Deslocar-se do norte para o sul significava travar contato com os primeiros habitantes do Marrocos: os berberes. Eles compõem uma boa parte da população marroquina e suas tradições culturais são resultado da fusão da própria cultura com a estrangeira árabe. Podemos, assim, definir a cultura marroquina como uma mistura de tradições berbere, árabe e europeia, em especial da Espanha e da França.

Ainda hoje, são poucos os meios de se desbravar o deserto: os antigos camelos ou, então, um veículo de tração 4 x 4 guiado por um bom condutor. Seguimos, com meu honesto carro alugado, que nem de longe parecia ter tração suficiente para encarar dunas, cruzando pequenos vilarejos até chegar ao povoado de Merzouga. De lá, funcionários do hotel que havíamos reservado conduziram-nos por uma rota visível apenas para os acostumados com o Saara.

Parecia difícil acreditar, mas havia chegado ao Saara e por lá eu repousaria. Entre os clássicos passeios turísticos oferecidos, um dos mais tradicionais é o de passar uma noite em um acampamento berbere no deserto, que nos aguardava após um longo deslocamento montado em camelos. Geralmente, esses passeios são feitos com saída no fim da tarde, já que, no sol a pino, o calor se aproxima dos 50 °C, no verão. Mais que um exótico entretenimento para turistas, além da abstração do fato de o pobre animal ter de lhe carregar sem ter escolhido um empolgado viajante, a atração teve, para mim, um significado especial. Pude vivenciar um pouco do que os deslocamentos pelas antigas rotas das caravanas comerciais costumavam ser, sentindo na pele o calor intenso do deserto.

O ar seco formava uma paisagem única e, imagino eu, tão semelhante cenário de séculos atrás. Foram menos de duas horas de deslocamento vagaroso no lombo do camelo. No início do passeio, parti como um rico mercador ou sultão do deserto; no fim, estava em frangalhos, mais parecido com um cativo cristão capturado. Entendi por que o valor altíssimo das especiarias e dos demais objetos que aqueles homens e animais carregavam.

Os lusitanos vencem a África: a dobragem do Cabo das Tormentas

Durante quase todo o século XV, os portugueses lutaram para vencer os enormes obstáculos, chegar ao Oriente e acessar as riquezas dali. Os poucos caminhos de acesso ao comércio dos lucrativos condimentos estavam cada vez mais complexos. Veneza dominava o comércio mediterrâneo e por ele cobrava preços exorbitantes; por terra, as portas da Ásia se fecharam, de 1453 em diante, com a queda de Constantinopla. A solução estava nos países do oeste europeu, que tinham, no Oceano Atlântico, uma rota alternativa para se chegar às ricas terras descritas por Marco Polo. Cabia aos lusitanos vencerem a África – no caso, contornando-a.

> Eu sou aquele oculto e grande Cabo, a quem chamais vós outros Tormentório, que nunca a Ptolomeu, Pompônio, Estrabo, Plínio,[7] e quantos passaram, fui notório. Aqui toda a Africana costa acabo neste meu nunca visto Promontório, que para o Polo Antártico se estende, a quem vossa ousadia tanto ofende! (*Os lusíadas*, Canto V, 50, Luís de Camões)

O futuro das explorações europeias dependia do conhecimento e da competência dos portugueses em, naquele momento, superar o Cabo das Tormentas. O saber dos árabes sobre os Oceanos Atlântico e Índico, na época, foi importantíssimo para que as expedições europeias obtivessem sucesso. A noção de que a circum-navegação do sul da África era possível talvez tenha vindo do contato com o mundo islâmico, no qual os conhecimentos sobre astronomia, matemática e geografia estavam bem adiantados. Lembremo-nos de que o sul da Península Ibérica esteve em mãos sarracenas durante séculos. São exemplos dessa influência o quadrante e o astrolábio, instrumentos que serviam para determinar a posição dos astros no céu, a direção do Norte real e a posição do Sol e das estrelas.

A mentira de Cão

O rei português Afonso V, responsável por importantes passos no avanço português sobre o norte da África, abdicou do trono em 1475, passando a coroa para Dom João. Aclamado como Dom João II, seria o homem a realizar o contorno

---

[7] São nomes de diversos geógrafos: Ptolomeu e Estrabo são gregos, Pompônio era romano e Plínio, um cientista também romano, comenta Jane Tutikian, em *Camões: os lusíadas*, página 157.

do continente e chegar à Índia. Feroz em sua determinação, resolveu que cabeças rolariam caso alguém se opusesse a seus propósitos. Com isso, decapitou boa parte dos oponentes políticos e matou pessoalmente um dos detratores (Krondl, 2007, pág. 136).

Dom João, o Senhor da Guiné, como ficou conhecido, contratou Diogo Cão para contornar a África e marcar as conquistas com pilares ou padrões – colunas de pedra de 2,5 metros de altura, sinalizadas com as armas reais da corte e finalizadas com uma cruz com inscritos em português, árabe e latim. Ele chegou até a foz do rio Zaire, onde estabeleceu relações com os nativos, mas fracassou na tentativa de contornar o continente e chegar à Índia. De qualquer maneira, seu avanço foi notável. Quando retornou, mentiu, anunciando ter dado a volta à África e o rei fez dele cavaleiro. Diogo ganhou privilégios e isenções. Mas seu perjúrio custou-lhe caro. Ao confessar o engano, caiu em desgraça, morrendo na obscuridade.

Menos de um mês depois do retorno decepcionante de Diogo Cão, surgiu um nome que entraria para a história das navegações, tornando-se a nova aposta do rei de Portugal. Era Bartolomeu Dias. Sua expedição foi a primeira a levar um navio carregado de mantimentos, o que evidenciava a confiança em vencer novas distâncias. Costeando o litoral, Bartolomeu conseguiu superar o último pilar erigido por Diogo Cão, na atual Namíbia. Mas tinha de encarar o Cabo das Tormentas à frente.

No fim de 1487, Dias e seus homens enfrentaram tempestades e tormentas que os afastaram do continente, seguindo em um ângulo reto em direção leste durante treze dias. Na calmaria, ao retornar para o oeste e ao continente, o navegante não avistara terra alguma. Navegou, então, rumo ao norte por angustiantes 800 quilômetros, buscando terra. Quando se deu conta, talvez sem nem perceber, tinha contornado a África.

Em 3 de fevereiro de 1488, dezesseis meses e dezessete dias depois de ter partido de Portugal, confirmou o feito, desembarcando em Mossel Bay, próximo à Cidade do Cabo, na atual África do Sul. Dias ainda tentou chegar às Índias, navegando um pouco mais para o norte, mas seus homens revoltaram-se contra ele e, em uma reunião em terra, votaram por não seguir viagem. As boas novas de Bartolomeu Dias consolidaram o plano de expansão portuguesa via Atlântico. Todos os esforços da coroa lusitana estariam lançados no desafio de seguir pelo caminho que, ano após ano, progredia. Encontrar as Índias já não parecia uma realidade tão distante.

Dom João II, o monarca português, precisava concentrar esforços no contorno da África para chegar às Índias e, depois de Bartolomeu Dias, o sonho parecia se tornar realidade. Foi nesse contexto que Colombo, o navegador genovês que queria chegar às Índias navegando para oeste, teve o projeto negado por Dom João II. Colombo resolveu, então, buscar apoio na coroa espanhola. Para Portugal, estava solidificada a ideia da navegação contornando a África.

MARROCOS

Especiarias marroquinas

Has el hanout

Picância: 2

As misturas de temperos são comuns em quase todos os países que têm uma mínima tradição de usar condimentos. No Marrocos, encontrei algumas clássicas, entre elas o has el hanout (encontra-se, também, a grafia ras el hanout). A tradução do termo seria "o melhor da casa", ou seja, a melhor mescla do local.

É o mais famoso mix de especiarias marroquinas. Sempre que ia a uma *herboristerie* no Marrocos e dizia que procurava especiarias, era prontamente apresentado a alguma mistura de temperos típica do local. No caso do has el hanout, o vendedor logo informou que era composto de 45 itens diferentes. Outros citavam 44 e alguns autores mencionam mais de 23. A certeza é que são muitas. Os ingredientes básicos são: pimenta-preta, coentro, cominho, cúrcuma, galanga, gengibre, canela e cravo. A canela e o cominho são os mais proeminentes dos sabores e dos perfumes que o has el hanout exala.

Uma boa maneira de se utilizar o mix de condimentos é no clássico cuscuz. Também sugiro experimentá-lo com um prato típico chamado tajine.[1] Trata-se de um grande ensopado de legumes, que pode acompanhar carnes ou não. Bem condimentado, o tajine leva has el hanout, pimenta-preta, cúrcuma, cominho, coentro e alho. O tajine e o cuscuz são pratos imperdíveis para quem busca conhecer a comida marroquina.

---

1 Ou tagine. Há também uma gostosa mescla de especiarias que Linguanotto denomina *tagine spice mix*, composta de coentro, páprica doce, canela, pimenta calabresa, pimenta-da-jamaica, cravo e cardamomo.

Curry branco, vermelho
e has el hanout – Foto: Karina Cordeiro

CURRIES MARROQUINOS

Curry é o nome que ganhou o mundo para qualquer mistura de especiarias, mas, na verdade, é uma planta. Suas folhas também servem como tempero e podem ou não fazer parte do curry vendido nas seções de especiarias. Explicarei mais sobre o curry na seção indiana. No Marrocos, encontramos dois tipos principais: o branco e o vermelho. Como quase todas as misturas, podem ser utilizados em ensopados, sopas e até no arroz.

O curry branco tem um forte gosto amargo, que denuncia seu principal ingrediente – o feno-grego. Os outros ingredientes são gengibre em pó e soja. Já o vermelho destaca-se pela presença da páprica, que marca a coloração avermelhada, além de gengibre em pó, cúrcuma e pimenta moída.

CINQ ÉPICES

Picância: 1

Conheci esse mix de temperos na simpática cidade marroquina Ouarzazate, no caminho entre o deserto do Saara e Marrakech. Ela ficou famosa nos anos 1990 por abrigar estúdios de cinema responsáveis pela produção de diversas películas.[2] A escolha do Marrocos é justificada por sua proximidade com a Europa e, ao mesmo tempo, pelos baixos custos de locação. É o lugar perfeito para filmes que necessitam de um cenário com grandes planícies ou paisagens distintas, de tirar o fôlego. O cinq épices é composto de pimenta-preta, cúrcuma, gengibre, páprica e cominho. Todos moídos e misturados.

---

2 Destaque para *Alexandre, o Grande*, *Cruzada*, *Príncipe da Pérsia*, entre outras.

Na última visita a Marrakech, fui apresentado pelo empolgado e excelente comerciante Ahmed Elaskandari, da *herboristerie* Dês Gazelles, ao quatre épices, mescla de coentro, gengibre, cardamomo e noz-moscada, a princípio feita para temperar peixes, mas pode ser utilizada muito bem em grãos.

HARISSA

Picância: 2

É o nome dado a uma mistura de temperos em alguns países do norte da África, como Marrocos e Tunísia, e da Índia, entre outros lugares. Encontrada em pó, entre as especiarias que a compõem, a pimenta é a que mais se destaca. Na aparência, nota-se o fato pela cor avermelhada, forte e bonita, bem como pela picância.

No universo das especiarias, não existe uma fórmula correta, principalmente quando se trata de mistura de temperos. No Marrocos, encontrei harissa composta de pimenta-malagueta em pó, misturada com coentro, cominho e sal. Em outras versões mais simples, apenas pimentas vermelhas moídas. Já na Índia, é preparada com pimenta vermelha em pó, alho, cominho e coentro.

Além da variação seca em pó, há um tipo úmido que conheci em Jerusalém, levado pelos judeus tunisianos que migraram para Israel – note que, nesse caso, a mistura recebe um belo toque da gastronomia mediterrânea. Feito à base de azeite e tomate temperado com muitas especiarias, forma uma pasta que deixa qualquer alimento delicioso. É usado para preparar o tradicional shakshouka, que leva tomate e ovos, e guarda semelhanças com os masalas indianos, ou curries. Pode-se usar azeite, pimentão, pimenta vermelha, alho, cebola, sementes de coentro, cominho e alcaravia (um primo do cominho), além de extrato de tomate, limão-siciliano e sal.[3]

GALANGA

Picância: 3

Espanhol: *galanga*; francês: *galanga*; inglês: *galangal*

A raiz da galanga (*Alpinia galanga*) foi-me apresentada, como muitas outras especiarias, na cidade de Fez, no Marrocos. Como mencionei em outro momento, é popularmente conhecida como um estimulante sexual, chamado *vyagra* natural marroquino. Não existe melhor marketing, não é mesmo?

---

3 Receita de Ottolenghi e Tamimi, do excelente livro *Jerusalém: sabores e receitas*, página 301.

Galanga – Foto: Karina Cordeiro

A galanga nada mais é que o rizoma, um tipo de caule, que nasce de uma planta originária da Indonésia. Tem forma e aparência bem semelhantes às do gengibre, exceto pela casca de tom vermelho queimado e pelo interior, também levemente avermelhado. Seu aroma é rico e levemente mentolado, chegando até a favorecer a desobstrução das vias respiratórias, quando inalado. Seu sabor está entre a picância do primo gengibre e a pimenta.[4] É pouco utilizada na culinária ocidental, restringindo-se à cozinha da Indonésia e da Malásia. Em Marrakech, conheci o óleo feito com a raiz, indicado para aliviar dores articulares e tratar o reumatismo.

---

[4] Compartilho da mesma opinião de Tom Stobart em *Ervas, temperos e condimentos de A a Z.*

A CONFUSÃO DA MALAGUETA AFRICANA

O comércio de escravizados era um negócio muito lucrativo tanto para os portugueses, que obtinham essa mão de obra do oeste africano, quanto para os árabes, que os compravam da África oriental. Além do tráfico de pessoas escravizadas, desse continente provinham, desde aquela época, muitos outros produtos, que eram escoados para Portugal. De Marrocos, por exemplo, partiam não só condimentos mas também víveres, cevada, tâmara, mel, trigo, anil, entre muitos outros. Os portugueses interessavam-se, ainda, por tapetes; jarros; potes; tecidos, destaque para os panos de riscas coloridas e camisas longas, um tipo de túnica e toalha de mesa (Russel-Wood, 1992, pág. 111), entre outros badulaques, todos enviados em grande quantidade do porto de Arzila para engordar o tesouro português.

Das especiarias marroquinas, o produto que mais se destacava no mercado europeu, antes do período das grandes expedições ultramarinas, era a chamada pimenta-malagueta (*Aframomum melegueta*), que por estar mais perto em relação à cara e distante pimenta-preta das Índias tinha menor preço e ganhava cada vez mais espaço. O problema é que, quando Colombo trouxe os frutos ardidos descobertos no Novo Mundo, o termo "malagueta" foi transferido para a pimenta vermelha. Ou seja, a pimenta que encontramos hoje como malagueta (*Capsicum frutescens*) não é a antiga pimenta africana (*Aframomum melegueta*). Que confusão, não é mesmo? A seguir, veja a descrição detalhada de cada uma delas.

Pimenta-da-guiné (*Aframomum melegueta*)

Picância: 2

Espanhol: malagueta; francês: *graines de paradis, poivre de Guinée*; inglês: *melegueta pepper, grains of paradise*

Pimenta-da-guiné (grão-do-paraíso) – Foto: Karina Cordeiro

A pimenta-da-guiné, ou malagueta, que recebe também o nome grão-do-paraíso, foi tão importante que chegou a ser usada como moeda local (Hussel-Wood, 1992, pág. 207). Acreditava-se que vinha do paraíso celestial e desembocava por vias divinas nas mãos dos meros mortais, descendo o leito de rios africanos. O nome Guiné deixa clara a procedência geográfica, já que se desenvolvia na costa oeste do continente africano. A região conhecida como Costa da Pimenta englobava Golfo da Guiné, Serra Leoa, Libéria, Benin e Nigéria.

Teve seu comércio expandido com Portugal na época de Dom Henrique e, como mencionado, servia como

Mix de pimentas: cambuci (verde), calabresa (flocos) e malagueta (seca), dedo-de-moça picada e pimenta rosa em grãos – Foto: Karina Cordeiro

alternativa à cara pimenta-negra (*Piper nigrum*, conhecida como pimenta-do-reino no Brasil) que vinha da distante Índia. No início do século XVI, a grão-do-paraíso atingiu o auge e foi bastante utilizada pelas classes abastadas no lugar da pimenta-preta. Foi levada da região da Guiné para Lisboa em 1486. As sementes da pimenta-da-guiné são bem pequenas e de coloração amarronzada. Apresenta discreto furo na base, que não a atravessa, mas faz com que as sementes se assemelhem a contas de artesanato. Quando partidas ou trituradas, revelam um agradável aroma.

Pimenta-malagueta (*Capsicum frutescens*)

Picância: 9

Espanhol: *chile*, *chilli*; português (Pt): *piri-piri*; francês: *piment fort*; inglês: *chilli pepper*

Originária das Américas, seus nomes não são poucos: é conhecida como malagueta no Brasil, *chilli* no México, pimenta *piri-piri*[5] nas antigas colônias portuguesas na África e, claro, em Portugal. Em outro trecho, expliquei que o termo malagueta foi erroneamente estendido por Colombo a todos os picantes frutinhos do gênero *capsicum* que crescem selvagens nas Américas.

Uma das maiores curiosidades do comércio das especiarias é o fato de a pimenta-malagueta, originária do Novo Mundo, ser hoje uma das especiarias mais importantes da culinária indiana e a Índia o maior produtor no planeta. A ampla aceitação nesse mercado não é à toa: ela é considerada uma das mais fortes que existem, podendo atingir a nota nove em uma escala de zero a dez.

Ao que tudo indica, foram os portugueses que levaram o *chilli* ou malagueta[6] da América para a África, a Europa e a Índia. Em busca de pimenta-do-reino, eles apresentaram ao mundo muitas das "novas" especiarias. As malaguetas brasileiras podem alcançar, em média, 2,5 cm, mas encontram-se variações bem pequeninas, uma denominada malaguetinha e outra, malaguetão (Linguanotto, 2007, pág. 111).

A malagueta, em geral, é amplamente utilizada quando se busca aplicar um efeito mais picante ao prato. Fica muito bem no tempero dos feijões mexicanos, nos chutneys indianos e com ela também se preparam excelentes conservas. Em pó, pode ser colocada em caldos, sopas e molhos, e a variação seca pode ser refogada inteira, intensificando a pungência.

---

5 Agradeço a interessante loja de pimentas na cidade do Porto, cujos funcionários mostraram-me as variantes de piri-piri à venda. Recomendo: Flor do Açafrão: Aromas da Índia.

6 Lembre-se de que a malagueta do Novo Mundo é o *chilli* ou a pimenta vermelha que conhecemos. Trata-se daquela que adquiriu o nome de outra pimenta africana, a pimenta-da-guiné, também conhecida como grão-do-paraíso.

Óleo e sementes de argan – Foto: Karina Cordeiro

ARGAN

Espanhol: *argan*; francês: *argan*; inglês: *argan*

Procurando por especiarias em terras marroquinas, encontrei o argan (*Argania spinosa*), estrela pop do Marrocos, pois da árvore colhe-se um pequeno fruto amarelo que guarda a semente da qual se extrai o clássico óleo, conhecido internacionalmente por *moroccan oil* ou *argan oil*. A árvore cresce, principalmente, no sudoeste do país e seu produto é objeto de desejo de todas as mulheres ávidas por seu alto teor de hidratação, grande concentração de vitamina E e ação antioxidante.

O óleo de argan virou uma febre e move montanhas de dinheiro. Em qualquer *herboristerie* encontra-se um simpático funcionário disposto a explicar tudo sobre o argan, além de fazer questão de demonstrar como se extrai o óleo, que é muito usado pela indústria de cosméticos e serve de base para hidratantes e xampus. Sua utilização também abarca a culinária: pode ser aplicado como óleo, com o devido tratamento, para cozimento e preparo de frituras. Para ter certeza de que é mesmo autêntico, deve apresentar odor semelhante ao do amendoim. Fique atento, pois a probabilidade de você levar "gato por lebre" é enorme, sobretudo se o preço for abaixo do praticado nos mercados.

Para extraí-lo, as sementes são colocadas, já sem invólucro, previamente retirado com o auxílio de uma pedra, em um primitivo moedor, que as pressiona e libera o suco. Trata-se da famosa extração mecânica do óleo virgem e a frio, modelo tão conhecido no universo dos azeites de oliva. Cabe às mulheres o trabalho de colher as sementes e quebrá-las para extrair as amêndoas, ofício que produz somente um punhado de sementes em um dia inteiro de trabalho.

Uma curiosidade relacionada ao argan é que o precioso fruto também é apreciado por cabras, que em busca de alimento em uma região seca, sobem nas árvores de argan, entre outras, e equilibram-se sobre os resistentes galhos para se deliciar com a polpa dos frutos.

Os animais, ao ingerir a semente das árvores, não a processam e, ao excretá-la ou cuspi-la, facilitam a vida dos coletores, já que, assim, os trabalhadores as encontram sem dificuldade no solo. Muito procurei, mas somente encontrei uma escaladora caprina em uma árvore no caminho Deserto-Ouarzazate. Ela pacientemente me esperou para que eu pudesse "sacar" uma foto, antes de voltar ao solo. Uma cena digna de Dalí. Será que daí surgiu o nome pé-de-cabra?

Cabras no caminho entre o deserto do Saara e Ouarzazate, Marrocos – Acervo pessoal

ESPANHA PARTE EM BUSCA DE ESPECIARIAS

...de manera que por gracias de Nuestro Senyor todo el Reyno se nos ha entregado, y está por nos, salvo la Ciudad principal de Granada... mediante la qual esperamos en breves dias haver la en nuestras manos.

Carta do rei Fernando de Aragão ao general Bayle de Valência, escrita em 30 de dezembro de 1489 (*História de Granada*, pág. 132)

ESPANHÓIS CONQUISTAM A ROMÃ

Assim como os portugueses quatrocentistas, os espanhóis sonhavam em conquistas além-mar, mas tinham uma pedra no sapato: os mouros, que já ocupavam a Espanha por séculos. Em 1314, os portugueses tinham expulsado os mouros de Portugal, mas o caso espanhol era mais complexo e exigiria quase dois séculos de muitas batalhas para lograr o que se chamou de Reconquista.

A reviravolta teve como marco a união de uma princesa com um príncipe. Parece até conto de fadas, mas não é. Em 1479, o casamento entre os "pombinhos"

Fernando, de dezoito anos, e Isabel, de dezessete, fez surgir uma aliança entre os reinos de Aragão e Castela, que resultaria em um dos reinados mais importantes de toda a Europa. Um domínio que mudaria a cara do globo e definiria o que você, hoje, coloca no prato para comer, ou, talvez, o idioma que fala.

Em 1479, Fernando de Aragão e Isabel de Castela tornaram-se reis de um grande e importante território. Com o advento da Inquisição espanhola, um ano antes, o fervor religioso cresceu e eles enxergaram uma ótima oportunidade de fomentar um sentimento de união no país, juntando, assim, forças para eliminar um inimigo comum que os incomodava bastante: os mouros.

O papado em Roma via, na Península Ibérica, a esperança da expansão cristã. Portugal enfrentava os marroquinos e lançava-se ao mar para vencer o continente africano, tentando contorná-lo e, assim, levar a mensagem cristã aos infiéis do Oriente. Fernando e Isabel foram instituídos reis católicos e a existência do emirado muçulmano de Granada era vista como uma afronta.

Em alusão ao símbolo da cidade moura de Granada, a romã, evidentemente relacionada à fertilidade[1] das terras e do reino, o rei espanhol Fernando jurava que todas as sementes – ou seja, cidades, vilas e povoados – deveriam ser capturadas, uma a uma, sem exceção.

A cidade de Granada é dividida por um rio chamado Darro: de um lado está a poderosa Fortaleza de Alhambra e, de outro, o bairro Albaicín, cujas iniciais "Al" revelam-nos a influência moura que ainda persiste na região. Andar por Albaicín é reviver o passado glorioso em que a prosperidade e a riqueza estavam fincadas no coração da Andaluzia. Atualmente, milhares de turistas aventuram-se pelas ladeiras do antigo bairro mouro para ter a vista privilegiada de Alhambra e disputar os turísticos shows de flamenco pelas cavernas de Sacromonte. Um clichê que não pode ser perdido.

---

[1] Em espanhol, o fruto chama-se *granada* e, em árabe, *rummán*. Tratava-se de uma fruta nobre e muito reverenciada na Grécia Antiga, vinculada à deusa Afrodite. Quando aberta ao meio, pode ser comparada a um ovário e, as sementes, a óvulos.

Fortaleza de Alhambra, Granada (Espanha) – Acervo pessoal

As estreitas ruas de Granada

Nas últimas décadas do século XV, os espanhóis haviam vencido os mouros e reconquistado inúmeras cidades e vilas para o cristianismo. A empreitada dos reis católicos durou mais do que se imaginava e, com as finanças apertadas, a rainha Isabel foi obrigada a penhorar joias da coroa e, assim, arrecadar fundos para a continuação da Reconquista.

O emirado de Granada era o último a resistir. Muitos outros *pueblos* já haviam sido retomados e a queda do bastião muçulmano sobrevivente não tardaria. O sultão Al Zagal assinara um acordo de rendição e deixara Andaluzia com destino ao Marrocos. Restava, então, a única pedra no caminho dos cristãos: Boabdil, antigo aliado. Acreditava-se que ele se renderia com facilidade; afinal, há alguns

Torre de la Vela, Alhambra (Espanha) – Foto: Ana Paula Matta

anos colaborava com os espanhóis. Mas não foi o que fez. Ele rompeu os acordos e assumiu a resistência moura, com persistência até a capitulação final.

> Faz bem, meu filho, em chorar como mulher, o que não soubeste defender como homem.[2] (Palavras duras de Aixa, mãe de Boabdil, para o filho)

O emirado de Granada foi regido por Muley Abul Hassan (Abu l-Hasan Alí[3]), cujo governo, nos anos 1480, gozava de um grande desprestígio interno. Os altos impostos refletiam a baixa popularidade. Em 1482, seu filho, Boabdil – adaptação do nome Abd Allah Muhammad – conseguiu tomar o trono do pai, expulsando-o de Granada. No ano seguinte, urdiu uma incursão militar contra a praça espanhola de Lucena, mas seu exército foi destroçado. Boabdil se tornou cativo dos cristãos. O fato repercutiu tão positivamente na corte espanhola que os condes responsáveis pela captura de um alto membro do emirado granadino puderam ostentar, nas próprias vestes, o desenho da cabeça coroada de um mouro.

Se as forças mouras estavam fragmentadas, as cristãs mostravam um franco movimento de coesão, com o casamento dos reis católicos como fato preponderante. Enquanto isso, a capital moura estava cercada, isolada e assolada pela fome e por doenças. Suas provisões tinham sido confiscadas ou destruídas. O cerco, que havia começado em abril de 1491, tinha caráter permanente, tanto que uma vila batizada de Santa Fé foi edificada à beira da cidade, com pedras e argamassa. Estava pronta até para suportar o inverno, deixando claras as intenções dos cristãos hispânicos de por lá se instalarem o tempo que fosse necessário.

A situação da população e dos homens de Boabdil era precária. Os reis católicos pressionaram o sultão, que desistiu de lutar e assinou a rendição em 2 de janeiro de 1492. Quatro dias depois, no Dia de Reis, Fernando de Aragão e Isabel de Castela ocuparam a Fortaleza de Alhambra e içaram a cruz, o estandarte real e a bandeira da Ordem de Santiago na alta torre da Campana, também denominada Torre de la Vela.

Boabdil entregou as chaves da cidade aos cristãos. O simbólico ato ficou imortalizado por diversos artistas, que reproduziram a cena na qual a desolação e

---

2 Tradução livre da frase em espanhol antigo: "Bien haces, hijo, en llorar como muger lo que no fuiste para defender como hombre." Texto na íntegra de Luis del Mármol Carvajal, no livro *Historia del rebelión y castigo de los moriscos del reino de Granada*, página 103.

3 Optei pela transliteração do árabe para os caracteres latinos feita por Ricardo Villa-Real, em *Historia de Granada*.

a tristeza tomaram conta dos mouros. Logo após partiu em seu cavalo para as montanhas,[4] chorando a perda da belíssima Granada para os cristãos.

No fim do século XV, a Espanha conheceu o conceito de identidade nacional, abalizado pela força de uma igreja católica poderosa, que contribuiu para os espanhóis se lançarem em busca das riquezas do Oriente. Depois de ter sido dispensado pelo rei português, Colombo recebeu o "sim" dos reis católicos para dar cabo a seu projeto de alcançar as Índias pelo Atlântico.

Difícil imaginar o impacto e a emoção sentidos pelos novos ocupantes de Granada, ao verem tanta beleza estampada naquelas belíssimas paredes de arquitetura moura. Um pequeno local, os palácios Nazaríes, ainda guarda uma vaga lembrança do que foi o esplendor de Alhambra.

Palácios Nazaríes, Granada (Espanha) – Acervo pessoal

---

[4] A montanha chama-se Puerto del Suspiro del Moro até hoje. Um restaurante com o mesmo nome ocupa o local. Anos depois, Boabdil foi para o Marrocos, onde viveu até a morte (acredita-se que tenha sido entre 1518 e 1533).

"PORQUICE" NO TRIBUNAL

Logo após a reconquista, medidas foram estabelecidas para garantir a soberania cristã na região. No tribunal da Inquisição, que dificultou a vida para os muçulmanos e judeus viventes na Espanha recém-reconquistada, definiu-se que as opções para eles eram fugir ou converter-se. Algumas dessas novas normas de conduta estavam relacionadas à alimentação, entre elas o estímulo ao consumo de carne de porco, hábito vedado tanto na tradição judaica quanto na muçulmana. Tratava-se de uma excelente maneira de controlar os infiéis convertidos, garantindo que eles estivessem realmente "curados" de sua antiga fé e tradições hereges. Entende-se por que a carne suína é o alimento típico da identidade espanhola, vide chouriços e *jamones* tão populares na culinária ibérica.

O INSISTENTE COLOMBO

Colombo teve seu projeto de chegar ao Oriente viajando pelo Oeste rejeitado pelos soberanos de Gênova, Veneza, Portugal, França, Inglaterra e Espanha. Das rejeições, a portuguesa talvez tenha sido a mais dura e conhecida. Ele era um grande frequentador da Lisboa do fim do século XVI e, como muitos que chegaram ao país em busca de uma chance de participar do projeto d'além-mar, sonhava em obter melhores condições de vida.

> Ao zarpar não sabia para onde estava indo, ao desembarcar não soube aonde chegara e ao retornar não podia dizer com certeza onde havia estado. (Frase atribuída aos detratores de Colombo)

Em 1484, Colombo solicitou uma nova audiência com o monarca português Dom João II, que o recebeu e ouviu do insistente genovês o ousado projeto com base nos estudos do geógrafo florentino Paolo dal Pozzo Toscanelli, que defendia a viabilidade de se chegar à Ásia navegando via Atlântico. O pedido incluía três navios e dois milhões de marevedis.[5] Sua "tabela de preços" foi considerada caríssima e inviável.

Lembremo-nos de que, a cada viagem ocorrida, novas informações eram agregadas e tudo o que se considerava verdade, até aquele momento, caía por terra. Os novos descobridores, a cada retorno, produziam uma verdadeira revolução nos mapas da época.

---

5 Antiga moeda usada na Península Ibérica. O nome vinha do termo *murabiti*, termo árabe da poderosa dinastia dos Almorávidas, que dominou grande parte da região entre 1093 e 1148.

Colombo recebeu um "não" da coroa portuguesa, que estava obcecada pela possibilidade de contornar a África. O golpe final partiu da Junta dos Matemáticos, ao julgar que os cálculos do genovês estavam equivocados. Para eles, a distância descrita pelo navegador não era tão curta assim – e não era mesmo. Colombo acreditava que o planeta teria uma circunferência de apenas dezesseis mil quilômetros no Equador, mas a medida é, na realidade, de 40 mil. Seria quase impossível fazer uma viagem tão longa sem pontos para manutenção e reabastecimento de provisões.

Cripta dos reis católicos, Granada (Espanha) – Acervo pessoal

¡La respuesta es sí, Colón!

Em 1492, após tantas negativas, Colombo (*Colón*, em espanhol) conseguiu dos reis católicos Isabel de Castela e Fernando de Aragão o esperado "sim" para lançar-se ao Oceano Atlântico em busca das terras do Oriente, descritas tão enfaticamente por Marco Polo, aproximadamente dois séculos antes. O momento era de euforia e, nesse contexto, *las católicas majestades* firmaram, em 17 de abril do mesmo ano, o documento chamado Capitulações de Santa Fé, em que foi dado ao genovês o título vitalício e hereditário de almirante de todas as ilhas e terras que encontrasse, além de polpudos 10% de todo o tráfego mercantil realizado.

Colombo partiu do atual Paios de la Frontera, na Espanha, em 3 de agosto de 1492, comandando uma nau, Santa Maria, e duas caravelas, Pinta e Niña. Após muito sofrimento e risco de rebeliões, Colombo e seus homens chegaram às ilhas da América Central, mais precisamente em Guanahani, batizada de San Salvador em 12 de outubro do mesmo ano.

Somente duas das três embarcações retornaram. Santa Maria encalhou no Caribe.[6] Pinta, dirigida por Pinzón, atracou na Galícia e Colombo, a bordo de Niña, chegou a Portugal. Em Lisboa, avisou os monarcas portugueses que haviam lhe dito "não" sobre seu feito. Vingança, talvez? Então, de Portugal, dirigiu-se de volta a Porto de Palos, na Espanha. A primeira viagem tinha chegado ao fim, mas Colombo ainda participaria de mais algumas.

Em uma delas, o genovês voltou acorrentado para a Espanha, acusado de má administração e má gestão dos recursos pelos opositores, além de maus-tratos aos nativos e à tripulação. Estava evidente um complô contra ele, afinal é difícil pensar que havia alguém por ali preocupado com as condições dos nativos ou mesmo da tripulação.

Ironia da história, o novo continente descoberto por Colombo não se chamou Colômbia, e sim América, em homenagem àquele que desvendou a diferença entre o Novo Mundo e a Índia: o florentino Américo Vespúcio.

Colombo morreu pensando e afirmando que havia chegado às Índias, ou pelo menos em alguma das terras descritas por Marco Polo em suas aventuras pela Ásia. Cabe aqui uma reflexão de que essa insistência não era apenas teimosia. Estamos falando da garantia de direitos nobiliárquicos e uma série de regalias e privilégios concedidos ao navegador e aos descendentes se cumprida a meta de alcançar as Índias via Atlântico. Afirmar o fracasso retiraria de Colombo os benefícios acordados com os reis católicos.

Colombo, cadê as especiarias?

Entre as diversas ilhas que descobriu na primeira viagem está o Haiti, como os indígenas a nomearam. Colombo batizou o território de La Española e lá manteve a frota. Em contato com os nativos, recolheu amostras de especiarias e vegetais, entre eles o pimentão, o milho, a batata-doce e a mandioca. Sobre o *chilli*, declarou que os indígenas não viviam sem ele nas refeições. Em uma das cartas encaminhadas para a Espanha, em 1494, mostra a preocupação do navegante em

---

6 Há fortes indícios de que a embarcação tenha sido encontrada por um arqueólogo chamado Barry Clifford, na costa do Haiti.

informar que haviam chegado a uma ilha perdida do Oriente e que lá existiam especiarias. A nota diz: "Existem algumas árvores que eu acho que são noz-moscada, mas que estão sem frutos no momento (...) Vi uma raiz de gengibre, que um índio levava amarrada em volta do pescoço." Na verdade, não havia nem noz-moscada, nem gengibre (Dalby, 2010, pág. 26).

As especiarias que Colombo buscava não foram encontradas e as que descobriu na América não foram amplamente difundidas por não terem quase nenhuma valia. Naquele momento, o que realmente tinha alto valor era um tipo de pimenta que crescia na Costa do Malabar, na Índia, chamada pimenta-negra. O navegador acreditou que a pimenta-da-jamaica, encontrada em abundância nas ilhas da América Central na época, fosse uma variação avantajada da pimenta da Índia. Um erro.

A pimenta-da-jamaica posteriormente foi misturada pelos árabes com o cominho, a canela, o cravo e a pimenta-do-reino, formando a clássica pimenta síria. Também mais tarde, especiarias como o *chilli*, as muitas variedades de pimentas vermelhas e pimentões foram, aos poucos, caindo nas graças do paladar europeu. Curiosamente, foram os frutinhos picantes do gênero *Capsicum* encontrados nas Américas que conseguiram fazer séria concorrência à badalada pimenta-preta da Índia,[7] amplamente aceitos no mercado europeu pelo sabor e pelas cores exuberantes. Três outras preciosidades que hoje reinam nos pratos do mundo inteiro também chegaram das Américas: o ananás, ou abacaxi, que Colombo denominou *la piña de las Índias*,[8] o chocolate e a fava de baunilha,[9] todos levados para a Europa pelos espanhóis.

Colombo teve de se explicar: afinal, onde havia estado? O que encontrou por lá? Caso ele tivesse realmente chegado às Índias, Portugal deveria reagir prontamente. Deveria ser descartado todo o sacrifício de encontrar o caminho via contorno da África?

Ele não havia levado as cobiçadas especiarias orientais, nem sedas e metais preciosos. Na verdade, não houve muitos achados – entre eles, poucas especiarias. Carregou nativos que, segundo ele, vinham das Índias e prontamente os denominou "índios" (atualmente utiliza-se a denominação "indígena"). A desculpa é que não havia adentrado o continente, mas, sim, apenas conhecido as ilhas periféricas. Não havia mesmo. Nem em outras viagens Colombo explorou o continente.

---

7 A classificação dos frutos do Novo Mundo como pimentas do gênero *Capsicum*, diferenciando-a da *Piper nigrum* (pimenta-preta), cabe ao botânico Carl Lineu, como cita Russell-Wood em *O mundo em movimento*, página 256.

8 Roberta Malta Saldanha em *História, lendas e curiosidades da gastronomia*, página 173. Os espanhóis achavam que o fruto se assemelhava ao do pinheiro.

9 E ainda batata-doce, feijão, mandioca, amendoim, abacate, abóbora, algodão, tabaco, papaia, entre outros itens tão comuns na rotina de qualquer vivente, em todo o mundo.

Tumba de Colombo na Catedral de Sevilha (Espanha) – Foto: Ana Paula Matta

A porta de entrada das riquezas do Novo Mundo

Localizada a sudoeste da Península Ibérica, Sevilha é a principal cidade da região da Andaluzia e, no período das epopeias dos descobrimentos, tornou-se um dos principais portos do mundo, atraindo um grande número de cartógrafos, geógrafos e multidões que almejavam uma oportunidade nas empreitadas das Grandes Navegações.

A próspera cidade guarda os restos mortais de Cristóvão Colombo na imponente Catedral de Sevilha, a maior igreja gótica do mundo. Seu belíssimo Alcazár de origem moura serviu de residência para Fernando de Aragão e Isabel de Castela, durante seu reinado.

Visita ao México

No México, tive o prazer de conhecer alguns moinhos de chocolate, entre eles o do Xhavizende, no centro de Juchitán de Zaragoza, em Oaxaca. No Molino Xhavizende, você tem o privilégio de montar a própria mistura com cacau, açúcar, canela e amêndoa; é simplesmente divino! Uma excelente alternativa aos achocolatados que encontramos nos supermercados, não é mesmo?

Ingrediente no Molino Xhavizende, Juchitán de Zaragoza (México) – Acervo pessoal

VEGETAIS E ESPECIARIAS DO NOVO MUNDO

O melhor tempero é a fome.

Ditado popular brasileiro

TOMATE

Espanhol: *tomate*; francês: *tomate*; inglês: *tomato*

O tomate (*Lycopersicon esculentum*) é considerado uma fruta, mas, por servir de base para diversos condimentos, vale aqui mencionar algumas curiosidades. Muitos frutos, legumes e verduras com origem no Novo Mundo chegaram ao conhecimento da civilização europeia somente com as Grandes Navegações. As batatas, por exemplo, foram introduzidas na Europa a partir de 1530 pelos espanhóis. Com o tomate, foram vistas, por muitos anos, com desconfiança no Velho Mundo. Acreditava-se que poderiam ser tóxicas e venenosas, por isso o consumo desses alimentos tardou a vingar. Mas finalmente invadiram as mesas e alastraram-se por todo o mundo, compondo o prato de qualquer ser humano sobre a terra.

A linha de pensamento da época era que Deus havia dado ao homem tudo que ele necessitava na própria região e não era necessário mais nada. Se isso fosse verdade e pudesse escolher, eu gostaria de ter nascido em um vilarejo perto de tomates e batatas!

Alguém consegue imaginar, hoje, não ingerir esses dois alimentos? Originário do Novo Mundo, o tomate era conhecido na sociedade asteca como *tomatl* ou *xitomatl*. Esse fruto foi transportado pelo célebre conquistador do México, Hernán Cortés, nas primeiras décadas de 1500, quando o espanhol conheceu o fruto nas hortas dos nativos, que o consumiam como um dos alimentos primordiais. Alguns séculos depois, duas sopas frias de tomate ficariam famosas na culinária espanhola: o gaspacho, de origem sevilhana, e sua versão cordovesa, o salmorejo, finalizado com ovos picados e um fio de azeite. Divino!

As especiarias mais caras: açafrão, fava de baunilha e bagas de cardamomo – Foto: Karina Cordeiro

Ao ser levado para o continente europeu, o tomate foi catalogado como uma variedade de maçã e, por isso, chamado maçã do amor – *pomme d'amour*, em francês, talvez, por ser considerado um alimento afrodisíaco. Em italiano, chamou-se inicialmente *pomo dei mori*, fazendo alusão aos mouros, que por tanto tempo viveram na Espanha. O termo resultou em pomodoro, ainda hoje utilizado e que significa "maçã dourada", já que os tomates, na época, não eram tão avermelhados, e sim alaranjados.

No século XVII, em Nápoles, um cozinheiro resolveu usá-lo em fatias para compor uma simples e sem graça salada de alface (Roberta Saldanha, 2011, pág. 191). Pronto! Começava timidamente o processo de aceitação do bonito fruto. Na mesma cidade, desenvolveu-se posteriormente o uso do extrato de tomate em substituição ao caldo de carne; daí por diante, a aceitação só aumentou. O resto é uma história de sucesso.

O uso do tomate é essencial na cozinha contemporânea. Quem valoriza a diversidade de sabores não pode deixar de utilizá-lo como base de pratos condimentados. Há atualmente muitas variedades de tomate, pois este adaptou-se bem a climas mais quentes e temperados, favorecendo o crescimento expressivo da produção.

É ótimo quando utilizado como molho para diversos pratos e, nesse caso, pode ser temperado com vários tipos de ervas aromáticas, entre elas o orégano, o manjericão, o coentro, a segurelha, a cebolinha, o louro e a salsinha. O melhor molho é obtido quando feito artesanalmente, com tomates frescos e lentamente cozidos. Também funciona muito bem na base da culinária indiana, com a adição de especiarias formando o masálá úmido, que será abordado nos próximos capítulos.

BAUNILHA

Espanhol: *vainilla*; francês: *vanille*; inglês: *vanilla*

Nunca me importei muito com os doces que têm esse sabor, entre eles os sorvetes, mas confesso que fiquei apaixonado pela fava da baunilha (*Vanilla planifolia*). Seu aroma delicioso é impregnante e intenso, alastrando-se com facilidade por onde quer que passe – inclusive no momento em que escrevo este texto, já que coloquei algumas favas aqui a meu lado. Costumo degustar ou sentir o aroma das especiarias quando estou estudando e escrevendo sobre elas.

A baunilha tem origem mexicana, mais precisamente no estado de Veracruz, mas os europeus a conheceram apenas com a colonização do povo asteca pelos espanhóis, no século XVI. Atualmente, Madagascar é o maior produtor mundial e, no Brasil, encontram-se também algumas boas variedades nativas.

A fava seca lembra, na aparência, uma banana seca. Tem tonalidade marrom-escura ou preta. Quando a comprei pela primeira vez, segui as dicas dos especialistas e optei por uma fava flexível, mas resistente, que fosse tenra e cheia. Mas a principal dica é: compre-a em uma boa loja que cobre caro por ela!

Com o cardamomo e o açafrão, a baunilha compõe o trio das especiarias mais caras do mundo e, por ter um preço elevado, é fácil encontrar favas de qualidade duvidável no mercado ou, ainda, essências líquidas, que muitas vezes são obtidas de processos químicos e originam a baunilha sintética, nunca igual à original. A sintética, em geral, compõe produtos de higiene e beleza, como cremes, xampus, sabonetes, hidratantes e outros.

No menu de bons restaurantes, sempre que há menção ao uso da baunilha, informa-se que se trata da fava natural, não da essência artificial. Ao provar o prato, sente-se a diferença na boca e no bolso. Em geral, é usada em doces, mas também para aromatizar o leite, mediante infusão por 30 minutos, ou para perfumar o açúcar, guardando-se uma haste dentro do açucareiro.

Pimentas do gênero *Capsicum* – Foto: Karina Cordeiro

PIMENTAS

CONDIMENTAR NÃO É APENAS APIMENTAR

É um erro exagerar no uso da pimenta quando se cozinha para leigos. Uma gastronomia bem condimentada é diferente de uma comida apenas apimentada. Se você é iniciante na ingestão de pimentas, vá devagar, espere o paladar acostumar-se. Caso goste de temperos e tenha o hábito de cozinhar para outras pessoas, aprenda a mesclar bem as especiarias e a dosá-las para que o convidado possa se deliciar com os novos aromas e sabores sem se traumatizar. Assim, você evita que ele, com a língua em chamas, pragueje que não gosta de comida temperada.

Para ser considerada pimenta, não basta uma planta ser ardida[1] ou picante; é necessário que ela contenha piperina ou capsaicina. Esses dois elementos são responsáveis pela ardência que sentimos quando as ingerimos. As pimentas com capsaicina são classificadas como *Capsicum*, apresentam formato de fruto e muitas variedades de espécies, formas e cores.[2] Já as que contêm piperina são classificadas como do gênero *Piper* ou piperáceas, têm forma de grãos ou sementes e menor variedade de espécies.

---

1 Há plantas e raízes ardidas, como o gengibre, a cebola, o wasabi, o alho, entre outras, mas não são consideradas pimentas por não conterem capsaicina nem piperina.

2 Exceto o pimentão, que é classificado como *Capsicum annuum*, mas não é picante.

Até o período das navegações ultramarinas, a partir da metade do século XV, as pimentas do gênero *Capsicum* – entre as quais a malagueta, a dedo-de-moça, a *chilli* e a *ají*, como são chamadas nos países de língua hispânica da América do Sul, onde são variantes populares – não eram habituais na mesa dos europeus. O uso estava restrito aos povos aborígines das Américas. Com os navegadores, como Colombo e Cabral, que romperam a barreira do Oceano Atlântico e conquistaram o oeste do planeta, esse novo universo de sabores foi descortinado e ganhou a preferência nas refeições em todo o globo. Até então, as grandes estrelas do comércio mundial eram as pimentas do gênero *Piper*, cuja mais famosa é a pimenta-preta ou *Piper nigrum*, a qual sempre foi objeto de desejo dos europeus.

Picância

A mais marcante característica das pimentas é a pungência[3] e a sensação de ardência e queimação, quando ingerida ou aplicada. No caso das pimentas do gênero *Capsicum*, a ardência está relacionada, como citado anteriormente à presença da substância capsaicina, agente naturalmente irritante para os mamíferos. Por isso, a planta e seu fruto cheio de sementes estariam mais protegidos dos predadores herbívoros. Além disso, as belas cores e as propriedades nutricionais servem como um ótimo chamariz para os pássaros (Marcio Bontempo, 2007, pág. 48), que por não sofrerem a atuação da capsaicina se tornam dispersores naturais das sementes.

A presença da capsaicina é mais acentuada na membrana ou placenta que envolve as sementes dos frutos das pimentas. Ao cortar uma pimenta dedo-de-moça com uma faca, por exemplo, essa membrana se rompe e espalha a capsaicina pelo restante do fruto, que geralmente quase não apresenta ardência. Em algumas variantes, quanto mais madura a pimenta, mais acentuada é a picância. Há pimentas-verdes, no entanto, bem mais fortes que as vermelhas.

A quantidade dessa substância está intimamente ligada ao meio em que a pimenta cresce. Se está mais suscetível aos ataques de fungos, por exemplo, a planta naturalmente tende a produzir mais da substância ativa, protegendo-se. Outros fatores estimuladores ou não da produção da capsaicina são a estrutura genética da espécie, as condições climáticas e de crescimento, o solo e a idade do fruto. A graduação da pungência das pimentas é feita por uma escala batizada com o nome de seu criador, Wilbur Scoville.

---

3 Segundo o dicionário *Michaelis*, "pungência" é estado ou qualidade de pungente. Pungente é: "Que punge; aflitivo, doloroso, lancinante. 2. Ofensivo."

Escala de Scoville

A escala de Scoville é uma antiga e conhecida medida de classificação das pimentas, de acordo com a ardência ou pungência. Com ela, mensura-se a quantidade de capsaicina presente nos frutos, classificados como *Capsicum*.

O método é simples e consiste na diluição da pimenta pura em uma solução de água e açúcar, até que a ardência não seja mais notada pelo paladar dos julgadores. Quanto mais partes de água com açúcar forem necessárias, mais forte é a pimenta. Passados mais de cem anos de utilização, já podemos questionar a eficiência e a metodologia da escala Scoville, visto que tem como base a sensibilidade, variável de pessoa para pessoa. Concluímos, assim, que a escala de Scoville está obsoleta e é atualmente considerada imprecisa.[4] Neste livro, uso uma graduação simples e própria que vai de 0 a 10, levando em conta, de modo bem despretensioso, apenas minha experiência.

Efeitos e mecanismo de atuação

Quando ingerimos uma pimenta, seja uma pimenta-do-reino, seja (melhor ainda) uma malaguetinha bem poderosa, nosso organismo sente imediatamente alguns efeitos. De início, uma forte ardência na língua, ou na garganta poucos segundos depois. Nesse momento, os receptores da língua levam um "telegrama" urgente para o cérebro, informando que algo sério está acontecendo dentro de nós.[5] O corpo entra em estado de alerta, defesa. A transpiração aumenta para conter o avanço da temperatura interna; depois, o rosto fica vermelho, as pupilas se dilatam e, em alguns casos, os olhos lacrimejam e o nariz apresenta coriza. Tudo isso provém do aumento da vasodilatação que ocorre em resposta. O metabolismo acelera, os sentidos se exacerbam e, para finalmente conter aquele incêndio bucal, o cérebro libera endorfina, causando prazer e bem-estar. Ufa, já passou![6]

Há muitos produtos atualmente com capsaicina e as aplicações são diversas: vão de inocentes chocolates com pimenta a xampus e cosméticos em geral. Existem, inclusive, aplicações militares, como no caso dos aerossóis (sprays de

---

4 Com o surgimento de novas variações e os cruzamentos entre tipos de pimentas, a quantidade de informações discrepantes nas tabelas Scoville é muito grande.

5 Na internet, encontramos alguns bravos que se aventuram a desafiar as mais poderosas pimentas da Terra.

6 Fique tranquilo: em *Pimenta e seus benefícios à saúde*, página 111, Marcio Bontempo descreve que a dose letal de capsaicina gira em torno de 13 gramas da substância pura, o que equivaleria à ingestão de 1,8 litros do molho tabasco de uma só vez!

pimenta), e finalidades medicinais, como emplastros,[7] que quando aplicados sobre a região afetada provocam aquecimento, combatendo de maneira eficiente as contraturas musculares.

PARA ATENUAR A PICÂNCIA

Todo mundo já sentiu o efeito de uma danadinha de uma pimenta, não é mesmo? Às vezes, sem querer, deparamo-nos com aquele molho hiperapimentado e a solução é logo buscar água para apagar o fogo! Mas o que pouca gente sabe é que água não resolve; pelo contrário, pode espalhar a capsaicina e, consequentemente, aumentar a ardência! Nem pense em refrigerantes, eles só agravam também.

Você já reparou que as culinárias árabe e indiana utilizam o leite[8] ou iogurte com relativa frequência? Pois é. O leite, mais precisamente a caseína presente nele e em seus derivados, é o melhor remédio para dispersar o ardor. Outras boas opções são o pão, o arroz e a batata.

PIMENTA-DE-CAIENA

Picância: 6

Espanhol: *pimienta de cayena*; francês: *piment de cayenne*; inglês: *cayenne pepper*

A tradicional, *Capsicum baccatum*, tem ardência média e é originária da cidade de Caiena, capital da Guiana Francesa. Popularmente, na língua espanhola, designa o nome genérico para as pimentas (*Capsicum*) em pó ou secas. A variante em pó pode ter acréscimo da pimenta dedo-de-moça ou de outras, formando um mix também denominado pimenta-de-caiena. Na descrição sobre as viagens de Colombo, menciono que outra mistura de pimentas vermelhas secas, bastante tradicional na cozinha mexicana, também é designada caiena. Seja como for, em geral trata-se de uma variação forte de pimenta.

---

7 Conheci o Capsaicin Hot Patch, da Walgreens, fabricado na Coreia. O calor produzido pelo emplastro é realmente bastante intenso na região em que é aplicado. Na dúvida, procure um especialista em dores musculares antes de se lançar na automedicação.

8 Como não aprecio muito o leite cru, uso e recomendo achocolatados infantis (que além do leite contêm açúcar), pois ajudam a minimizar o estrago...

Pimentão fresco, páprica (em pó vermelho), caiena e pimenta-da-jamaica, em grãos – Foto: Karina Cordeiro

Pimentão

Picância: 0
Espanhol: *pimiento, morrón*; português (Pt): *pimento*; francês: *piment doux*; inglês: *bell pepper*

Os pimentões (*Capsicum annuum*) geralmente são grandes, bem maiores que as pimentas tradicionais, e podem chegar facilmente a frutos de mais de 15 cm de comprimento. Quase todos os tipos apresentam ardor zero. As cores podem variar bastante e, por isso, são muito utilizados na decoração de pratos. Podem ter coloração verde, menos maduros e de sabor mais refrescante; amarela; alaranjada; roxa e vermelha, estes últimos têm sabor mais adocicado. Muitas pessoas gostam de utilizá-los crus em salada, tempero de maionese, conserva ou ensopado, para ampliar o sabor. Nesse caso, são empregados preferencialmente os pimentões fatiados em anéis ou cortados em tiras. Outra boa dica é recheá-los com os ingredientes que preferir e, depois, fritá-los ou assá-los no forno. Mais uma boa pedida: utilizá-los como condimento para fazer um delicioso cozido de grão-de-bico.

O pimentão não é uma unanimidade entre os paladares. Quando criança, lembro-me de minha avó paterna sempre me oferecer pimentões fritos para comer, hábito comum entre os espanhóis. Para muitos, o pimentão é indigesto, mas isso pode ser evitado se a casca for retirada. Caso contrário, você e o pimentão ficarão conversando horas e horas, até ele ser digerido.

Hoje em dia, o pimentão é utilizado largamente nas cozinhas das Américas, de onde é originário, e em muitos países da Europa. Não guardo nenhuma mágoa em relação a eles; nossa relação melhorou, mas utilizo-os com parcimônia.

Páprica

Picância: 0
Espanhol: *pimentón*; francês: *paprika*; português (Pt): *páprika*; inglês: *paprika*

A páprica (*Capsicum tetragonum*) pode ser denominada pimenta húngara ou pimenta espanhola e nada mais é que a mistura de pimentões secos e moídos, transformados em um pó vermelho intenso. Seu nome veio do húngaro e trata-se do tempero símbolo da cozinha do país, maior produtor mundial. Outra nação que se destaca é a Argentina, cujas províncias de Salta e Jujuy, no norte do país, correspondem a uma importante região produtora do *pimentón*.

Durante os meses de março, abril e maio, é possível passear pela região e deparar-se com a secagem dos frutos ao sol, semelhantes a imensos tapetes vermelhos: um verdadeiro espetáculo para os olhos. Já na Espanha, encontra-se a páprica extraída do fruto defumado, chamado *pimentón*. Em Portugal, páprica é o colorau brasileiro, apenas para confundir um pouco.

Trata-se de um condimento facilmente encontrado e pode ser uma alternativa para aqueles que não gostam de temperos picantes. Ele realça o sabor de muitos pratos, mas não se deve utilizar como corante. Nesse caso, dê preferência ao colorau.

A mistura da páprica é uma boa opção para se fazer pimenta em pó, criando um ardor mais suave ou, então, uma páprica picante! Uma das minhas versões preferidas é a defumada, cujo sabor e cuja textura faz qualquer molho ficar divino.

Ela ainda pode ser utilizada com sucesso em pratos com ovos, legumes, molhos de tomate e queijos, por exemplo. A indústria de cosméticos não fica atrás: um dos produtos mais curiosos foi o sabonete de páprica, que comprei em uma pequena tenda turística na cidadela dos antigos cruzados em Akko (Israel). O "tema" cativou-me, mas confesso que, como sabonete, ficou um pouco a desejar. Da páprica, notava-se somente a tonalidade avermelhada.

Secagem de pimentão, em Cachi (Argentina) – Foto: Milena Sandoval

PIMENTA-DA-JAMAICA

Picância: 2

Espanhol: *pimienta de jamaica*; francês: *piment de la jamaique*; inglês: *allspice, jamaica pepper*

A pimenta-da-jamaica (*Pimenta officinalis*), ou pimenta dioica, é oriunda das ilhas caribenhas e do México. Foi descoberta em uma viagem do navegador genovês Colombo ao Oriente, via oeste, que culminou na descoberta das ilhas caribenhas, em 1492, como relatado anteriormente. A partir de então, esta foi amplamente aceita em diversas partes do globo.

Tem um perfume que chama a atenção de quem a conhece pela primeira vez, pois o aroma lembra uma mescla de cravo e canela. Em relação ao formato, assemelha-se à pimenta-do-reino, fato que a fez receber o sugestivo nome em inglês *allspice* e, em francês, *quatre épices*. Pode ser encontrada em baga e, quando moída na hora, seu agradável aroma e gosto intenso são acentuados.

Pelo sabor pouco picante e ligeiramente adocicado, a pimenta-da-jamaica vai bem em conservas, doces, tortas e pudins. Ela compõe a famosa pimenta síria e, em geral, recebe também esse nome.

PIMENTA SÍRIA

Picância: 2

A famosa pimenta síria é, na verdade, um conjunto de especiarias e, como já citei, um de seus principais ingredientes é a pimenta-da-jamaica. A fórmula contém, ainda, pimenta-preta, canela, cravo-da-índia e noz-moscada, todos moídos. Caso queira

Alguns ingredientes da pimenta síria: pimenta-da-jamaica, pimenta-preta, canela, cravo-da-índia, noz-moscada – Foto: Karina Cordeiro

se aventurar, você pode montar a própria pimenta síria e dosar os ingredientes de que mais gostar. Assim, ganha em qualidade e seu prato, em personalidade.

A pimenta síria, ou bahar, tem um odor incrível por ser uma mistura de especiarias bem aromáticas. O perfume adocicado invade nossas narinas, instigando-nos a respirar profundamente. Ela é usada para condimentar pratos da culinária árabe, como esfihas, quibes, legumes e recheios dos charutos de folha de repolho ou uva, entre outros.

Pimenta peter

Picância: 6

Quanto ao formato, nada se compara a pimenta peter (*Capsicum annuum*), também denominada pimenta pênis (*pennis pepper*, em inglês). Como as outras pimentas que são frutos, a pimenta peter tem bonitas variações de tonalidade verde, amarela, marrom, alaranjada e, por fim, bem vermelha quando madura. Pelo formato semelhante ao órgão sexual masculino, é mais utilizada em conservas e como elemento decorativo; para os mais tímidos, pode até constranger. É também conhecida como *red peter* ou pimenta erótica.

Pimenta peter (pimenta pênis) – Foto: Karina Cordeiro

PIMENTA HABANERO

Picância: 10

Consciente de que encontraria uma pimenta forte, a pimenta habanero (*Capsicum chinense*) me surpreendeu pela ardência. Originária do México, por muitos anos levou o título de pimenta mais ardida do mundo. Suas cores variam do verde aos tons de amarelo, alaranjado e, ainda, vermelho (do fruto totalmente maduro). Não podemos deixar de citar a bela habanero chocolate,[9] que, claro, não tem gosto de chocolate, mas, sim, um lindo tom amarronzado.

Seu cultivo é muito simples e não requer grandes segredos: exige bastante água e um local com sol moderado. Combina muito bem com pratos que contenham tomates ou feijões, desde que a proposta seja uma refeição bem apimentada. Conservas de habanero também são uma boa opção.

Variados tipos de habanero, entre elas a habanero chocolate – Foto: Karina Cordeiro

PIMENTA-JALAPENHO

Picância: 6

A pimenta-jalapenho (*Capsicum annuum*) é uma variedade muito famosa das *Capsicum*. Popularizou-se pelo mundo por meio da influência da comida mexicana e é encontrada nos famosos nachos, tacos ou burritos. Atualmente, no Brasil, encontramos plantações de jalapenho em Minas Gerais e no interior do estado de São Paulo. Os bonitos frutos chegam, quando maduros, a uma tonalidade vermelha bem intensa, apesar de a pimenta ser mais utilizada quando verde. Tem formato cônico e ligeiramente mais grosso e pode chegar a quase 10 cm de comprimento, nas variantes maiores.

Contém grande polpa e, portanto, é considerada boa para o preparo de molhos. Pode também ser frita e recheada com queijo e grãos de coentro, por exemplo.

9 Conheci a habanero chocolate na fazenda Ituaú, na cidade de Salto, em São Paulo.

Variações de pimentas; à esquerda, as jalapenho – Foto: Karina Cordeiro

Quando seca e defumada, é denominada chipotle. Sua ardência é bem marcante; sente-se uma atuação permanente nos lábios, na língua e também na garganta. Uma pimenta com presença.

Caso você queira utilizar uma pimenta mais forte como esta, mas esteja receoso de deixar o prato muito "ardido", recomendo cortar o fruto na longitudinal, retirar a polpa e as sementes e inseri-lo inteiro em um caldo, refogado ou prato de forno. Isso diminui bastante a ardência e mantém o sabor.

Pimenta 7 pot

Picância: 15[10]

A *7* pot ou *7* pod (*Capsicum chinense*) é oriunda de Trindade e Tobago, região famosa, ultimamente, por produzir pimentas com teor altíssimo de capsaicina, como é o caso da *7* pot e da trinidad scorpium. Tem formato semelhante ao da bhut jolokia e da habanero, e seu nome faz alusão ao fato de, com apenas uma pimenta, ser possível condimentar até sete pratos!

Classificada também como nuclear, a *7* pot é indicada apenas para profissionais. Uma pequena lasca do fruto na boca fez-me ver estrelas. Sua ardência é imediata e a duração de seu efeito surpreende. Use com parcimônia.

---

[10] Em uma escala de 0 a 10, a 7 pot ganhou a nota 15! Meu desesperado gesto para explanar a potência dessa pimenta.

A PARTIDA DE VASCO DA GAMA PARA A ÍNDIA

Comendo alegremente, perguntavam pela arábica língua, donde vinham, quem eram, de que terra, que buscavam, ou que partes do mar corrido tinham.

Os fortes lusitanos[1] *lhe tornavam as discretas respostas que convinham:*

"Os Portugueses somos do Ocidente, buscando as terras do Oriente."

Os lusíadas, Canto I-50, de Luís de Camões

Após saber do êxito da expedição espanhola conduzida por Colombo, afinal acreditava-se que a Índia havia sido alcançada pelo Atlântico, Portugal almejava, mais que nunca, chegar à Terra das Especiarias. Vasco da Gama partiu para a Índia, levando em seus barcos o experiente navegador Bartolomeu Dias, aquele mesmo que havia dobrado, anos antes, o Cabo da Boa Esperança. Gama recebeu instruções valiosas de Dias, que por muito pouco não foi nomeado chefe da expedição pela coroa portuguesa.

Inspirado pelas fantásticas histórias de Marco Polo,[2] Gama foi buscar o que os europeus fantasiavam sobre o paraíso na Terra, um Oriente mágico com rotas secretas, um "éden de pomares e jardins perfumados com maçãs, peras, damascos, pêssegos, uvas, rosas, ervas, campos de açafrão e de papoula, árvores de zimbro, fartura de pi-

---

1 Os romanos denominavam lusitanos os naturais de Lisboa, nome retomado pelos poetas do Renascimento, como explica Michael Krondl, em *O sabor da conquista*.

2 Jean e Marie Pelt descrevem a citação do rei Dom Manuel I sobre Marco Polo: "Riquezas que proporcionaram a Veneza, Gênova e Florença o poder e a grandeza."

mentas, cominho e de especiarias".[3] Mas, até chegar ao destino, teria de se contentar com uma ração composta de poucas quantidades de carne de boi ou porco, biscoitos duros, pouca água, vinho, vinagre e azeite.

Antes de embarcar, uma sequência de atos religiosos tinha como função abençoar aqueles corajosos navegantes. Nas embarcações, os sacerdotes trataram de absolver antecipadamente quem viesse a falecer durante a jornada. Nesse momento, houve uma grande comoção por parte da população, que irrompeu em lágrimas. João de Barros, grande historiador do período, apelidado de "o Tito Lívio" português, em *Da Asia*, de 1778, acrescenta: "De onde com razão lhe podemos chamar praia de lágrimas para os que vão, e terra de prazer aos que vêm."

Com apenas três naus, uma naveta para os mantimentos e 170 homens, Gama partiu de Lisboa em 8 de julho de 1497. Dentro da pequena frota que marcaria a história, havia competentes homens do mar. As naus eram a São Gabriel, comandada por Vasco da Gama e conduzida por Pêro de Alenquer, piloto experiente que já havia viajado com Bartolomeu Dias anteriormente; a São Rafael, capitaneada pelo irmão de Vasco, Paulo da Gama,[4] pilotada por João de Coimbra e cujo escrivão era João de Sá; e a Bérrio ou São Miguel, com o capitão Nicolau Coelho, Pero Escobar como piloto e Álvaro Braga como escrivão. A naveta de mantimentos era comandada por Gonçalo Nunes.

Vasco da Gama tinha à disposição o máximo da tecnologia portuguesa na construção de novas naus, totalmente diferente de tudo que havia até então. Essa empreitada tornou-se a mais audaciosa da história naqueles tempos e tratava-se de um dos momentos mais importantes do século XV.

Gama seguiu navegando para o oeste, utilizando-se da mesma manobra anterior de Dias e afastando-se da costa africana. Por pouco, não veio parar no Brasil. Gama chegou a avistar aves que voavam em direção a oeste, indicação clara de que havia terra por perto, mas virou-se para leste, tornando-se o segundo homem a dobrar o antigo Cabo das Tormentas, rebatizado por Dom João II de Cabo da Boa Esperança.

---

3 Trecho do livro de Rosa Nepomuceno, *O Brasil na rota das especiarias*.

4 Paulo da Gama era um fora da lei, acusado de ferir um juiz em uma briga. Vasco teve de interceder, pedindo perdão ao rei, para que ele pudesse embarcar.

Moçambique

Após muitas paradas em diversos pontos do litoral africano, em março de 1498, a expedição chegou à costa de Moçambique, em Sofala, onde Nicolau Coelho, em contato com o governante local, ganhou um vidro de tâmaras em calda com cravo-da-índia e cominho.[5] Mas as relações encresparam-se quando o sultão desconfiou que os visitantes não eram muçulmanos. Lembre-se de que quase todo o continente africano estava, naquele momento, sob o domínio dos simpatizantes de Maomé.

Gama buscava desesperadamente um piloto que soubesse algo sobre aqueles mares desconhecidos e estava disposto a pagar muito bem, se fosse necessário. A existência do antigo reino cristão de Preste João, cujas lendas tanto instigavam os portugueses e tanto os ajudariam, não se confirmou. Mas, nessa busca por um piloto, a situação tornava-se cada vez mais perigosa e, quanto mais passava o tempo, mais desgastadas ficavam as negociações. No fim, os lusos receberam dois pilotos na costa de Moçambique. No entanto, poderiam os portugueses confiar nos homens indicados pelos infiéis para conduzir as embarcações até as Índias?

Em um momento, alguns dos que estavam com Gama foram abastecer as naus de lenha e água fresca, quando um dos pilotos resolveu fugir. Pouco tempo depois, uma chuva de flechas foi lançada sobre a expedição lusitana. Diante da situação de perigo e instabilidade, Gama partiu, confiando a condução da viagem ao piloto que sobrou, mesmo sabendo que a qualquer instante este poderia fugir ou colocá-los em uma enrascada. Dito e feito. Por acreditarem estar chegando a terra firme, e não a uma ilha, uma das naus quase naufragou. Como punição, o piloto foi *mui bem açoutado* e o fato acabou por inspirar o batismo de Ilha do Flagelado.[6] A punição obteve êxito e, sob o uso da ira dos chicotes portugueses,[7] descobriram que havia planos para captura e morte dos ilustres visitantes. Obtiveram também informações sobre o comércio das especiarias da região, quanto tempo faltava para chegar à Índia e os demais dados náuticos necessários para completar o percalço.

---

5 Ronald J. Watkins em *Por mares nunca dantes navegados*, página 251. Em *Os lusíadas*, Camões descreve a oferenda no Canto 1-61: "Dá-lhe conserva doce e dá-lhe o ardente..." O termo "ardente" parece remeter à pimenta como item ofertado.

6 Barros denomina Ilha do Açoutado e Ronald Watkins, Ilha do Flagelado.

7 "Tornando aos navios, fêz logo por tormento (tortura) preguntas ao mouro, do qual soube daquela fugida, e o trato da terra ouro de Sofala, especiaria da Índia; e que de ali a Calecut, segundo ouvira dizer, seria caminho de um mês." João de Barros em *O descobrimento do caminho da Índia*, página 65. Na página 67, continua: "Por causa da qual mentira foi mui bem açoutado, donde ficou às ilhas nome 'do açoutado.'"

Mombaça e Melinde

Não foi fácil, o estresse certamente estava altíssimo e, na realidade, os portugueses estavam adentrando o desconhecido Índico, completamente dominado por mercadores árabes. A cada paragem, havia ansiedade, tensão e medo.

Gama seguiu até Mombaça, onde uma pequena embarcação aproximou-se, dando boas-vindas aos estrangeiros e, como de praxe, perguntaram quem eles eram e o que queriam. Ele disse que buscava mantimentos e a resposta foi que seria oferecido de bom grado tudo que precisassem, inclusive especiarias, desde que os portugueses adentrassem o porto. Desconfiado, Gama recusou e justificou que enviaria um grupo menor de homens para conhecer o porto. A intuição ajudou-o e, por volta da meia-noite, ocorreu uma tentativa de sabotagem às embarcações. A "remo surdo",[8] invasores tentaram cortar as cordas de uma das embarcações lusas. Alertaram que as terras a serem desbravadas deveriam ser antes conquistadas.

Gama sentiu falta de um efetivo militar mais pujante, que amedrontasse e posicionasse os portugueses como aqueles que vieram para ficar e mandar. Começava a brotar um sentimento de vingança, uma vontade de retornar àqueles portos africanos para provar a força do militarismo português.

Os portugueses seguiram viagem. Antes de chegarem a Melinde, no atual litoral do Quênia, piratearam uma embarcação muçulmana carregada de ouro e prata, em um claro indício de que a Índia estava próxima. Já em Melinde, atracaram em frente ao porto, onde fizeram prisioneiros, para negociar uma conversa com o rei local. Em 14 de abril de 1498, Vasco da Gama e seus homens foram muito bem acolhidos e seus badulaques, em especial o garfo, aceitos pelo sultão árabe. A relação fluiu "como se entre êles houvera conhecimento de mais dias" (Barros, 1939, pág. 81). Em troca, os portugueses receberam seis ovelhas[9] e o gostinho das especiarias cravo-da-índia, cominho, noz-moscada e pimenta (Watkins, 2011, pág. 269).

A crença do hindu cristão

Os homens de Gama travaram contato com hindus que frequentavam o porto de Melinde. Em um desses encontros, os visitantes foram recebidos nos navios

---

8 Expressão em português antigo que significa "remando em total silêncio".

9 Em *O descobrimento do caminho da Índia*, página 79, João de Barros também cita que o mensageiro local levou aos portugueses um anel de ouro como boas-vindas, garantindo que conseguiriam tudo que desejassem.

portugueses e prostraram-se sobre o convés diante da imagem de Nossa Senhora aos pés da cruz, com o menino Jesus nos braços, onde cravo, pimenta e outras amostras de especiarias haviam sido deixadas como oferenda. Esse ato de devoção reforçou a crença portuguesa de que aqueles homens poderiam ser cristãos. Já os hindus interpretaram que a imagem de Nossa Senhora fosse, talvez, a variação de uma Shakti,[10] como parte do culto shakta.

Para os portugueses, o hinduísmo seria uma deturpação do cristianismo ocorrida em terras distantes, afinal os cultos das tradições monoteístas eram muito fortes e acreditava-se que uma pessoa deveria seguir o islamismo, o judaísmo ou o cristianismo predominantemente. Uma das hipóteses dessa teoria era que o culto ao deus hindu Krishna fosse, na realidade, uma variação da reverência ao menino Jesus.

Das negociações com Melinde, Gama conseguiu o mais importante: um piloto árabe, cujo nome era Ahmad ibn Madjid, mas os portugueses o chamavam El-Melindi. Ahmad foi um dos muitos pilotos árabes que passaram por Gama proveniente de uma troca por um mensageiro local capturado. Para devolvê-lo o português exigiu um piloto como recompensa. De tão amigável e útil, Ahmad foi denominado "o bom mouro". Já João de Barros chama esse navegador de Malemo Cana. O fato é que, não fosse por um piloto da região, provavelmente Gama não teria êxito. Finalmente, chegam a Calicute, na Índia. Como enfatiza Elaine Sanceau em *O caminho da Índia*: "o esplêndido isolamento do Oriente acabara para sempre."

Calicute

Calicute era o paraíso onde os portugueses ainda não acreditavam estar. Era o centro do comércio da cara pimenta-preta, do valioso gengibre e da lendária canela. A Terra das Especiarias. Seu porto era o mais rico da região e, ancorados nas águas, mais de setecentos navios comercializavam a qualquer hora do dia. Sua localização oferecia segurança para navegar e atracar, um sólido sistema organizacional e uma proteção oficial instituída pelo soberano hindu às instituições islâmicas e aos principais parceiros comerciais.[11]

---

10 Segundo *A sanskrit english dictionary* de Monier Williams, shakti significa força, energia, deidade personificada como consorte. Shakta seria o devoto da Shakti.

11 Andréa Sodré em *Sitiados*, página 58, citando Lodovico de Varthema, destaca que a tradição hindu era que "a terra é do rei, o mar dos mercadores" e indica que o comércio das especiarias estava todo nas mãos dos árabes, mesmo na Índia.

Encontro de Vasco da Gama e o samorim de Calicute – Veloso Salgado, 1898, Sociedade Geográfica de Lisboa

Encontro inusitado entre Vasco da Gama e o samorim

Após oitenta anos de intensas batalhas, os portugueses finalmente encontraram o caminho marítimo para as Índias. Em 18 de maio de 1498, Vasco da Gama e seus homens avistaram o monte Eli, na Costa do Malabar, e dois dias depois atracaram no porto de Calicute. Estava cumprida a viagem considerada o marco da dominação europeia na Ásia.

> Viemos em busca de cristãos e especiarias. (Frase de João Nunes, judeu convertido enviado por Gama para travar os primeiros contatos em Calicute, em resposta ao questionamento do que os levaram às Índias)

Em 28 de maio,[12] Gama ordenou que os navios fossem preparados e carregados de armas e homens vestidos com as melhores roupas. Designou treze tripulantes para acompanhá-lo a terra. Lá, visitaram um templo hindu com diversas representações de divindades indianas, algumas das quais tinham numerosos braços,[13] causando estranheza aos portugueses. Gama e seus homens finalmente foram levados para o palácio do rajá de Calicute, seguidos por uma multidão de curiosos. O que se viu então foi um choque diplomático no mínimo inusitado.[14]

A região à qual Vasco da Gama chegou era parte do império hindu de Vijayanagar,[15] que estava no auge. Calicute era o porto do império no Oceano Índico, enquanto a capital Vijayanagar representava o centro de um grande sistema político, localizado no sul da atual Índia. Esse império era riquíssimo e a capital tinha uma atividade econômica bastante opulenta. Dizia-se que havia mais tecidos de seda que algodão, bem como as mulheres mais belas do mundo. Os armazéns estavam repletos de produtos de toda a Ásia, em especial especiarias vindas dos arquipélagos mais a leste, como a pimenta-preta da própria região, noz-moscada, macis, cardamomo, cravo, canela, entre outras.

---

[12] Nessa data também houve a queda de Constantinopla pelos turcos otomanos e, séculos mais tarde, precisamente em 1978, o nascimento do "ilustríssimo" que escreve estas palavras.

[13] Esse artifício ainda é muito utilizado pelos artistas hindus e representa movimento. A imagem hindu mais clássica com esse efeito é a de Shiva Nataraja.

[14] "Ao riquíssimo samorim de Calicute, o navegador branco de vistosas roupas pareceu pobre." (Rosa Nepomuceno em *O Brasil na rota das especiarias*)

[15] Os portugueses estabeleceram uma relação de parceria com o reino Vijayanagar, cujos monarcas eram denominados reis vizinhos pelos lusitanos. Muitos fortes e feitorias foram estabelecidos posteriormente, com a aprovação do império hindu (Russell-Wood em *O mundo em movimento*, página 124).

O comércio prosperava e joias eram vendidas a céu aberto, tal era a segurança oferecida pelos governantes locais aos mercadores da região. O samorim[16] de Calicute era o responsável por lidar com as questões comerciais da região do Malabar e proporcionar estabilidade e segurança aos mercadores, na maioria árabes. Uma aliança delicada e frágil entre hindus e muçulmanos estava consolidada na região, mas uma peça inesperada chegou para se encaixar nesse sistema: os cristãos portugueses, cuja má fama causada pelos problemas ocorridos na costa africana já havia chegado a Calicute. Tínhamos três grandes religiões misturadas em um ambiente de muitas trocas comerciais e dinheiro. Para resumir: encrenca.

No momento das apresentações diplomáticas, os presentes ofertados pelos europeus foram somente alguns chapéus, quatro colares, seis bacias de cobre, algumas poucas peças de seda, dois barris de azeite, dois de açúcar e um de mel, ou seja, uma afronta. Esperava-se muito mais de um visitante com aspiração comercial. Percebendo a gafe, Gama justificou que o propósito era estabelecer somente um primeiro vínculo com a rica coroa portuguesa que ele representava. Seus regalos foram previamente bloqueados pelo feitor, que os examinou antes mesmo de chegarem às mãos do nobre indiano. Em uma situação tensa e constrangedora, o feitor riu e disse que esse tipo de oferenda nem um pobre mercador ousaria fazer. Fernanda de Camargo (2000, pág. 42) reforça que "a aproximação com o samorim de Calicut foi de fato muito inábil, e as reações do fidalgo português, não apenas em Calicut, mas em muitos portos do caminho, primaram pela grande agressividade". A oferta adequada seria ouro, nobre metal e paixão local que, desde o tempo do império romano, sempre afluiu em grandes quantidades da Europa para a Índia.

Vasco da Gama não se banhava há mais de um ano, já que um banho de corpo inteiro era comum na Europa apenas duas vezes por ano. Seu odor não era dos melhores, bem como sua alimentação e a de seus homens. Foram, então, conhecer o salão real. Nele, os sacerdotes do rajá borrifaram perfume nos visitantes a fim de aliviar o cheiro de corpo (mais conhecido como cecê ou apenas CC) e insistiram para que tapassem as bocas com a mão esquerda ao dirigirem a palavra ao samorim. O soberano hindu pediu também que os visitantes não encostassem os lábios na prata dos copos em que beberiam água. Por não saberem beber assim, eles engasgaram-se, erraram a boca e molharam-se, divertindo o samorim. Foi sugerido evitar-se o escarro e o arroto.

---

[16] Garcia da Orta em *Colóquios dos simples e drogas da Índia*, página 205, define samorim como o rei ou imperador de Calicute: "El rey de Calecut (que tem por ditado Çamorim ou Emperador)." Barros explica que Samorim vem do malaio *samútri*, rei do mar.

Em sua sala, o samorim estava sentado entre almofadas de seda e envolto em uma túnica bordada com rosas de ouro e rubis. Tinha cabelos sedosos, anéis de ouro nos dedos dos pés, unhas esmaltadas, braceletes de ouro, pedrarias que ornavam os braços descobertos (João de Barros, 1939, pág. 103) e hálito perfumado – mistura de cânfora e âmbar. Aquele foi realmente um encontro dos extremos.

Antes de se vestir, era tradição local dos nobres passar no corpo uma pasta perfumada bem como talco, almíscar e outras essências. A barba e o bigode eram aparados e os homens depilavam-se. O ambiente era perfumado com incenso e os nobres mastigavam uma mistura de especiarias e bétele – da família das piperáceas, a mesma da pimenta-preta – com o objetivo de "melhorar o hálito e confortar o estômago" (João de Barros, 1939, pág. 106). O resultado dessa mastigação era descartado em uma escarradeira de ouro.

Gama queria agradar e resolveu agir como os locais. Diante do rajá, saudou o indiano erguendo as mãos frente ao peito, reproduzindo algo parecido com um *prônam mudrá*,[17] gesto típico de saudação dos hindus, até hoje bem conhecido e estereotipado no Ocidente. Nada de mais efetivo ocorreu. A noite chegou e o primeiro encontro entre o navegador e o rajá foi finalizado com a promessa de um novo encontro.

O português foi mais uma vez advertido sobre os cuidados no trato com o samorim. Os locais sugeriram que fossem cautelosos em ouvir e responder, e terem as orelhas mais prontas em seu proveito que na eloquência da embaixada. Advertiram, também, que se apresentassem somente quando o samorim solicitasse e que era costume local dos príncipes não darem ouvidos a alguém "sem lhe primeiro levar alguma cousa" (João de Barros, 1939, pág. 108). Já se sabia que, para comercializar com aqueles ricos mercadores e governantes, precisariam de muito ouro e prata.

> Vasco da Gama, cavaleiro da vossa casa real, chegou ao meu país, o que me agradou. Meu país é rico em canela, cravo, gengibre, pimenta e pedras preciosas. O que vos peço em troca é ouro, prata, coral e tecido escarlate. (Trecho da carta escrita pelo samorim de Calicute ao rei de Portugal)

Contra esse "namoro" luso-indiano, no entanto, havia um inimigo declarado: os mercadores locais muçulmanos. Diziam que o capitão português era um "pirata cruel e de instinto sangrento" e seus homens tinham fama de vagabundos (João

---

[17] *Mudrá* é a linguagem gestual. O termo provém da raiz *mud*, que significa "alegrar-se", "gostar", segundo DeRose no livro *Tratado de yôga*, página 167, 46ª edição. *Prônam mudrá* é um gesto de cumprimento.

de Barros, 1939, pág. 114). Os mouros alegavam ao rei hindu que os portugueses estavam mentindo, que as cartas oficiais eram falsas, que não estavam em nome de um rei distante e poderoso e que isso era provado pela pobreza dos presentes ofertados.

Os conselheiros do rajá indiano permitiram uma nova audiência, no entanto apenas mais dois homens poderiam acompanhar Gama, que precisou esperar quatro horas à frente de uma porta, até ser atendido. Ao recebê-lo, o samorim questionou a pobreza dos presentes ofertados e, em resposta, Gama justificou ter vindo em uma missão na função de embaixador – por isso, trazia cartas –, e não como um comerciante. Disse que, em uma próxima visita, ele cuidaria para que os presentes chegassem até o soberano. Estava provocada a situação que desencadearia a descoberta do Brasil por Cabral, dois anos depois de criada a necessidade de impressionar o empertigado hindu.

Os portugueses descobriram que Calicute era maior e mais poderosa que Lisboa. Peças de arte e enfeites egípcios e venezianos funcionavam como moedas de troca em uma cidade que comercializava com o mundo. Era o lugar onde tudo acontecia. As preciosas especiarias estavam todas lá: almíscar, ruibarbo, gengibre, cravo, canela, noz-moscada. As informações obtidas pelos portugueses com a expedição de Gama foram evidenciadas na carta enviada aos reis católicos espanhóis pelo rei português, que dizia: "(...) acharam grandes cidades de grandes edifícios, ricos e de grande povoação, nas quais se faz todo o trato de especiaria e pedraria (...) e trouxeram canela, cravo, gengibre, e outros modos de especiaria."[18] Ao tomar conhecimento das notícias, a rainha Isabel de Castela se enfureceu com Colombo, percebendo que o genovês não havia chegado à Índia.

As relações entre o rajá hindu, os comerciantes muçulmanos e os cristãos foram se deteriorando. Antes de ir embora, porém, Gama e seus homens estreitaram o relacionamento com a maioria hindu local, que parecia mais amistosa que os demais grupos. Pareciam mais preocupados com a segurança e a estabilidade do comércio que com a concorrência.[19]

Receosos quanto aos visitantes, os árabes venderam as especiarias com qualidade duvidosa e o pagamento foi feito pelos portugueses em rubis. Vasco da

---

[18] Fragmento da carta de Manoel para os reis católicos, transcrita por Eduardo Bueno em *A viagem do descobrimento*.

[19] Segundo Michael Krondl em *O sabor da conquista*, página 172, estudos calcularam que os portugueses não ficavam nem com um quarto do comércio total das especiarias na região. Ele cita também que, nos séculos seguintes, a China importava três vezes mais pimenta que os europeus.

Gama não obteve a quantidade de especiarias desejada e, por pouco, sua tripulação não foi dizimada pelos mercadores árabes, nada contentes com o infiel "acampado com seus navios em seu quintal". Pressionaram ferozmente o rajá indiano, inclusive ofertando propinas vultosas ao samorim para que destruísse os navios portugueses.

Em uma situação tensa, os mouros insistiram para que os navios portugueses atracassem em terra e não ficassem sempre em prontidão para zarpar. A ideia era incendiar as naus e prender os estrangeiros. Vasco da Gama soube também de naus provenientes de Meca com uma força moura para dizimá-los e que as manobras burocráticas eram uma maneira de tardar a saída dos cristãos daquelas terras.

Gama partiu para a viagem de retorno à pátria amada com apenas dois navios e 55 homens, fugindo de uma suposta armada árabe a caminho de Calicute. Mas o que realmente importava era voltar e mostrar ao Ocidente que os lusos estiveram na Terra das Especiarias e Colombo, não.

Após vencer dois oceanos e navegar mais de vinte mil quilômetros, a viagem de Calicute a Lisboa durou seis meses. Vasco da Gama voltou a Portugal com amostras de pedras preciosas, tecidos e especiarias, provando que havia alcançado o Oriente, verdadeiro marco na navegação mundial. Fato que é motivo de orgulho, ainda hoje, para o povo português.

É difícil imaginar o que foi a sensação daqueles homens. Um gigantesco e quase impossível passo tinha sido dado, a realização do desejo de milhares, conquista merecida após todo sangue e lágrimas derramados. A tristeza, agora, abatia e consternava os italianos, que, reunidos na Praça San Bartolomeo, em Veneza, tentavam crer que aqueles primeiros boatos não eram verdade. Mas Vasco da Gama e os portugueses haviam realmente chegado às Índias.

Gama rompeu uma grande barreira e mudou a história do comércio mundial para sempre. Seu feito tornou-se o grande trunfo e marca o poderio português na época. Por outro lado, causou cenas, no mínimo, constrangedoras. Nossos colegas lusos, espanhóis, franceses e italianos eram bravos e destemidos guerreiros, saídos de uma Europa com fortes resquícios medievais, com quase nenhuma infraestrutura na área de saúde e esgoto. Somam-se a isso as condições precárias com que nossos marinheiros navegavam em direção ao novo mundo. Elaine Sanceau (1960, pág. 83), uma de minhas escritoras favoritas sobre os grandes nomes da navegação portuguesa, descreve brilhantemente os homens que habitavam aquelas naus. Ela diz: "eram todos heróis no campo de batalha e crianças estragadas fora dele."

Claustro dos Jerónimos, em Lisboa (Portugal) – Acervo pessoal

BUSCA INSACIÁVEL POR ESPECIARIAS

O encontro entre Vasco da Gama e o samorim de Calicute provavelmente mexeu muito com o famoso navegador e com o brio português. Podemos supor que aqueles homens se sentiram diminuídos e humilhados. Em um dos dias em Calicute, Gama recebeu um cavalo sem sela, o qual recusou prontamente, justificando que, em seu posto, não poderia aceitar um animal naquela situação.

Foi uma clara provocação. Em vez de ser recebido e tratado como um homem de negócios ou embaixador de um rei, foi tratado como inimigo, que causaria estragos ao comércio local. Gama sentiu-se ultrajado, um corsário, um pirata, um vadio dos mares.

Por meses, ele buscou oportunidades de comércio sem sucesso. Sua pequena frota foi provavelmente montada para explorar, e não para comercializar. Gama não tinha estrutura para lutar contra aquele império ou a força dos mercadores árabes estabelecidos e dos anticristãos da região. O que o salvou, além do fato óbvio de ter conseguido chegar lá, foi a grande quantidade de marfim obtida na costa africana, que serviu de moeda de troca para levar um pouco de cravo, gengibre e canela.[20] A existência do comércio de especiarias havia sido descoberta por meio da amizade maior firmada com os hindus locais contrários à soberania mercantil muçulmana.

O comércio de especiarias estava agora despido do misticismo e das lendas medievais. Eram os portugueses quem tinham acesso ao caminho das Índias, aos locais de produção das especiarias e aos mercados. Sabiam sobre a composição dos preços e as verdadeiras distâncias para obter os valiosos produtos.

Quando Gama retornou, os escribas do rei português prepararam documentos elaborados, descrevendo com exatidão e clareza o comércio local, as rotas das especiarias ligando a Índia, o Cairo no Egito, e Europa. Elaboraram também mapas detalhados, como o do Ceilão, onde se encontrava a melhor canela, e de ilhas da Ásia produtoras de especiarias. Os portugueses estavam em busca das fontes. Na retina e na memória daquele povo, estariam gravadas para sempre as lembranças daqueles difíceis dias.

A fama dos forasteiros europeus por toda a costa africana não era das melhores, e os árabes e hindus sabiam das atrocidades já praticadas pelo caminho – navios árabes saqueados e queimados, estímulo a conflitos e guerras para obtenção de prisioneiros, entre outras ações. No entanto, eles perceberam algo: não havia, na região, um líder capaz de aglutinar as forças dos territórios recém-descobertos e lograsse dar resposta à chegada lusitana em território indiano para, com isso, frear a expansão portuguesa. Diversos reinos com interesses fragmentados fragilizavam a Terra das Especiarias. Mesmo sentindo que, naquela viagem, suas forças haviam sido subjugadas, os lusos sabiam que a Índia podia ser presa fácil. E foi.

---

20 Historiadores acreditam que não tenha sido mais que um punhado de cada amostra de especiaria.

Homenagem ao poeta Luís de Camões, Jardim de Camões, Macau (China) – Acervo pessoal

Gama notou que não seria simples cortar os laços econômicos formadores do elo entre indianos e muçulmanos, os quais há muito tempo dominavam a região. A mensagem de Gama ao rei definia: não existiriam especiarias sem uma forte demonstração do poder naval português na Índia.

Tumba de Vasco da Gama no Mosteiro dos Jerónimos, Lisboa (Portugal) – Acervo pessoal

Pela primeira vez, as especiarias chegaram não pelo Mediterrâneo, mas pelo Atlântico, e sem nenhum atravessador. Além delas, outros produtos passaram a migrar de continente a continente. Mais tarde, já a partir de 1700, começaram a chegar das Índias as primeiras mudas de mangueira, espécie que muito bem se desenvolveu no Brasil; inclusive muitos pensam que as mangas são frutos originais do país. Pena que o delicioso chutney de manga indiano[21] não teve a mesma sorte e não faz parte da culinária brasileira.

O caminho mais desejado do século XV estava aberto e, agora, somente nas mãos dos portugueses. Cá entre nós, eles mereceram! A viagem de Gama é, sem dúvida, um dos maiores feitos da história das navegações. Gama tornou-se um dos homens mais ricos de Portugal e recebeu muitos títulos, entre eles o de vice-rei e almirante da Índia, além do direito de poder comercializar as especiarias indianas em grande quantidade, diretamente para o próprio bolso.

A felicidade de Vasco da Gama se viu eclipsada pela morte do irmão, Paulo, na viagem de retorno a Portugal. Após muitas idas à Índia, quase três décadas mais tarde, o navegante português morreu em 1524, no sul de Calicute Seus restos mortais, bem como os de Dom Sebastião e do poeta Luís de Camões, estão guardados na igreja do magnífico Mosteiro dos Jerónimos, em Lisboa, construído no local da capela onde os navegantes oraram antes de partir para as Índias.

---

21 Deliciosa mistura de fruta com especiarias como gengibre, pimenta vermelha, alho, açúcar, entre outros ingredientes.

ÍNDIA: TERRA DAS ESPECIARIAS

Sabei que estais na Índia, onde se estende Diverso povo, rico e prosperado de ouro luzente e fina pedraria, cheiro suave, ardente especiaria. Esta província, cujo porto agora tomado tendes, Malabar se chama...

Os lusíadas, trecho do Canto VII-31 e 32, de Luís de Camões

O desenvolvimento das civilizações deu-se por meio do contato, da interação, das trocas e do comércio de produtos. A Índia, como o Brasil hoje, sempre foi muito rica em recursos naturais. A diferença estava na localização privilegiada no mundo antigo, entre o império romano – em franca expansão comercial com o Oriente – e a China. Esta detinha o conhecimento da criação do bicho-da-seda em amoreiras e o controle das rotas de transporte. A seda era o principal produto chinês para exportação.[1]

As trocas comerciais na época do império romano estavam – em linguagem atual – globalizadas. A seda, por exemplo, vinha da distante China e dela para a Índia, onde nas mãos dos artesãos locais era transformada em arte e, depois de manufaturada, enviada para a capital do império, que a consumia com avidez. Outro produto

---

1 O consumo imperial romano ocasionou uma grande expansão da rota da seda entre os séculos I e III d.C. Protegida pela Muralha da China, a rota partia da atual Xian, seguia rumo à Ásia Menor, atravessando o deserto de Gobi e o deserto Sírio, até se dividir em estradas rumo ao Mediterrâneo e, claro, a Roma. O percurso variava, conforme a estabilidade política da época.

Loja de chás e especiarias, Old Delhi (Índia) – Foto: Karina Cordeiro

que esvaziou as reservas de ouro romanas para a Índia, em torno do século II d.C., foi a preciosa pimenta-preta. Esse escoamento de grandes quantidades de metal nobre em troca de produtos do Oriente preocupou seriamente os governantes do império, que promulgaram decretos, impedindo o uso de ouro nas transações internacionais.

Essas trocas foram possibilitadas pelo conhecimento de gregos e, principalmente, romanos sobre as monções, que, em junho, sopravam para leste e, em novembro, para oeste. Isso, mais a melhoria da tecnologia de construção das embarcações, contribuiu para estabelecer uma forte ligação comercial entre Ocidente e Oriente. A oeste da Índia, na região do estado de Kerala, foram construídos mais de quarenta portos para a negociação com o império.

Alguns livros romanos sobre alimentação já descreviam os efeitos das especiarias na nutrição, como a digestão, o incremento do sabor e o potencial sobre a conservação da comida. Esses livros continham centenas de receitas que indicavam várias especiarias em quantidades bem generosas, evidenciando a popularidade desses ingredientes no período. Entre as especiarias mencionadas, estavam principalmente o gengibre, a cúrcuma, a pimenta longa (*Piper longum*) e, claro, a pimenta-preta (*Piper nigrum*), utilizada em 2/3 dos pratos descritos.[2] Outra curiosidade é que, além de muitos condimentos e da seda, os romanos também levavam pavões para a Europa. Eram aves muito usadas pela aristocracia romana, símbolo de status, afinal tudo que parecia incomum e era proveniente de terras distantes mostrava poder e prestígio. Em troca, Roma enviava ouro, muito ouro.

Ainda hoje, a Índia é uma grande mistura de grupos étnicos. Muitos povos, muitas nações coabitam o subcontinente indiano. Mesmo com fronteiras bem es-

---

2 Trata-se do livro do chef romano Marcus Gavius Apicius, *De re coquinaria*.

tabelecidas e a independência em 1947, conseguida em boa parte pelo esforço de Gandhi e Nehru, o país é a maior democracia parlamentarista do planeta, formada por 35 estados que se comunicam por meio de dezenove idiomas oficiais e centenas de dialetos.

Na era dos descobrimentos, as divisões eram ainda maiores. Por volta de 1400, o Islã[3] era a força que se estendia por quase todo o continente e unia precariamente mercadores e comerciantes. Uma vez estabelecido, o mundo islâmico passou a comandar as trocas comerciais no Oceano Índico, por onde circulavam especiarias, pedras preciosas e a seda. Mas hindus e muçulmanos estabeleceram uma dinâmica de ocupação interessante. As duas culturas respeitavam-se; algumas regiões eram comandadas por hindus, que organizavam o espaço onde os muçulmanos comerciariam, ou os muçulmanos estavam no poder, estabelecendo regras para a existência dos hindus em determinado território. Ambas as culturas coexistiam, sem invadirem-se.

A região do oeste indiano e a região oriental da África foram berço do cardamomo, da pimenta-negra e da canela, além de outros grãos, segundo Camargo-Moro no livro *Arqueologias culinárias da Índia*. A região indiana hoje chama-se Kerala, estado que se formou com a Índia independente.

Malabar é o nome dado pelos árabes e europeus à área entre o sul de Mangalore e as proximidades do Cabo Comorim, bem ao sul da península indiana, no atual estado de Kerala. Trata-se de um importante entreposto comercial provedor de grandes quantidades de diversas especiarias, o que fez daquele lugar um grande mercado próspero de trocas entre hindus, cristãos, judeus, gregos, árabes e outros. Lá chegavam produtos do sudeste asiático, Ceilão, Catai (atual China), e, é claro, de toda a Índia. No século XII, o Malabar foi dividido em vários reinos. Quatro famílias reais dominavam a região e agrupavam, em volta delas, governantes de menor importância. Muitas das negociações eram à base de troca. Tecidos[4] eram trocados por metais de Java; papel de arroz e madeiras de Sumatra, por cravos das Molucas[5] ou pimentas; cânfora da Malásia, por sândalo

---

3 De acordo com o site Census of India, a invasão da Índia pelo Islã ocorreu em 711 d.C. pelo noroeste do país, como muitas outras invasões. O curioso é o fato de o muçulmano perceber que a assimilação do Islã não seria total e absoluta. O hinduísmo resistiu; suas maiores perdas foram nas castas mais baixas, nas quais houve grande número de convertidos. Na Índia de hoje, os hindus são maioria absoluta, em torno de 80%.

4 Como os tecidos tingidos com anil, leguminosa da costa oriental da Índia, cujas folhas produzem o famoso corante azul. Até hoje, chamamos esse tom azul de índigo blue ou azul da Índia.

5 Parte da Indonésia, o arquipélago das Molucas é formado por pequenas ilhas, destaque para Tidore, Ternate, Morotai, Makian e Bacan. Em 1511, passou para as mãos dos portugueses.

– destaca Rosa Nepomuceno. Outros produtos eram anis-estrelado, ópio, âmbar, ouro, mirra, chá, cerâmica, chifre de rinoceronte,[6] açafrão, azeite, alho, coentro, semente de erva-doce, água de rosas, pérola, tapete, adaga, ervas, limão, pedras preciosas, escravizados e, provavelmente, muitos outros que hoje desconhecemos e não foram registrados. Uma realidade que dificilmente conseguimos imaginar!

Com a expansão islâmica e a conquista da costa oeste indiana, as trocas comerciais intensificaram-se. Os conquistadores árabes converteram-se em hábeis mercadores e, com a chegada dos europeus, um novo panorama de compra e venda de especiarias tinha se consolidado em larga escala como nunca antes em toda a história.

A JOIA DA COLÔNIA PORTUGUESA

Após Bartolomeu Dias, Vasco da Gama e Cabral, Portugal viu surgir um dos mais importantes navegadores de sua história: Afonso de Albuquerque. Podemos dizer que a escola de Cabral escolhida por Dom Manoel parece ter funcionado; com Afonso de Albuquerque a coroa lusitana acabou por garantir uma expedição bastante militarizada para fixar as conquistas na difícil Índia. Afonso e seus homens, em 1506, com mais de dezesseis caravelas portuguesas seguiram pela costa oeste indiana e atacaram a desguarnecida região portuária de Goa, que sucumbiu diante da superioridade estratégica e bélica dos portugueses. Após o massacre, os portugueses entraram na cidade; o povo local teve de assistir a Albuquerque ser recebido pela elite goense e, subserviente, oferecer as chaves da cidade suplicando para que não fosse escravizado.

Goa era a primeira aquisição territorial de ocupação lusa na Ásia contemplada pela nova estratégia de estabelecer bases sólidas no continente mediante a estrutura física de um estado português; diferentemente da antiga forma, na qual feitorias e fortalezas eram instaladas em cidades litorâneas, isoladas e, muitas vezes, cercadas por inimigos. Goa tornou-se a joia da coroa portuguesa no Oriente; depois de Lisboa, a cidade indiana era a mais importante do reino lusitano, posto que se manteve por muitos anos. Séculos depois, Goa seria devolvida aos indianos, fato que ocorreu somente em 1961.

---

6 Nos textos de Marco Polo, encontra-se referência a um animal com chifre único, chamado unicórnio. Hoje, sabe-se que o unicórnio de Marco era, na verdade, um rinoceronte.

O professor DeRose, eu e a professora Fernanda Neis no Aurobindo Ashram, Delhi (Índia) – Foto: Karina Cordeiro

AGORA ERA MINHA VEZ

Como empreendedor do DeRose Method e estudioso do universo das especiarias, sempre nutri um grande desejo de conhecer a Índia, Terra das Especiarias, na companhia do professor DeRose. Após 24 anos de viagens àquele país, porém, eu sabia ser pouco provável haver um derradeiro grupo que fosse com ele para lá, afinal a Índia não é um destino simples e requer planejamento e muitos cuidados. Eu conseguia entender a posição dele, que após tantos anos organizando e levando grupos, de 1975 até 1999, talvez não tivesse pique para mais uma viagem. Entretanto, em conversa informal, em algum momento de carinho e descuido, DeRose citou que, pelo Conselho Administrativo,[7] do qual eu participava, ele iria até para o inferno! Foi a deixa de que eu precisava. Dias depois, já tinha nas mãos os orçamentos! Agora era minha vez de ir para a Índia e melhor: muito bem acompanhado.

Por mais de dezoito meses, planejei essa viagem; estudei o roteiro, mapas, sites, blogs e tudo relacionado ao país de que tanto ouvira falar. Embarcamos no início de dezembro para Londres e, depois de lá, após longa escala, voamos para Nova Delhi. Enquanto esperava pelas infinitas horas de voo, imaginava como seria a minha chegada à Terra das Especiarias, os detalhes das primeiras visões da Índia ainda pela janela da aeronave, o toque dos pneus no solo, a multidão e o caos no aeroporto, o cheiro de temperos no ar! Tantas emoções que gostaria de relatar em minhas palestras, artigos, inclusive neste livro que você está lendo agora! Mas, na verdade, nada disso aconteceu. Infelizmente, não houve romantismo algum em minha chegada...

Ao aterrissar, como costumo ter dificuldade para dormir em voos longos, estava exausto e, por termos chegado durante a madrugada e estar sentado em uma cadeira ruim, longe da janela, não pude assistir a nada de minha sonhada aterrissagem apoteótica. No fim, desembarcamos no ótimo e moderno aeroporto de Delhi e o resto são "causos"...

Mesquita Jama Masjid – Acervo pessoal

Em busca de sabores e aromas

Diferentemente da época de Vasco da Gama, as especiarias, hoje em dia, têm preços bem acessíveis e as mais populares podem ser facilmente obtidas em todos os bons mercados de qualquer cidade média. Um ou outro condimento muito específico, de uso muito regional, pode ser mais difícil, mas são exceções. Em um dos dias em Nova Delhi, fomos até a parte

7 Conselho Administrativo é um grupo formado por diretores de escolas certificadas de vários estados e países, como Brasil, Argentina, Chile, Portugal, Espanha, França etc., responsável por contribuir para o crescimento das escolas e da instituição.

norte do lugar, onde encontramos a Old Delhi (cidade velha, sempre a minha parte preferida das cidades).

Eu e Heloiza Gabriolli em loja em Khari Baoli – Foto: Karina Cordeiro

Após visita a Jama Masjid,[8] a maior mesquita da Índia, seguimos de *cycleshaw*,[9] excelente meio de transporte para ruelas estreitas como aquelas em que nos embrenhamos, em busca dos bazares de Old Delhi. O percurso caótico naquele labirinto de ruas apertadas, o som das buzinas e as pessoas por todos os lados escondem uma tradicionalíssima região, cujo esplendor viveu na época dos governantes parentes de Gengis Khan, introdutores do período mogol. O emaranhado de fios sobre nossas cabeças era de assustar e fez-me repensar o que apelidamos no Brasil de "gato";[10] na Índia, a barafunda deveria receber o apelido de "tigre" ou algo similar...

A região de destaque é a da Khari Baoli, onde encontramos uma boa variedade de especiarias, ressalto o cardamomo preto, o funcho e a raiz de cúrcuma, todas elas e muitas outras com preços bem convidativos.

Outro ponto muito interessante na cidade de Delhi é o templo Gurudwara Bangla Sahib, da religião sikh, minoria relativamente nova surgida no século XVI, muito respeitada na Índia e bem representada no governo da nação. Os adeptos estão mais predominantes no noroeste do país. Seus adereços tradicionais são bem conhecidos; reconhece-se um sikh facilmente quando ele está paramentado, levando consigo cinco elementos: o pente, o turbante, a adaga, a calça e a pulseira. Eles também carregam a fama de serem excelentes cozinheiros e, mesmo antes de ir para a Índia, pude comprovar o fato. "Ganhei" um sikh[11] na família e tive o privilégio de aprender alguns pratos da culinária do Punjab, região de predominância sikh.

---

8 Jama Masjid foi construída pelo imperador mogol Shah Jahan em 1656, que também ergueu o Taj Mahal.

9 *Rickshaws* são charretes movidas por homens a pé; os *cycleshaws*, por homens de bicicleta; já os *autoshaws* ou *tuk-tuks* são motorizados.

10 Nome dado a ligações clandestinas de TVs a cabo, telefonia, luz etc.

11 Harjeet Singh casou-se com uma de minhas primas. Seu sobrenome, Singh, indica o berço sikh.

Gurudwara Bangla Sahib – Foto: Karina Cordeiro

No Gurudwara, pudemos assistir a um feito de fazer inveja a qualquer entidade social que se diz "atuante": lá são servidas mais de trinta mil refeições por dia, para quaisquer visitantes. Ao lado do refeitório, funciona a cozinha comandada por voluntários. Muitos são pessoas de posses, que espontaneamente oferecem seu tempo e trabalho, bem como se habilitam para descascar e picar quilos e quilos de legumes, preparar pães, cozinhar arroz, grãos, entre outros pratos; tudo, é claro, carregado com as nossas aromáticas especiarias, afinal estamos falando de Índia. Simplesmente impressionante!

Os mogóis foram responsáveis por uma cultura que viraria referência do que se conhece hoje como *sightseeings* da Índia. O forte de Agra, construído por Akbar, o mais ilustre imperador mogol, e o imponente Taj Mahal, em Agra, mausoléu de mármore construído por Shah Jahan para sua falecida esposa, Mumtaz Mahal, por exemplo, são símbolos absolutos do país e do turismo local. Já na gastronomia, temos claras influências, como o uso dos fornos tandoor e de frutas secas, por exemplo amêndoas, pistache; além de pratos não vegetarianos, como almôndegas, kebabs, entre outros.

Taj Mahal – Acervo pessoal

Ponte da fazenda de especiarias – Acervo pessoal

FAZENDA DE ESPECIARIAS EM GOA[12]

A antiga região que foi estado português na Índia deveria ser destino obrigatório de todos os turistas portugueses e brasileiros. Atualmente um dos menores estados do país, Goa virou sinônimo de rota de praias para muitos indianos em busca de relaxamento e festas eletrônicas no norte de Pangim ou nos grandes resorts de luxo, no sul.

Passear nas ruelas de Old Goa e visitar suas igrejas é emocionante e, ao mesmo tempo, estranho. Tive sentimentos similares quando visitei Macau, na China, outra região de influência lusitana no Oriente. Algo nos parece semelhante, mas não faz sentido por outro lado. É uma "bagunça" difícil de ser explicada por nossa mente de brasileiro.

Demoramos a chegar à fazenda de especiarias. De onde estávamos, no sul de Goa, levamos quase duas horas, mas foi um deslocamento agradável. Após uma parada na pista e um giro para a direita, eu me deparei com a intrigante placa daquele refrigerante de líquido preto e docinho, cheio de gás, que serviu para nos avisar de nossa chegada ao destino.

---

12 Trecho de artigo publicado no portal Vida Simples.

Após cruzar uma linda e singela ponte sobre um belo lago rodeado por mata nativa, chegamos à recepção onde começou o curioso tour. Que emoção! Será que eu estava vivendo uma cena minimamente semelhante à ocorrida em vilarejos de Cochim ou Calicute, mais ao sul, em pleno século XVI, onde originalmente os portugueses travaram os primeiros contatos com comerciantes de especiarias?

Fomos levados para conhecer os mais diversos tipos com o apoio muito competente de nossa guia, que educadamente respondeu a todas as nossas perguntas enquanto lutava para manter a atenção daquelas "crianças adultas" no arbusto de cardamomo ou na árvore de canela. Destaque para os pés de cardamomo verde com arbustos delicados contrastando com os de folhas maiores do cardamomo negro. Também gostei da árvore de noz-moscada e seu fruto verde fresco, o qual não conhecia; afinal, em nossas terras temos apenas a semente, que ralamos, ou – conhecido por poucos estudiosos – o macis, seu invólucro. Passamos também pela orquídea da baunilha, que, vale destacar, não é originária da Índia, mas, sim, de nossas Américas. O Brasil tem várias espécies nativas de grande qualidade.

Manjericão tulsi: tempero sagrado e reverenciado

O manjericão é daqueles temperos com uma enormidade de variações, mas a indiana, denominada tulsi, é uma das mais importantes quando pensamos no manjericão para algo além de nosso prato. Trata-se de uma erva especial, divinizada na cultura hindu: acredita-se que a presença de um pé de manjericão tulsi (*Ocimum tenuiflorum*) no quintal de uma casa pode trazer proteção e sorte, além de várias propriedades medicinais que chegam a soar exageradas. O fato é que o tulsi é uma parte relevante da tradição indiana.

Puja ao tulsi na fazenda de especiarias – Acervo pessoal

Em visita à fazenda de especiarias em Goa, tive o privilégio de travar contato com o rito de uma senhora em torno do pé de tulsi em seu quintal, onde um pequeno altar foi edificado. Incenso, flores, velas e orações em torno da planta compõem parte dos bonitos ritos de manifestação da tradição cultural hindu. Esses pequenos altares são comuns em muitas casas indianas e templos, especialmente nas áreas rurais e em vilas do interior.

Nos ashrams hindus dedicados ao deus Vishnu e, consequentemente, a Krishna, o manjericão tulsi é muito popular. A beleza e o crescimento da planta podem ser considerados indicativo de maior ou menor grau da fé dos devotos do local. Há outro item que não pode faltar e sempre está muito presente nessa tradição cultural: os málás. Não é bem o que você pensou; não se trata de algo para carregar seus pertences e viajar, mas, sim, de um cordão para fazer mantras denominado japamálá. Significa "cordão de repetição" e, em geral, é feito com uma semente bastante famosa e cara chamada rudráksha (se for barata, desconfie: pode ser falsa). Para se ter uma ideia do prestígio do tulsi, os galhos dessa especiaria foram também adaptados para produzirem málás. No lugar dos rudrakshas, são usados pedacinhos de galhos do arbusto para formar o que se chama tulsi málá. Interessante, não é mesmo?

Não é novidade aqui minha defesa enfática do quão forte é o paradigma do uso de condimentos, temperos e ervas na tradição indiana. Para nós, pode até parecer exagerado, mas o fato é que as especiarias estão imiscuídas em toda a tradição cultural, inclusive em templos, e são até mesmo divinizadas. É uma relação complexa e antiga, que precisa ser respeitada, e não necessariamente entendida.

A CULTURA INDIANA DE CONDIMENTAR

A citação a seguir é um trecho de *Os lusíadas*, que explicita as riquezas levadas para Portugal por Vasco da Gama desde sua primeira viagem. Além das próprias especiarias, a Índia agregava nos portos muitas especiarias dos confins da Ásia, como a noz-moscada e o macis (seca flor de Banda), provenientes das Ilhas Banda; o cravo, das Ilhas Molucas; e a canela, do Ceilão. Todas disponíveis em grande quantidade e a preços muito em conta. Chegar à Terra das Especiarias significava acessar o paraíso na Terra.

> Leva pimenta ardente, que comprara; A seca flor de Banda não ficou; A noz e o negro cravo, que faz clara; A nova ilha Maluco, co a canela com que Ceilão é rica, ilustre e bela. (*Os lusíadas*, trecho do Canto IX-14, de Luís de Camões)

A culinária indiana reflete essa tradição do uso e comércio dos temperos. Os indianos são, definitivamente, o povo que mais cultiva o hábito de cozinhar com especiarias. Tive o privilégio de viajar e degustar a culinária de muitos países de diferentes regiões. Alguns como Turquia e Marrocos, tão próximos da Europa, utilizam-se de uma enormidade de temperos que o ocidental, normalmente, nem saberia de que se trata. A tradição árabe é outra bastante adepta ao comércio e ao consumo de nossas estrelas, mas nada se compara à Índia.

Cardamomo preto – Foto: Karina Cordeiro

É brutal a diferença entre a quantidade de condimentos usada nas cozinhas em nossa culinária comparada à gastronomia indiana. Para se ter uma ideia, um snack comum – similar aos salgadinhos no Brasil, muito apreciados inclusive por crianças – tem um número enorme de temperos, em uma variedade que talvez supere, com larga margem, o que muita gente no Ocidente ingere a vida toda. O namkeen[13] é um bom exemplo: trata-se de grãos, como lentilha e ervilha, hipercondimentados em versão *hot n'spicy mixture*, com *chilli*, pimenta-preta, ajowan, cravo, cúrcuma, pimenta longa, coentro, gengibre, cominho, assa-fétida, cardamomo preto, macis, canela e outros itens. O escritor DeRose, na autobiografia *Quando é preciso ser forte*, página 46, na qual explana seu impacto, em 1975, na primeira viagem para a Índia, conta que a comida encontrada no país das especiarias "não tinha nada de marrom, não era integral e não tinha gosto natureba. Era colorida, aromática e temperadíssima!" Destaca, ainda, que mesmo em mosteiros, onde alguns mestres recomendam reduzir temperos, o resultado dessa "redução" consiste em versões ainda bastante *spicy*. Em suas palavras: "A culinária indiana legítima é tão superlativamente condimentada, que o que eles chamam de reduzir os temperos seria elaborar uma comida um milhão de vezes mais temperada e ardida que a nossa pobre, insípida, gororoba ocidental." Transcrevo um trecho a seguir.

---

[13] O pacote de namkeen da Parle, com 100 g, custava 20 rúpias, o que representava, em 2013, o equivalente a 30 centavos de dólar. Será que um container é suficiente?

A partida para a Índia

Adorei a comida da Índia desde o primeiro instante e, como eu, todos quantos a conheceram. Além de saborosíssima, pode-se aceitar o que vier, pois o país é vegetariano e não há perigo de a comida vir com carne de boi, de peixes ou de aves. Por outro lado, se o paladar é superlativo, precisei me adaptar a um pormenor. Tudo vem hipercondimentado com gengibre, cominho, cravo, canela, cardamomo, coentro, curry e *chilli*. Este último é mais ardido que a própria pimenta baiana.

Como ainda não estava habituado a comidas tão ricas em especiarias, no segundo dia pedi uma salada de vegetais crus, pois assim, pensava eu, viriam seguramente sem tempero. De fato, recebi uma salada sem sal, sem azeite e sem tempero algum. Comecei a comer e gostei, apesar da falta total do paladar exacerbado dos condimentos. A fome é o melhor tempero. Com apetite, localizei, lá no meio, uma pequena vagem verde. Simpatizei com a cara daquela vagenzinha tão inocente. Mastiguei e engoli. Era o próprio chili! Nunca na minha vida havia tido uma sensação igual... parecia que ia morrer. Imaginei que beber ácido sulfúrico não devia ser pior. Salvou-me uma garrafa de refrigerante, que sorvi de uma só vez.

Tendo passado por esse batismo de fogo (literalmente de fogo), segui no meu curso de Índia. Nos primeiros dias, era pôr o pé na rua e constatar que mais uma falsa imagem ruía. A primeira fora a alimentação, pois os livros de Yôga, em geral, aconselham usar pouco condimento. Mas mesmo as escolas e mosteiros mais espartanos serviam a comida com um paladar bem requintado e forte. Aí, entendi: para eles, aquilo é que era pouco condimentado. A culinária ocidental seria considerada "à moda de isopor".

ENTRADA, PRATO PRINCIPAL, SOBREMESA E HIGIENE BUCAL

Viajar pela Índia pode ser uma ótima oportunidade para mergulhar no universo de utilização dos condimentos. Simplesmente tudo tem a presença das célebres especiarias, não apenas os óbvios curries e pratos indianos já tão conhecidos no Ocidente mas também em sobremesas, chás e tudo o que você puder imaginar.

Algo que tem crescido bastante nos países emergentes[14] é o consumo de produtos de beleza e estética, e é claro que na terra de Gandhi eles são compostos de muitas ervas e especiarias. Passeando por pequenas farmácias no interior do país, mais precisamente na cidade de Khajuraho, encontrei uma curiosa pasta dental de nome ainda mais interessante: Patanjali. A cor amarronzada não agrada visualmente – devo confessar –, já que o padrão com que nos acostumamos para esse tipo de produto é outro, mas o sabor e os efeitos agradaram-me muito. Como é típico da Índia, sente-se muito a ardência do mundaréu de especiarias que habitam aquele tubo de pasta de dente do sábio representado pela serpente de mil cabeças.[15] A fórmula agrega muitas ervas e plantas, fazendo com que o creme dental tenha uma ótima função bactericida e, inclusive, anti-inflamatória. Destaque para o cravo, a cúrcuma, a hortelã e o neem,[16] este último bastante usado na composição de muitos produtos de higiene bucal.

Mouth refreshers – Foto: Karina Cordeiro

Outra curiosidade encontrada por lá foram os *mouth refreshers*, amontoado de especiarias ingerido no fim das refeições; todo restaurante tem um pote do qual o cliente pode se servir para atenuar um eventual excesso do animado cliente. Um punhado é o suficiente para facilitar a digestão e afastar o hálito de onça. Demais, não é mesmo? As receitas são muitas, mas, em geral, o básico é composto de: sementes de funcho, coentro e gergelim, açúcar, tâmaras secas e outros ingredientes.

---

14 Brasil, Rússia, Índia, China e África do Sul (Sudáfrica ou South Africa) são os chamados países emergentes e compõem a sigla Brics, bastante conhecida mundialmente e que hoje já se abriu para outros países.

15 Patanjali (a grafia mais correta é Pátañjalí) é o nome de um sábio que provavelmente viveu na Índia entre os séculos II e IV a.C. Uma de suas formas eternizadas na tradição é uma serpente com mil cabeças, que representam as mil ciências dominadas por ele. Escreveu o célebre shastra *Yôga sútra*.

16 A melhor grafia em hindi é ním. A forma neem é a escrita com influência o inglês no idioma local. O mesmo ocorre com os termos *pújá* grafado "*pooja*" e com o termo *ghí*, que é popularizado no Brasil como ghee.

ESPECIARIAS INDIANAS

PIMENTA-PRETA

Picância: 3
Espanhol: *pimienta negra*; francês: *poivre*; inglês: *black pepper*; hindi: *kálí mirch*

No rol de especiarias indianas, algumas pimentas da família das piperáceas merecem o nosso destaque. E esta eu não podia deixar de comprar: a pimenta-preta (*Piper nigrum*). Está certo que ela é facilmente encontrada em todas as partes do mundo, mas tanta gente sacrificou a vida para chegar e lá comprar a preciosidade que não resisti: quando na Índia estive, adquiri quase um quilo da pimenta-preta indiana autêntica!

As piperáceas são amplamente usadas na gastronomia em todo o mundo. Desenvolvem-se em árvores trepadeiras, de cujos cachos saem os grãos; entre estes, está o *Piper*, gênero mais conhecido entre cinco. Neste livro, abordo as seguintes variantes: pimentas preta, branca, verde e longa.[1] Destas, a mais importante é a preta, que no passado era o produto mais rentável para quem se aventurasse no mercado dos condimentos.

---

[1] Não inseri a pimenta-de-folha porque, em nosso contexto histórico, ela é irrelevante. Há ainda outra variante chamada cubeba.

Pimenta-preta – Foto: Karina Cordeiro

O termo "pimenta" deriva do latim *pigmenta* ou do plural *pigmentum*, mas, diferentemente do açafrão e outras especiarias, as pimentas não dão cor alguma aos alimentos. Nas línguas das zonas produtoras no sul da Índia, a pimenta-negra é denominada *milagu* ou *mulagu*,[2] conforme a região, nome derivado de línguas dravídicas.[3] No Brasil, é conhecida como pimenta-do-reino. Essa denominação foi adotada durante o período colonial para diferenciá-la das demais cargas não oficiais. A pimenta que entrava na colônia, vinda das naus do reino português, tinha prioridade e, por isso, levou o sobrenome. Seus nomes e apelidos mais conhecidos são pimenta-negra, pimenta-preta, pimenta-do-reino preta, ouro negro, pimenta do Malabar, entre outros.

Nativa do sul da Índia, principalmente do estado de Kerala, onde é consumida e utilizada em larga escala, a pimenta-preta chegou às mesas europeias por meio das caravanas árabes, na Idade Média. Seu nome antigo em sânscrito é *yavanêshta*,[4] cujo significado pode ser traduzido como "a preferida dos jônios ou amada dos gregos", e era mesmo.

---

2 Desses termos, surgiu a sopa de pimenta indiana chamada mulligatawny (Luís Filipe Thomaz em *A questão da pimenta em meados do século XVI*).

3 Acredita-se que a civilização dravídica tenha vivido no noroeste da Índia por volta de cinco mil anos atrás, o que nos faz pensar que talvez estivesse presente nas sociedades anteriores ao hinduísmo. Sobre a origem dravídica, trata-se de especulações. Não se sabe se os descendentes dos drávidas realmente travaram contato com a pimenta no sul da Índia, quando migraram do norte, ou se já haviam tido contato com a especiaria e levaram-na para o sul.

4 O termo *yavanêshta* provém da fusão das palavras *yavana* e *ishta*. Segundo o *A sanskrit english dictionary*, *yavana* significa "jônios", nome do povo da Grécia ("*the name of people, originally Greek Ionian*"). *Ishta* significa "desejado" ("*desired, good*").

Tinha preço exorbitante, afinal as rotas eram extensas, perigosas e compostas de muitos atravessadores. Ela é a mais popular na história comercial dos condimentos e tem ainda uma vantagem sobre as demais especiarias: é extremamente resistente – armazenada da maneira correta, mantém sabor e aroma. Em geral, nas embarcações destinadas a carregar especiarias, não era incomum a pimenta-do-reino ocupar mais de 50% de tudo que levavam.

A colheita ocorre quando os frutos ainda estão verdes. São espalhados para a secagem, até ter a aparência encarquilhada e enegrecida que conhecemos como produto final. Atualmente, outros países também produzem a pimenta-preta em larga escala, como é o caso do Brasil, da China e do Vietnã; este último é o maior exportador.

O sabor da pimenta-preta é agradável e levemente amadeirado, como as piperáceas são em geral. Apresenta picância suave e é necessário um pequeno período inicial para ela ser notada. Vai bem com os mais diversos pratos e é a mais conhecida das pimentas, utilizada até por quem não tem o hábito de degustar uma comida muito temperada. A melhor maneira de incorporá-la aos pratos é moendo-a na hora, para que libere todo o perfume. Portanto, evite comprá-la já moída.[5]

Monte seu mix de especiarias com pimenta-preta, pimenta rosa, pimenta-branca e pimenta-da-jamaica. Coloque os grãos no mesmo moedor e sinta a explosão de sabores e o aroma intenso. Por ter ação estimulante sobre as paredes do sistema digestivo, o uso prolongado e em grandes quantidades pode afetar o bom funcionamento da região. Use com parcimônia, mas sem neuras.

Pimenta-branca

Picância: 3
Espanhol: *pimienta blanca*; francês: *poivre blanc*; inglês: *whitepepper*; hindi: *saphed mirch*

O produto denominado comercialmente pimenta-preta nada mais é que os frutos imaturos e não descascados da *Piper nigrum*. Já a pimenta-branca (pimenta-do-reino branca) é formada pelos frutos maduros e descascados. Eles são imersos em água fervente e, com isso, incham e reduzem ao endocarpo (camada interna), já que no processo são perdidos o epicarpo (camada externa) e o mesocarpo (camada mediana).

---

5 Entretanto, há uma mistura já pronta de pimenta-preta e cominho, ambos moídos, que bem me agrada.

Pimenta-do-reino verde, Vila de Mangabeira (Amazônia paraense) – Acervo pessoal

Sua picância assemelha-se à da pimenta-preta, mas perde um pouco no aroma, o que, para muitos, pode não agradar. É mais utilizada como elemento de decoração em pratos requintados. Em pó, pode ser usada para temperar caldos e sopas e até mesmo no chai indiano, para aumentar a picância.

PIMENTA-VERDE

Picância: 3
Espanhol: *pimienta verde*; francês: *poivre vert*; inglês: *green pepper*

A pimenta-verde (pimenta-do-reino verde) provém do mesmo grão, mas colhido em estágios iniciais e, obviamente, verde. Assim como a variedade branca, pode ser usada como elemento decorativo. Na culinária francesa, cumpre bem essa missão.

PIMENTA LONGA

Picância: 2
Espanhol: *pimienta negra larga*; francês: *poivre long*; inglês: *long pepper*; hindi: *pipul*

Tive o prazer de encontrar a pimenta longa (*Piper longum*) em visita a uma *herboristerie* na cidade de Fez, no Marrocos, mas ela é originária da Índia; a ilha de Java, na Indonésia, também a produz. Essa pimenta faz parte das pimentas trepadeiras, da mesma família da preta, branca, verde e cubeba.

Chega a mais de quatro centímetros e é uma das variedades de pimenta-preta pouco utilizada na culinária atualmente, restringindo-se, em especial, ao norte e ao leste da África e a algumas

Pimenta longa – Foto: Karina Cordeiro

regiões da Índia. No passado, porém, teve sua fase de celebridade. Acredita-se que tenha sido empregada na Europa muito antes da pimenta-preta. Os registros ocidentais mais antigos dessa especiaria datam do império romano, quando era consumida em queijos e como tempero de vinhos – essa tradição de se condimentar o vinho manteve-se durante boa parte do período medieval.

O termo pimenta longa deriva do sânscrito *pippalí* (Thomaz, 1998) e há registros que enaltecem a utilização dessa especiaria nos textos clássicos do hinduísmo.[6] No sabor, destaca-se por ser um pouco mais picante, mas menos aromática que a eterna rival. Como qualquer pimenta em grão, o sabor é bastante realçado quando ela é moída e triturada na hora. Além do sabor, moer na hora é uma maneira de você ter certeza de que o resultado da moagem não foi adulterado para render mais. No caso da pimenta longa, o tamanho dificulta um pouco o trabalho de reduzi-la a pó; recomendo um bom moedor. Seu aroma é forte e bem marcante. O sabor lembra muito o da pimenta-do-reino, mas com picância levemente mais forte.

Se ambas forem moídas, podem ser facilmente confundidas uma com a outra. As mesmas regras de utilização da pimenta-preta valem para a longa. Coloque-a no fim do cozimento, moendo-a na hora para realçar tanto o aroma da pimenta quanto o do prato.

---

6 No shastra *Atharva veda*, hino 109 do Livro VI.

Coentro

Espanhol: *cilantro* (folhas), *coriandro* (sementes); francês: *coriandre*; inglês: *coriander*; hindi: *dhaniya*

Não se sabe exatamente a origem do coentro (*Coriandrum sativum*), mas acredita--se que possa ser proveniente do sul da Europa, do norte da África ou até mesmo do Oriente Médio. Hoje, é muito popular em canteiros e cozinhas do mundo todo, notadamente no Nordeste brasileiro, onde jamais pode faltar. O nome vem do grego e, segundo Roberto Araújo em *Conheça e cultive ervas e temperos*, significa "percevejo", pois o odor do coentro se assemelharia ao do inseto quando esmagado. Para ter certeza sobre a relação entre tempero e inseto, consultei o professor e amigo grego Viktor Salis, o qual me confirmou que a palavra grega é κοριός (*koriós*) e realmente se trata do malcheiroso inseto.

É provável que o coentro tenha se espalhado pela Europa com os romanos, usado como tempero, ingrediente medicinal e aromático (Roberta Saldanha, 2011). Além de propriedades diuréticas, como muitas outras especiarias, acredita-se que também seja afrodisíaco.

Por toda a Índia,[7] cresce o uso do coentro na culinária, como no garam masálá e em outros mixes de especiarias em pó. As folhas dessa especiaria assemelham-se às da salsinha. Quem nunca foi ao mercado para comprar salsa e, por engano, levou um maço de coentro fresco, ou vice-versa? Na cozinha portuguesa, uma clássica utilização é no preparo da açorda à alentejana, sopa da região do Alentejo, composta basicamente de alho, sal, azeite, pão fatiado e muitas folhas de coentro. Irresistível!

Intensamente aromáticas e perfumadas, as folhas de coentro não passam despercebidas quando utilizadas em algum preparo. Por esse motivo, fica a dica: ao preparar uma comida com esse ingrediente, não deixe de avisar o convidado. Ou melhor: prepare duas versões, uma com e outra sem a especiaria. Falo por experiência: em um dos primeiros gourmets indianos que organizei, preparei o delicioso aloo gobí[8] – que nada mais é que batatas com couve-flor e especiarias –, ao qual acrescentei folhas de coentro fresco no fim do preparo. Tive de fazer outra versão, de última hora, para um convidado que não tolerava o sabor.

---

[7] O estado do Rajastão, cuja capital é Jaipur, é um dos maiores cultivadores.

[8] Pronuncia-se alú gobi. Aloo gobi é como os indianos escrevem a expressão no idioma hindi por meio de nossos caracteres latinos, utilizando-se do inglês como referência.

A utilização do coentro na culinária é bastante diversificada. Pode ser *in natura*, com folhas colocadas sempre no fim do cozimento; em pratos como molhos, cozidos com batatas, lentilhas e feijões. Há também as versões com folhas desidratadas, grãos inteiros ou moídos. Outra curiosa aplicação é o uso das flores como decoração em pratos: a beleza das delicadas pétalas promove um ornamento inusitado, além de serem comestíveis. Na culinária indiana, o *coriander powder* é fundamental e, nesse caso, o melhor a fazer é preparar o próprio coentro em pó. Basta tostar as sementes em uma frigideira e, então, moê-las para liberar todo o encanto do ingrediente.

As sementes podem ser utilizadas inteiras em doces, caldas de frutas, picles; já as trituradas, em pães salgados e doces, legumes e ensopados. Por último, o coentro é um dos únicos ingredientes que, certamente, compõem a famigerada salsicha – quanto aos outros itens, ninguém tem certeza...

CÚRCUMA

Espanhol: *cúrcuma*; português (Pt): *turmérico*; francês: *curcuma*; inglês: *turmeric*; hindi: *haldi*

Da família do gengibre, a cúrcuma (*Curcuma longa*) pode ser denominada açafrão-da-índia ou açafrão-da-terra, pois a cor resultante de sua aplicação é bem próxima à obtida com o uso do açafrão original, opinião obviamente não compartilhada pelos puristas amantes da cozinha espanhola. É uma opção bastante considerada para colorir os alimentos e a utilização mais popular é na versão em pó, facilmente encontrada em supermercados. Já o sabor da cúrcuma difere-se bastante do açafrão original e, se usada em excesso, prejudica o sabor da comida.

Ambos podem ser aplicados também no tingimento de tecidos, pois são excelentes corantes naturais, com preços bastante acessíveis. Em visita aos famosos e malcheirosos curtumes na cidade de Fez, no Marrocos, pude ver dezenas de peles de animais expostas ao sol[9] para assimilar as cores, entre elas o amarelo do açafrão, como me foi informado, ou provavelmente de nossa cúrcuma.

Quem adquire as misturas comerciais em pó, fáceis de encontrar em mercados, corre o risco de comprar um produto de qualidade duvidosa, pois é comum a adição de fécula de mandioca à especiaria para fazê-la render. Quando cozinhamos com essa mistura, o molho engrossa facilmente.

---

9 Veja a figura Tingimento e secagem de couro, no capítulo "Em busca de especiarias nas terras do Magreb".

Raiz seca de cúrcuma, Old Delhi – Foto: Karina Cordeiro

Esse problema é típico de temperos em pó e, nesse caso, não é possível fazê-los em casa com apenas o tubérculo. Uma opção de que gosto é utilizar a própria raiz, comum na culinária indiana. Pela característica bactericida, como o wasabi na culinária japonesa, ela é usada como tempero de ingredientes que rapidamente apodrecem, por exemplo peixes.

Apesar de ser bastante semelhante ao gengibre, a cúrcuma logo se diferencia quando a raiz é partida e o interior revela um forte tom amarelo-alaranjado. Pode-se usar o tubérculo seco ou fresco, ralado ou em pequenas fatias, no preparo do arroz. Ele tinge o alimento sem interferir tanto no sabor. Recomendo.

CRAVO-DA-ÍNDIA

Cravo-da-índia – Foto: Karina Cordeiro

Espanhol: *clavo*; português (Pt): *cravinho*; francês: *clou de girofle*; inglês: *clove, gillyflower*

O cravo (*Syzygium aromaticum*) é nativo e crescia em muitas das Ilhas Molucas, na Indonésia, mais precisamente em Ternate e Tidore, diferentemente da noz-moscada, que crescia apenas nas poucas ilhas de Banda. Hoje em dia, a maior produção de cravo ocorre na costa oriental da África, mais precisamente nas ilhas de Madagascar e Zanzibar. Era uma das especiarias mais valorizadas no mercado do início do século XVI, no qual um quilo de cravo equivalia a sete gramas de ouro.

O nome dessa especiaria vem do latim *clavus*, que significa "prego"; no francês é *ciou*, que significa "macho"; já no inglês, *clove*. O botão seco da flor é utilizado como especiaria desde a Antiguidade, empregado na culinária e na fabricação de medicamentos.

O óleo, denominado eugenol, tem propriedades antissépticas. No passado, era bastante usado em procedimentos odontológicos, ocasião em que o gosto era facilmente sentido quando o odontólogo fazia algum procedimento que exigisse higienização. Já é comum encontrarmos nos mercados o pó dental, utilizado como alternativa às tradicionais pastas de dentes. Fazer bochechos com infusão de cravo pode ser uma ótima opção para a saúde dental. Outro uso curioso do cravo é misturá-lo com óleo de cereais, criando, assim, um repelente natural de mosquitos. Caso a intenção seja afastar formigas, basta preparar um cordão de isolamento com cravos usando uma fita adesiva. Interessante, não é mesmo?

Segundo o professor DeRose, em conversas que tivemos sobre o tema, o cravo é daquelas especiarias que devem ser usadas com muita parcimônia. Embora seja um grande incentivador do uso dos condimentos, DeRose alerta: este, em específico, quando usado sem atenção, pode contaminar e impregnar demasiadamente o prato, e assim eclipsar o sabor.

O cravo e a canela, atualmente, são mais utilizados em sobremesas que em pratos principais. Esse uso progrediu a partir do século XVII pela influência da renovação gastronômica europeia, encabeçada pela França, que viria a influenciar todo o mundo ocidental, reduzindo o uso das especiarias a um patamar secundário e privilegiando as ervas aromáticas locais.

Em pratos salgados, pode-se utilizar o cravo para dar um toque em molhos e caldos, principalmente em preparos que misturam ingredientes salgados e molhos doces. No Brasil, costuma-se empregá-lo em receitas nas festas de fim de ano, em geral espetados em carnes de sabor intenso e gordurosas, como o lombo de porco. No caso da utilização dos botões secos inteiros, deve-se tomar cuidado para não os morder diretamente, pois isso não é agradável para a maioria das pessoas.

Nos doces, o uso do cravo é amplo, como comentei anteriormente. Vai bem no preparo de doces de frutas diversas, como doce de banana, maçã, figo e outras. Quem nunca comeu um doce chamado beijinho no Brasil? É uma massinha feita de coco ralado e leite condensado, enrolado em pequenas bolinhas e decorado com um cravo espetado.[10] Fica ótimo, ainda, no preparo do arroz-doce, no doce de leite, no pão de mel e em biscoitos. É comum também a utilização no chai indiano, mas não agrada a todos.

GENGIBRE

Espanhol: *jengibre*; francês: *gingembre*; inglês: *ginger*; hindi: *adrakh*

Originário do sudoeste da Ásia, Marco Polo encontrou *ginger* na China. É a primeira das especiarias da Ásia mais conhecidas na Europa. O gengibre (*Zingiber officinale*) é uma planta herbácea, da família *zingiberaceae*, originária da ilha de Java, da Índia e da China, de onde se difundiu pelas regiões tropicais do mundo. É conhecido na Europa desde tempos muito remotos, para onde foi levado pelo movimento das Cruzadas, que tanta interação proporcionou em termos de alimentação.

O gengibre foi uma das especiarias mais importantes do século XV e um dos objetos de desejo dos navegantes europeus. Já no século XVI, ele se tornou uma especiaria barata, pois já tinha sido plantado com sucesso no Caribe, por exemplo pelos espanhóis.

Na gastronomia, o gengibre é aplicado tanto em pratos salgados quanto doces, nos quais o efeito da especiaria é facilmente notado por ser forte e marcante. Quando ingerido em maior quantidade, percebe-se a atuação do gengibre na garganta por meio de uma forte sensação de calor. Não à toa, ele é utilizado para

---

[10] Ainda não encontrei uma criança que gostasse desse cravo espetado no delicioso docinho! Será meu trauma infantil?

fins terapêuticos, como em infusões ou extratos concentrados, levando a fama de favorecer o tratamento de gripes e resfriados, além de aumentar a imunidade.

No Brasil, foi plantado pelos portugueses. A adaptação desse rizoma ao solo brasileiro ocorreu com muito sucesso. Um dos primeiros estados a cultivar o gengibre foi a Bahia. Nos primeiros anos da fase colonial, o cultivo deu tão certo que um decreto português chegou a proibir a exportação do gengibre brasileiro, para não prejudicar o comércio da variedade proveniente do Oriente. O ato foi revogado anos depois, quando as posses lusas, pouco a pouco, foram perdidas para os concorrentes holandeses, ingleses e outros.

Dicas

Escolha os rizomas de casca firme. O bom gengibre tem pele lisa, diferentemente do gengibre quando está velho, que fica murcho e rugoso. O primeiro passo é lavá-lo com atenção. Uma boa maneira de utilizá-lo em pratos salgados é com alho. Em qualquer prato refogado com alho, você pode adicionar o gengibre para dar um tempero especial. Ao cortar o gengibre, deve-se ter cuidado e sempre respeitar o sentido das fibras. No caso das sobremesas, a raiz combina muito bem com açúcar;[11] no chai – o chá indiano com especiarias –, por exemplo, ambos compõem uma excelente dupla. Nos doces de frutas, como banana, maçã e outras compotas, o gengibre contribui para atenuar a percepção excessiva do açúcar e, ainda, dá um toque de sabor especial.

Enfatizo sempre que é melhor utilizar o tempero moído na hora, em vez de comprá-lo já em pó. No caso do gengibre, as duas opções funcionam bem. Quando seco e moído, ele não perde tanto as características.[12] Se o tempo de cozimento do prato for curto, sugiro o uso em pó. É uma boa alternativa quando se quer o sabor, sem a inconveniência dos pequenos fiapos que a raiz pode deixar. É a especiaria certa para ser usada na gastronomia japonesa, prova disso é o gari: conserva da raiz feita com vinagre de arroz, sal e açúcar. E que tal inovar e colocar um pouco de gengibre no preparo do purê de batatas?[13]

---

11 Já há no mercado misturas prontas de açúcar com gengibre.

12 Agradeço ao chef Ahmid Rejdali, do Hotel Auberge du Sud, localizado nas dunas de Erg Chebbi no Marrocos, pelas dicas que me passou durante minha estadia.

13 Dica de minha colega Carolina Molena.

Cardamomo verde – Foto: Karina Cordeiro

Cardamomo verde

Espanhol: *cardamomo*; francês: *cardamome*; inglês: *cardamom*; hindi: *iláychi, ela-ichi, elaichi*

O cardamomo verde (*Elettaria cardamomum, Aframomum cardamomum*) é uma especiaria originária do Oriente, bastante encontrada nas florestas do sul da Índia. O cardamomo é caro, pois ainda hoje a colheita é manual. O maior produtor atualmente é a Guatemala.

A planta é da mesma família do gengibre e os frutos são pequenas e simpáticas cápsulas, com perfumadas sementes no interior. Ao abrir uma dessas pequenas bagas e pilar as sementes, descobre-se um aroma extremamente agradável e marcante. O sabor é aveludado e transmite uma suave impressão adocicada.

O cardamomo é uma especiaria que, pouco a pouco, vem ganhando espaço. Muitas vezes, quando um aluno me pergunta sobre os ingredientes do chai, o chá indiano com especiarias, sei que, certamente, ao falar o nome "cardamomo", vou ter de volta a pergunta: "carda quem?"

Para extrair o perfume dessa especiaria, o melhor é abrir os invólucros das sementes e, com um pilão, socar as sementinhas para liberar o aroma. Nem pense em comprar a versão em pó, pois esta não tem perfume algum comparada com a variação seca de boa qualidade. Para preservar o aroma incomum, ao cozinhar com o cardamomo verde, adicione-o ao finalizar o preparo, evitando, assim, que seja eclipsado por outras especiarias.

O café acrescido de cardamomo, em muitos lugares denominado café turco, é destaque em vários países do Oriente Médio; trata-se de uma utilização bem interessante e pouco conhecida no Ocidente.

A especiaria pode, ainda, ser aproveitada para dar um suave perfume ao arroz ou ser utilizada na preparação do biryani,[14] com várias outras

Cardamomo verde fresco na fazenda de especiarias, em Goa – Acervo pessoal

[14] Trata-se de um típico prato da culinária indiana cuja base é o arroz basmati.

especiarias. Serve para temperar os mais diversos curries, cozidos, ensopados e também muitos doces da culinária indiana, bolos, bem como pães, pudins e até saladas de frutas. Adote o cardamomo imediatamente em sua alimentação!

Na cidade de Jaipur, na Índia, encontrei uma variação prata de cardamomo! O invólucro era todo pintado com essências específicas para confeccionar aqueles doces infantis que fascinam as crianças.[15]

Vendedor com cardamomo negro, Old Delhi – Acervo pessoal

CARDAMOMO NEGRO

Inglês: *large black cardamom*; hindi:[16] *kálí cardamom, bari cardamom, bara elaichi*

Nativo do norte da Índia, o cardamomo negro (*Amomum subulatum*) é usado somente em pratos indianos e é bem difícil de encontrá-lo fora de lá. Para conseguir comprá-lo, fui até a região de Khari Baoli Market, em Old Delhi.

Maior e de cor mais escura, o cardamomo negro é uma especiaria extremamente aromática, assim como o verde. Essa variação apresenta gosto mentolado com um curioso toque de aroma levemente defumado. De sabor marcante, é preferencialmente utilizado em poucas quantidades e, em geral, apenas com pratos salgados. Uma exceção é o chai, em que o cardamomo negro pode ser utilizado em menor proporção que a variação verde. Muitos molhos (curries) aceitam bem o cardamomo preto, que também pode fazer parte do famoso garam masálá.

---

15 Na Índia, visite a famosa rede de lojas de doces Haldiram's e prove os doces tingidos de prata.

16 Em hindi, *kálí* (fem.) significa "preta" e *bari* (fem.) é o adjetivo "grande". *Bara* pode ser escrito com a letra "d", *bada*.

Canela-de-ceilão

Espanhol: *canela*; francês: *cannelle*; inglês: *cinnamon*; hindi: *dalchiní*

A canela-de-ceilão (*Cinnamomum zeylanicum*) também é denominada canela-verdadeira, o que nos faz concluir que qualquer outra deve ser considerada falsa, genérica. Na planta há uma pequena parcela do óleo essencial chamado eugenol, aquele mesmo encontrado no cravo. A canela nativa do antigo Ceilão (atual Sri Lanka) tinha produção limitada até o século XVI. Durante minha visita à ilha, pude confirmar que foi com a chegada dos portugueses que seu cultivo se expandiu significativamente. Essa intervenção possibilitou que a região se tornasse – e permanecesse até os dias atuais – uma das maiores produtoras mundiais da especiaria.

Canela-de-ceilão – Foto: Karina Cordeiro

É produzida por meio da retirada da casca dos galhos e tronco. Essa casca é seca e enrolada à mão, no formato de tubo, com o qual todos provavelmente já se depararam. A canela tem sabor delicado, não tão picante como as espécies comuns, e valor ainda bem alto.

O aroma dessa especiaria é fascinante e a fama de seus poderes afrodisíacos espalhou-se pelo mundo. Sivananda (pronuncie Shivánanda), conhecido mestre e médico hindu falecido em 1963, cita a canela como um dos principais afrodisíacos (kamavardhini),[17] com a noz-moscada, a assa-fétida, a semente de feno-grego, a pimenta dedo-de-moça, entre outros. É um dos importantes ingredientes de muitos curries da culinária indiana e do chai. Vai muito bem quando aplicada em pratos doces, como tortas, sobremesas com frutas, pães, pudins e outros, pois garante um toque especial. Uma curiosa aplicação que conheci foi no stick imerso em suco quente de maçã; nesse caso, pode-se utilizar também cravo ou até mesmo gengibre.

[17] Em seu livro *Bazaar drugs*, página 114. Em sânscrito, *káma* significa "desejo" e *vardha*, "conduzir".

Canela cássia – Foto: Karina Cordeiro

CANELA CÁSSIA

Espanhol: *casia*; francês: *casse*; inglês: *cassia bark*

A canela cássia (*Cinnamomum cassia*) é a prima pobre da canela-de-ceilão e também denominada canela-da-china ou canela-da-pérsia. A canela cássia tem também um sabor levemente adocicado, mas é um pouco mais picante e menos suave que a canela-verdadeira ou canela-de-ceilão. A casca da cássia (*cassia bark*) é mais escura e grossa, não tão macia e fininha quanto a da canela-de-ceilão. É bem popular na produção dos curries indianos, ou seja, nas misturas de temperos chamadas masálás. Pode ser utilizada, também, no preparo do arroz, dando um aroma especial. Por se tratar de uma especiaria forte, no entanto, use em pratos salgados com atenção, para não exagerar. Para o preparo de bolos, sugiro comprar a versão em pó, pois ninguém merece triturar aqueles duros paus de canela[18] em casa. Se quiser encarar o desafio, faça com um liquidificador potente.

Como a cássia é bastante popular, é bem provável que você encontre essa variedade ao sair para comprar canela. Por isso, os doces são feitos com ela. A popularidade dessa especiaria tem relação com seu suposto poder de baixar febres e atenuar resfriados.

---

[18] A canela-verdadeira ou canela-de-ceilão é mais fácil de ser triturada que a canela cássia.

ANIS-ESTRELADO

Espanhol: *anis estrellado*, *badiana*; francês: *anis étoilé*, *badiane*; inglês: *staranise*, *chinese anise*, *star aniseed*; hindi: *badian*

Colhido antes de amadurecer, o anis-estrelado (*Illicium verum*) é um bonito fruto com formato de estrela. É originário da China, onde é muito utilizado.

O funcho (*Foeniculum vulgare*), o anis/erva-doce (*Pimpinella anisum*) e o anis-estrelado confundem bastante a cabeça das pessoas. Eles são de famílias diferentes, mas têm sabores muito próximos, pois contêm o composto aromático anetol, óleo essencial que pode ser naturalmente extraído.

O nome botânico do anis-estrelado é *illicium*, termo proveniente do latim *illicere*, que significa "seduzir" ou "atrair"; ao que tudo indica, daí teria surgido o termo "aliciar". O forte e agradável aroma que exala teria o poder de seduzir as pessoas.

Loja em Khari Baoli, Old Delhi
Foto: Karina Cordeiro

Essa especiaria não é muito popular no Ocidente como elemento condimentar de pratos salgados, mas conseguiu espaço na alta gastronomia por ser ótimo elemento na decoração de pratos. Quando o fruto está inteiro, tem um bonito desenho semelhante ao de uma estrela; em cada ponta oca, há uma semente. Ao comprar, fique atento, pois não é incomum ele estar mal embalado e, consequentemente, quebrado em muitos pequenos fragmentos que nada se assemelham a uma estrela.

A utilização do anis-estrelado atualmente é mais popular em preparo de caldas doces, cobertura de bolos, arroz-doce, salada de frutas – aromatizando o caldo

– tortas e tudo que pedir um toque perfumado. Na culinária indiana, é um dos principais ingredientes do tradicional *bengali five spice powder*,[19] com sementes de nigela, cominho, mostarda-preta e feno-grego.

Aqui vale uma ressalva: no preparo de receitas doces, ao utilizar especiarias como cravo, canela, anis-estrelado, cardamomo e outras, sugiro aplicar a mesma técnica do bouquet garni, ou seja, fazer um pequeno sachê com todas elas, usá-lo no preparo e retirá-lo depois de pronto, afinal a textura de um anis-estrelado diretamente na boca não é agradável, mas seu aroma, sim.

FUNCHO

Espanhol: *hinojo*; inglês: *fennel*, *sweet fennel*; francês: *aneth doux*, *fenouil*; hindi: *saunf*, *sonf*

O funcho (*Foeniculum vulgare*) é nativo do sul da Europa, com significativo cultivo na Itália, França e Grécia. Atualmente, a produção de sementes é expressiva, por isso passou a ser conhecido em todo o mundo. Pode ser denominado falso-anis.

Por conter o óleo essencial anetol, tem sabor semelhante ao da erva-doce, mas menos adocicado. As sementes do funcho também são bem parecidas com as da "prima", no entanto um pouco maiores. Ambas apresentam sulcos transversais, mas os do funcho são mais acentuados e dão a elas uma tonalidade mais clara. Há também uma variação da Europa Central conhecida como funcho amargo.

É popularmente conhecido como ótimo digestivo e calmante, mas sua utilização na gastronomia ocidental é restrita. Na Índia, é destaque: de uso bastante amplo,[20] às vezes compõe diversas mesclas de especiarias, como o garam masálá. Como dito anteriormente, está sempre presente em potes nas saídas dos restaurantes, nas misturas *mouth refreshers*, para combater o mau hálito e facilitar a digestão dos mais glutões. Também é utilizado como base de algumas bebidas alcoólicas.

---

19 Mistura de especiarias, o *panch phoron* é típico do nordeste da Índia, nome local do *bengali five spice*. Outra variação dessa mistura, entre muitas, é feita com funcho ou erva-doce, em substituição ao anis-estrelado.

20 Muitos confundem funcho com erva-doce. O funcho é bastante usado na culinária indiana, a erva-doce, não; esclarece Camellia Panjabi em *50 great curries of India*, página 37.

ERVA-DOCE

Espanhol: *anis matalahúga*; francês: *anis*; inglês: *anise, aniseed*

A erva-doce (*Pimpinella anisum*) também é conhecida como anis ou anis verdadeiro. Nativa do Oriente, durante a Idade Média espalhou-se pelo Ocidente. É considerada uma das ervas mais antigas da humanidade; reza a lenda que estava plantada nos jardins do imperador francês Carlos Magno (Roberta Saldanha, 2011, pág. 163) e em uma das Sete Maravilhas do Mundo Antigo, os jardins suspensos da Babilônia!

Em grãos, tem gosto levemente adocicado e discretamente apimentado. A semente é bem pequena, com ranhuras transversais que lhe dão uma tonalidade mais escura. A erva-doce é conhecida pelo agradável perfume e, quando coberta com açúcar, como uma pequenina drágea, transforma-se em ótimo antídoto para o mau hálito, além de ser um excelente digestivo.[21] A erva-doce também contém anetol,[22] óleo essencial que faz o sabor e o perfume dessa especiaria se assemelharem ao do funcho.

Fica bem agradável quando utilizada no preparo de pães, cremes e tortas. Na cultura popular brasileira, o bolo de fubá é quase sempre preparado com sementes de erva-doce, mas a principal aplicação desse ingrediente é no preparo de infusões. Assim como o funcho, é um ótimo calmante e facilita os processos digestivos.

Além da erva-doce em grãos, é possível utilizar os talos ou, até mesmo, as folhas para dar um agradável sabor refrescante e diferente às saladas. Os talos combinam muito bem com rabanete, pepino, cebola, tomate, cenoura e outros vegetais. Outra famosa utilização é em bebidas, sempre de alto teor alcoólico, como o pastis, na Europa Ocidental; o arak, no Líbano; e o raki, na Turquia.

COMINHO

Espanhol: *comino*; francês: *cumin*; inglês: *cumin*; hindi: *jira* (*jeera*); turco: *kimyon*

Originário do Oriente, o cominho (*Cuminum cyminum*) passou a ser cultivado no Egito e em países mediterrâneos. A utilização dessa especiaria remonta ao

21 Galeno, aquele mesmo da teoria humoral, recomendava o anis como antiflatulento (Moreira Yarza Acharam, em *As plantas que curam*, página 45).

22 Segundo Jean-Marie Pelt, em *Especiarias e ervas aromáticas*, página 146, se ingerido em grande quantidade, o anetol provoca riscos à saúde; seu efeito torna-se tóxico, causando anestesia. Já a ingestão moderada agiria como sedativo dos distúrbios estomacais e intestinais.

tempo dos faraós, época em que o condimento era utilizado para ajudar a mumificar os corpos.

Descrever o sabor das especiarias pelos meios limitados da escrita não é um trabalho fácil; até porque a percepção de cada um é muito diferente. Minha dica é que você mesmo experimente e manipule os condimentos, mas vamos lá! O cominho é uma especiaria de gosto forte, com aroma um pouco doce e sabor levemente picante. Combina bem com pimenta-preta, ambos moídos; não é difícil encontrar essa combinação nos mercados brasileiros.

Fica excelente quando utilizado para temperar grãos como feijões, lentilhas, grão-de-bico e outros. Pode ser usado ainda no preparo de pães e queijos, e serve para aromatizar bebidas como o lassi indiano salgado e o *jeera paani*[23] (*jíra páni*), deliciosa bebida refrescante feita com água, gelo, limão, hortelã, gengibre, açúcar, sal, cominho, coentro e assa-fétida. Parece ruim, mas é excelente; recomendo!

O cominho é considerado uma especiaria extremamente aromática e está presente na maioria dos curries indianos e mix de especiarias, como o clássico garam masálá. A melhor maneira de utilizá-lo é em sementes ou em pó, mas, se puder, faça você mesmo a moagem. É fácil: basta tostar as sementes e, em seguida, com um pilão, moê-las, formando um pó aromático. Se possível, use imediatamente ou guarde em recipiente bem fechado, para não perder o perfume. Tenha atenção para não aquecer demais e, com isso, amargar o cominho. Em grãos inteiros ou em pó, recomendo fritar em óleo, com alho e cebola por exemplo, logo no início do preparo. Com isso, o perfume será liberado e o sabor estará pronto para impregnar o alimento preparado. Se colocado em excesso, o cominho deixará lembranças, pois é levemente indigesto para estômagos mais sensíveis. Use com parcimônia. A "prima" mais famosa desse condimento é a alcaravia, bastante utilizada nas cozinhas alemã e austríaca.

AJOWAN

Picância: 1
Espanhol: *ajowan*; francês: *ajovan*; inglês: *ajowan*; hindi: *ajvain*

Nativo do sul da Índia, o ajowan (*Carum ajowan*) é uma semente cuja cor varia entre castanho claro e vermelho. É típico da culinária daquele país, bastante usado no preparo de grãos, nos legumes e em pães fritos, como o poori (púri) e o

[23] *Jíra* significa "cominho" e *páni*, "água". O tradicional *jíra páni* é uma infusão de cominho servida gelada, mas há várias versões, como mencionei. Outro nome: *jaljíra*.

kachori. O ajowan também é aplicado no pakora (pakura), empanado feito com massa de farinha de grão-de-bico chamada *besni*, que envolve o legume, e frito.

O óleo de ajowan é usado como germicida, antisséptico, facilita a digestão, acalmando o estômago, e controla disfunções intestinais. É considerado também antiflatulento. Para quem não sabe usar muito bem esse condimento, deve fazê-lo sem muita avidez.

Gergelim

Espanhol: *sésamo*; português (Pt): *sésamo*; francês: *sésame*; inglês: *sesame*

As sementes de gergelim (*Sesamum indicum*) são nativas da Índia, que com a China são os dois grandes países produtores. Elas podem ser encontradas nas cores negra ou dourada, ambas bem bonitas. São sementes bem oleaginosas, isso é perceptível já ao manuseá-las. São ótima fonte para a extração de óleo para cozinhar, uso bastante estimulado pela cozinha chinesa, bem como para massagens e procedimentos estéticos.

Na gastronomia, o gergelim pode ser usado para proporcionar um discreto sabor a alimentos salgados ou incrementar a estética da apresentação do prato. Um punhado pequeno de seus grãos negros dá um charme todo especial a um "pobre" arroz branco. Pode-se também decorar pães, bolos, tortas, biscoitos, entradas e muitos doces. Um produto bem popular, fruto do gergelim, é o tahine. Trata-se de uma pasta feita com sementes de gergelim dourado. Com ela, preparam-se muitos molhos, sanduíches e pratos da culinária árabe.

Feno-grego

Espanhol: *fenogreco*; francês: *fenugrec*; inglês: *fenugreek*; hindi: *mêthí*

O feno-grego (*Trigonella foenum-graecum*) é uma especiaria muito versátil originária da Europa mediterrânea, por isso a menção à Grécia no nome. Não provém exatamente das fronteiras que hoje conhecemos, mas, sim, da Idade Antiga, na época do auge das famosas cidades-estado da região.

Hoje em dia, o feno-grego é cultivado na Índia, onde é bastante utilizado na culinária. As folhas frescas (*mêthí leaves*) podem ser usadas em saladas e as folhas secas, para temperar vegetais e verduras. Já as sementes, vendidas regularmente em bons mercados de muitas cidades, são tostadas e têm extensa aplicação gastronômica. Elas são também bastante duras, similares a pequenas pedrinhas de delicado e interessante sabor amargo, que contribuem para equilibrar as especiarias das receitas indianas. Dificilmente são usadas como elemento único, até porque isso seria impossível na tradição indiana, mas pode ser uma alternativa se você tiver interesse em conhecer tal sabor separadamente. Podem ser usadas no início do preparo de pratos, fritas em óleo – como se faz com sementes de mostarda ou de cominho –, no preparo de molhos ou nos ensopados conhecidos como *curries*. Observe que o feno-grego, além do curioso e delicado amargor, provoca o engrossamento do caldo, formando uma suave textura de caramelo sem o sabor doce, é claro. Já em pó, obtido da moagem das sementes tostadas, compõe o mais conhecido mix de temperos indianos do mundo: o curry em pó.

Outra aplicação das sementes é no preparo de infusões de aroma e sabor suave, com ou sem o acompanhamento de outras ervas; servem como ótimo digestivo.

Nigela

Espanhol: *nigella*; francês: *grains de nigelle*; inglês: *nigella*; hindi: *kalonjí*

A nigela (*Nigella sativa*) é uma especiaria bastante usada na culinária indiana, nativa do sul e do sudeste do país. Vai bem no preparo de pães, como o naan, em grãos, vegetais, bem como nos saborosos e condimentados chutneys e picles. Faz parte do *bengali five spices*.

Nas *herboristeries* marroquinas, a nigela foi-me apresentada como um tipo de anis preto, excelente para desobstrução nasal e até mesmo para tratar a sinusite. A semente é colocada dentro de uma pequena gaze e friccionada para liberar o forte perfume mentolado. Nesse momento, você é intimado a aproximar do nariz a gaze cheia de grãos de nigela e respirar bem fundo. Gostei do resultado, desobstruiu mesmo minhas narinas, mas o nome estava errado, não era anis preto. Esse erro de nomenclatura é comum, já que a nigela é denominada incorretamente cominho-preto (*black cumin*), gergelim preto (*black sesame*), semente de cebola preta (*black seed onion*), entre outros nomes de alguma semente de cor preta...

Assa-fétida

Espanhol: *asafoetida*; francês: *férule persisque*; inglês: *devil's dung*; hindi: *hing*

A assa-fétida (*Ferula asafoetida, Asafoetida narthex, Ferula scorodosma*) surgiu no Oriente e era utilizada principalmente nas culinárias indiana, afegã, paquistanesa e iraniana. No Ocidente, a época de maior utilização dessa especiaria foi durante o império ro-

Assa-fétida – Foto: Karina Cordeiro

mano, que tanto se banhou nas especiarias do Oriente. Muitos livros de receitas do período identificam-na com o nome *silphium*. Nos dias atuais, a utilização no Ocidente é bem restrita.

A característica mais marcante da assa-fétida é o forte cheiro tanto da planta original quanto do pó. Ela é extraída do líquido do caule e dos rizomas da planta; desse leite extraído, faz-se uma goma. É considerada um preventivo de problemas de flatulência e, aproveitando esse assunto, acho que não é necessário dizer a que se assemelha o odor da assa-fétida...

Admiro realmente quem não reclama do odor de nossa amiga quando a provam. É um cheiro bastante marcante, diria nauseabundo, e, talvez por ter olfato bastante sensível, confesso que o perfume dela ainda não me convenceu. Um dos professores[24] que tive o prazer de conhecer em Jaipur, em um workshop, citou que o cheiro da assa-fétida faz abrir o apetite! Tentei, mas para mim não funcionou... Não quero aqui passar a minha verdade à frente, portanto incentivo você a experimentar essa curiosa especiaria.

Pelas características citadas, deve-se usá-la com parcimônia, sempre em quantidades reduzidas. Ao ingeri-la pura, percebe-se o sabor acre e levemente amargo. Acrescente a assa-fétida ao óleo quente para o preparo de refogados ou dê leves pitadas em molhos e picles.

Essa especiaria pode ser encontrada em mercados especializados em culinária indiana, na versão em pó. Nessa cultura, ela é bastante usada como substituto do alho e da cebola.

Vários masálás contêm a assa-fétida como um dos muitos ingredientes. O *sabzí masálá*,[25] mescla de condimentos para temperar legumes, por exemplo, contém ainda coentro, cominho, pimenta-preta, cardamomo-preto, pimenta cubeba, noz-moscada, entre outros. Mas adivinha o perfume da especiaria que se destaca ao abrir o pacote? Sim, o da assa-fétida...

---

[24] Ami Kr. Dean, do Hotel Oberoi, em Jaipur.

[25] Da marca Patanjali, produzido na Índia.

Noz-moscada e macis – Foto: Karina Cordeiro

NOZ-MOSCADA

Espanhol: *nuez moscada*; francês: *noix de muscade*; inglês: *nutmeg*; hindi: *jáyphal*

A noz-moscada (*Myristica fragans*) é uma semente lenhosa e rígida do fruto de uma grande árvore chamada moscadeira. Em torno dela, há outra especiaria chamada macis, que abordaremos a seguir. A noz-moscada é colhida quando esse fruto, normalmente de cor amarela ou avermelhada, cai da árvore; quando seca, a noz desprende-se do interior. Apenas em 2023 pude conhecer a árvore da noz-moscada e seu fruto fresco, quando em visita à fazenda de especiarias em Goa, na Índia.

Essa especiaria provém das ilhas da Indonésia, mais precisamente do arquipélago de Banda. Por vir de tão longe, o preço era extremamente alto, pois não havia onde se encontrasse a danada. Os indianos eram grandes importadores de noz-moscada, a qual em suas mãos se espalhou pelas rotas comerciais. Com a chegada dos portugueses no século XVI e, sobretudo, com a chegada dos holandeses sem atravessadores, a noz-moscada ficou mais popular e invadiu a Europa em maiores quantidades. Em poucos anos, o plantio saiu da Indonésia para se espalhar pelas colônias europeias. Lástima foi a história dessas pequenas ilhas, cuja população ainda sofre os efeitos devastadores de séculos de ocupação e exploração, durante a luta entre as potências pela hegemonia das próprias especiarias.

O maior produtor de noz-moscada atualmente é a ilha caribenha de Granada, em razão de os britânicos terem programado a produção da especiaria no país. Para você ter uma ideia da importância da iguaria para a ilha, na bandeira nacional há uma noz-moscada estilizada. Hoje outros países, como o Brasil, também a produzem.

A maior utilização desse ingrediente é no preparo do molho bechamel,[26] que recebe também os seguintes temperos: alho, cebola, louro, sal e pimenta. Na cozinha indiana, tem lugar no preparo do biryani, delicioso prato bastante condimentado cuja base é o aromático arroz basmati. Também é utilizado em fondues, bebidas que usam leite, além de sopas, cozidos e no preparo de pudins, bolos, biscoitos, waffles e outros doces.

Uma semente de noz-moscada rende bastante. Por ser bem dura, extrair o pó não é tarefa fácil, portanto dê preferência a um ralador para facilitar o trabalho.

---

[26] Provável homenagem ao aristocrata francês Louis Béchameil, assessor de Luís XIV na corte francesa.

Usa-se a noz-moscada ralada diretamente sobre o prato no fim do preparo para não perder o sabor e o aroma. Os mais animadinhos a utilizam em bebidas alcoólicas para potencializar o efeito embriagante, pois se ingerida em excesso ela pode provocar de um simples estado de sedação a alucinações.[27] Vexame passar mal porque "encheu a cara" de noz-moscada, não é mesmo? Apenas para se precaver: há relatos de dores de cabeça, vertigens, vômitos, entre outros graves efeitos colaterais, resultado de uso excessivo.

Macis

Espanhol: *macis*; francês: *fleur de muscade*; inglês: *mace*; hindi: *javitra*

Como por muito tempo o macis (*Myristica fragans*) e a noz-moscada vieram de ilhas tão distantes, muitos ainda pensam que o macis é a flor da noz-moscada. Erro que se nota também no idioma francês; acredita-se que o culpado tenha sido o pobre Marco Polo. Por muitos anos, o preço dessa especiaria chegou a ser mais alto, inclusive, que o da popular pimenta-preta indiana.

O macis nada mais é que o invólucro[28] da noz-moscada. Tem aroma obviamente semelhante ao da noz-moscada, mas é considerado mais delicado, refinado e, portanto, mais caro. Pode-se encontrá-lo em pedaços, lâminas ou em pó. Sua utilização culinária é bem semelhante ao da noz-moscada.

Em busca dos *chillis* indianos

Os frutos da pimenta do gênero *Capsicum*, independentemente da variedade, são em geral denominados *chilli* em todo o mundo, com algumas variações, e sua popularidade se deu pelo intenso uso na culinária mexicana. Levada no início do século XVI para a Índia pelos lusitanos após o contato com as Américas, aquele país acabou por tomar gosto pelos frutos ardidos e tornou-se seu maior produtor mundial, chegando a incríveis oitenta mil toneladas ao ano, produção suficiente para apimentar todas as refeições do planeta; desse total, exportam apenas 25

---

[27] O responsável por esse efeito é um composto químico chamado miristicina, segundo Michael Krondl em *O sabor da conquista*, página 231.

[28] O nome mais correto dessa membrana é arilo.

mil.[29] É evidente que não podemos deixar de notar que o restante, 55 mil toneladas, é destinado ao mercado interno. É de se admirar. Cabia a mim desequilibrar essa balança e trazer uns gramas de pimenta para o meu país.

Saindo da capital Nova Delhi, fui para Rishikesh, pacata cidade no norte da Índia, aos pés das imponentes montanhas do Himalaia. Para chegar lá, peguei um voo[30] de uma companhia chamada SpiceJet; não poderia haver nome mais apropriado, não é mesmo? Chegando lá, tive de sair do roteiro turístico programado para resolver assuntos burocráticos de nosso grupo e, em busca de um cartório notarial, tive o prazer de passear por áreas não turísticas. Assim, pude me embrenhar na Rishikesh "de verdade" e demos[31] de encontro com uma feira livre. Lá, encontrei duas das formas mais populares de *chilli* do país: o verde e o vermelho.

Há muitas variações de tamanho e tipos, e as nomenclaturas podem ser bem confusas.[32] O vermelho é sempre seco e seu poder já é sentido quando o aproximamos do nariz. A melhor maneira de prepará-lo é colocá-lo em molhos e deixá-lo hidratar na própria receita. O resultado é uma explosão de cor e sabor, um espetáculo. Já o verde é usado sempre fresco; tem sabor bem agradável e pungência leve. E o cartório? Não deu certo; não consegui fazer o que precisava, mas estava feliz, pois carregava os *chillis* que tanto queria!

A PIMENTA MAIS ARDIDA DO MUNDO

Um belo dia, estava lendo o jornal quando me deparei com uma reportagem sobre uma fazenda produtora da pimenta mais ardida do mundo: a bhut jolokia. De origem indiana, essa especiaria conquistou o topo do ranking mundial das pimentas. Resolvi marcar uma visita à fazenda Ituaú, no interior de São Paulo, próximo às cidades de Itu e Salto. Para a minha surpresa, ali também são produzidos outros tipos de pimenta, fato que me ajudou muito nas pesquisas. Fui bastante bem recebido pelo simpático proprietário, Marcelo Abumussi, que educadamente teve de aturar um visitante chegando no fim do expediente de uma sexta-feira.

---

29 Dados de 2009, de Camellia Panjabi em *50 great curries of India*, página 46.

30 Na época, não havia voo direto; era necessário fazer escala em Dehradun e, de lá, seguir por via terrestre.

31 Estava na companhia de mais um colega de profissão, William Câmara, e de um ajudante de nosso guia, que amavelmente procurou conosco um notário.

32 Comprei duas variedades de *chilli* vermelho: o *kashmiri* (em princípio, é uma pimenta que cresce na região de Caxemira, mas o nome tornou-se genérico para os *chillis*) e o *single reshampatti* (variedade de pimenta-de-caiena).

Cebola-roxa, limão, coentro, gengibre e *chilli* verde em feira livre, em Rishikesh – Acervo pessoal

Com andar tranquilo, Marcelo me contou as dificuldades que os produtores rurais passam no Brasil e os problemas de trabalhar com um produto com data de validade, fato que o revendedor sabe bem e se aproveita disso para negociar. Fui convidado a conhecer as quatro grandes estufas, nas quais muitos tipos de pimenta são plantados. Em uma dessas estufas, andando de um lado para o outro, sem saber direito para onde olhar, deparei-me com uma linda árvore carregada de malaguetas e rapidamente fui informado que, daquele tamanho, só mesmo sob tais condições de cultivo.

De todas elas, a jalapenho, de origem mexicana, é uma de suas principais produções, mas há muitos tipos, como a pimenta habanero, a dedo-de-moça, a malagueta etc. Com um sorriso, contou-me que o consumo e as vendas têm crescido ano após ano, além da melhoria da economia, a profusão de novos restaurantes asiáticos, mexicanos, indianos, entre outros, que vieram educar o paladar do Sudeste brasileiro quanto às pimentas. Quase sempre de sobrancelha levantada, o proprietário finalmente levou-me à meta da minha viagem: conhecer a bhut jolokia.

Pimenta bhut jolokia

Picância: 20
Inglês: *naga king chilli, ghost chilli, ghost pepper*

É o tipo de pimenta cuja ardência é tão alta que começamos a sentir os efeitos apenas ao ler as explicações sobre ela. Seu adjetivo é "nuclear". A bhut jolokia (*Capsicum chinense*) é uma pimenta muito forte, desenvolvida em Assam, região bastante agrícola do nordeste da Índia. Tem aparência bem inocente e a textura, quando a seguramos nas mãos, passa a impressão de que é feita

Bhut jolokia – Foto: Karina Cordeiro

de um plástico com suaves ranhuras, bem diferente das outras, lisas e delicadas do gênero *Capsicum*.

Na medição feita pela escala Scoville, a bhut jolokia, inacreditavelmente, atinge mais de um milhão de pontos, ganhando da savina-vermelha, tipo de pimenta habanero que atinge, no máximo, 600 mil pontos. Para se ter uma ideia, a malagueta atinge em torno de 100 mil, o que fez dela, em 2000, a pimenta mais famosa e mais forte do mundo.[33] Uma bhut jolokia passa do limite do prazer, é claro, e vai para um extremo que recomendo apenas para os mais profissionais. Há claramente um risco de mal-estar. Por sua rápida popularidade, alguns molhos de pimenta preparados com a bhut jolokia chegaram ao mercado em preparos menos "furiosos", mais leves, agradando os iniciantes em pimentas nucleares.[34]

---

33 Atualmente, ela já perdeu o posto, mas parece que tal fama faz com que não perca mais a majestade.

34 É triste, mas desconfio que alguns desses molhos não contenham a pimenta bhut jolokia, usufruem apenas o nome e o marketing.

A bhut jolokia ganhou fãs por todo o mundo; os mais famosos são os sádicos jolokianos, que formam quase que uma seita pimenteira, espalhando pela internet dezenas de vídeos com verdadeiras batalhas travadas entre seres humanos e a matadora pimenta.

Além de ser usada na gastronomia por poucos corajosos, a pimenta nuclear é utilizada na produção de bombas de fumaça para dispersão de manifestações e, curiosamente, também para afastar elefantes selvagens,[35] que assolam as populações locais ainda hoje na Índia. A bhut jolokia pode ser encontrada com os seguintes nomes: naga jolokia, raja mirchi, dorset naga, saga jolokia, nagahari, bih jolokia ou borbih jolokia.

Para minha surpresa, encontrei-a em um hortifrúti em São Paulo, identificada inocentemente apenas como pimenta indiana; valia um aviso de sua potência... Como amante de pimentas e especiarias, fiquei feliz, mas creio ser difícil a assimilação da bhut jolokia pelo mercado brasileiro e a manutenção pelo mercado varejista.

MASÁLÁS

Fernanda Camargo-Moro define masálá de maneira bem direta; para ela, é "a designação genérica para a mistura de especiarias, que pode ser composta de duas, três, uma dúzia ou mais especiarias" (2000, pág. 50). Os masálás podem ser divididos em secos e úmidos. O curry masálá e o garam masálá, entre outros, são exemplos de masálás secos.

Segundo Rupert Snell, em *Essential hindi dictionary*, página 60, o gênero da palavra é masculino, portanto se diz "os masálás". Optei também por manter as letras longas dos últimos dois fonemas (*sá* e *lá*), como no original em dêvanágarí (मसाला).

O masálá úmido (em hindi, *dág* ou *daag*) é uma mistura de especiarias e tomate,[36] que serve de base para muitas comidas indianas. Trata-se de um refogado de alho, cebola, gengibre, cardamomo, louro, cominho, tomate, pimenta em pó, cúrcuma, coentro, garam masálá, entre outros. Na verdade, as versões são infinitas!

---

35 Da fúria dos elefantes selvagens talvez tenha vindo a lenda, na tradição hindu, da figura mitológica Ganesha, meio homem e meio elefante. Divindade popularmente conhecida por incentivar o fiel a remover todos os obstáculos.

36 Não indico o tomate italiano porque é muito doce; prefiro os tipos débora ou carmem, bem maduros.

O efeito potente das especiarias e a consequente explosão de sabor é resultado dessa maneira de se preparar, em que o óleo quente desprende os elementos e potencializa sabor e aroma. Ao preparar uma sopa, por exemplo, experimente refogar uma boa pimenta dedo-de-moça em óleo quente no início e verifique como o resultado será um prato mais picante.

Com a dificuldade atual de encontrar tempo para preparar a elaborada culinária indiana, quase sempre demorada, as *indian working women*[37] do mundo moderno encontraram uma curiosa solução: congelar o masálá úmido. Basta preparar a mistura e deixá-la no freezer em pequenas porções e, quando for cozinhar, basta agregar o *dág* ao prato. Com esse masálá úmido, por exemplo, você pode preparar as mais variadas leguminosas, diversos grãos, como lentilha ou grão-de-bico, e muitos outros que a imaginação permitir e você julgar que ficarão bons com um "toque indiano"!

No Ocidente, também temos exemplos de molhos usados para cozinhar; o ragu, por exemplo, trata-se de um molho feito à base do suco extraído da carne cozida, engrossado com farinha e temperado com especiarias.

CURRY MASÁLÁ

Curry é, com certeza, a palavra que mais representa a Índia e sua gastronomia. Trata-se simplesmente de um preparado, um prato à base de um encorpado molho condimentado com muitas especiarias e acompanhado muitas vezes, mas não obrigatoriamente, de arroz. Aventurar-se na gastronomia indiana é inevitavelmente mergulhar no universo dos curries característicos do país; impossível dissociar uma ação da outra.

Um exemplo de curry tradicional é o da casta brâmanes do estado de Tamil Nadu (Panjabi, 2009, pág. 21), em que o prato de vegetais é cozido com especiarias e coco, elemento típico da culinária do sul da Índia.[38] Assim como vegetais, muitos outros ingredientes podem compor os curries, como berinjela, batata, lentilha, grão-de-bico, ovo e até frutas (manga, abacaxi, frutas secas etc.). Além de muitas opções vegetarianas, a culinária indiana tem uma grande variedade não vegetariana, com carne de carneiro, cordeiro, frango, camarão e peixe.

---

37 Claro que não só as mulheres cozinham; eu mesmo aprendi com um homem indiano, que cozinhava muito bem, mas também não tinha a tarde toda para preparar o jantar.

38 As culinárias da Tailândia e Indonésia também abusam do uso do coco, produzindo pratos incríveis. O Nordeste do Brasil não fica para trás.

Folhas de curry e curry em pó – Foto: Karina Cordeiro

CURRY POWDER

Picância: 4

Como mencionei, masálá nada mais é que um mix de temperos. As melhores misturas ganharam identidade própria e, no caso das que são em pó, a mais famosa é o curry masálá ou curry powder. Essa mistura foi inventada durante o período de colonização britânica, na região de Madras, atual Chennai, na Índia, e foi exportada para a Europa para satisfazer o paladar dos fãs de molhos indianos. Ainda hoje, o curry madras é referência de um masálá apimentado, que conquistou o paladar do mundo.

Em pó, tem sabor picante e adocicado e é, na verdade, uma alquimia de mais de vinte tipos de especiarias, ervas e sementes. Os ingredientes variam conforme o fabricante, mas em geral são: cardamomo, cravo, canela em pó, cominho, semente de erva-doce, feno-grego, noz-moscada, pimentas preta, vermelha e dedo-de-moça, sementes de papoula,[39] gergelim, tamarindo, coentro em grãos e cúrcuma. Esta última é a responsável pelo amarelo característico. Quando se quer dar uma pitada de paladar indiano a qualquer prato, usa-se o curry masálá em pó.

Como já mencionei em outro momento, recomendo empregar a mistura como na cultura onde ela surgiu: logo no início do preparo para potencializar o sabor, o que é bem diferente do modo usual, em que as especiarias são acrescentadas no fim, salpicadas como se fossem sal. Legumes, refogados, arroz, grão-de-bico, lentilha, bem como molhos de tomate, sopas, pães: são muitas opções de utilização do curry, que prontamente tingirá o alimento com seu amarelo inconfundível e aroma característico.

Não sou adepto nem recomendo misturar desenfreadamente temperos de tradições diferentes. Mas há um modo não tão comum de se utilizar o curry e bastante interessante: basta colocá-lo moderadamente no molho branco de uma massa italiana e o resultado é excelente; recomendo.

Em visita a Berlim, na Alemanha, fiz uma busca por opções do famoso currywurst. Segundo a lenda, o tradicional prato de rua alemão foi criado em 1949 por Herta Heuwer, que preparou um molho de tomate com curry para acompanhar salsichas. O curry de origem indiana foi obtido por meio de soldados

---

39 O consumo da semente de papoula é totalmente inofensivo para a saúde. Ela é usada em decoração de bolos, muffins e curries indianos, aos quais confere um delicado sabor de noz.

britânicos ocupantes do país no pós-guerra. Em minha busca, procurei alternativas, pois não gosto de salsicha; para minha surpresa, havia muitas opções de salsichas vegetarianas. Recomendo!

Ao cozinhar, evite colocar o curry masálá em mais de uma receita ou prato, para não correr o risco de deixar tudo com a mesma cor e o mesmo sabor. Use bem, mas com parcimônia.

FOLHAS DE CURRY

Espanhol: *hojas de curry*; francês: *feuilles de curry*; inglês: *curry leaves*; hindi: *karí patta*

As folhas de curry (*Murraya koenigii*), o mais famoso tempero indiano, são raramente encontradas no Brasil. Têm aparência e gosto forte semelhantes aos da folha de louro e a principal função de incrementar os pratos por onde passam. Vão muito bem em cozidos e sopas, em especial no sambar, tradicional sopa do sul da Índia, feita com lentilhas e legumes temperados com folhas de curry e especiarias. Outro divino prato da mesma linha gastronômica é o malai kofta, típico do norte do país: trata-se de deliciosas almôndegas de legumes (kofta), preparadas em uma base de molho cremoso (malai) com especiarias, das quais uma delas é a curry leaf.

Quando cozinhar com as folhas de curry, sugiro não se esquecer de amassá-las cuidadosamente para, em seguida, inseri-las no preparo; assim elas liberam o sabor e o aroma suaves e inigualáveis. Deve-se deixar as folhas cozinharem por, pelo menos, cinco minutos. Curiosamente, elas podem ou não fazer parte do curry em pó encontrado nos mercados.

GARAM MASÁLÁ

Picância: 6

O garam masálá é uma das combinações de especiarias em pó mais utilizadas e conhecidas na culinária indiana, notadamente no norte desse país. Garam é um adjetivo que, em hindi, significa "quente" e masálá, como já vimos, refere-se a "condimento" ou "especiaria". Portanto, garam masálá é um conjunto de especiarias forte, quente, bem condimentado e que confere a sensação de aquecimento a quem o ingere.

Para preparar os masálás em pó, torram-se as especiarias que os compõem e, depois, coloca-se a mistura em um pilão para triturar. Outra maneira mais profissional é utilizar um moedor de café exclusivo e dedicá-lo apenas a essa finalidade. Ou, então, comprar as especiarias já em pó e misturá-las. Normalmente, as especiarias do garam masálá powder são: pimenta-preta, canela, cravo, cardamomo preto, sementes de coentro e cominho. Já outras versões aceitam cardamomo verde, folha de louro,[40] funcho, macis, pimenta-da-jamaica e até pétalas de rosa! Para não fugir à regra e já parafraseando Shiva,[41] disparo: "há tantas versões de garam masálá quanto indianos sobre a Terra!"

Não há segredos ou restrições quanto ao uso dessa mistura; em geral, esse tipo de mix de temperos é adicionado aos pratos ou ao preparo no fim do cozimento. Mas, claro, quando aplicado durante o processo, os sabores são intensificados. Particularmente, gosto de leguminosas temperadas com garam masálá, em especial as lentilhas. Como tantas possibilidades de misturas em pó, sugiro que você faça a sua, garantindo, assim, ingredientes de melhor qualidade. Nada mais aromático que um *homemade garam masálá*.[42]

---

40 O tej patta é a folha de louro indiana.

41 Segundo a tradição indiana, uma das frases atribuídas a Shiva seria: "Há tantos ásanas (posições) quantos seres vivos sobre a Terra."

42 Camellia Panjabi, em *50 great curries of India*, página 34, cita que as donas de casa indianas preferem os masálás feitos em casa. Creio que os maridos também...

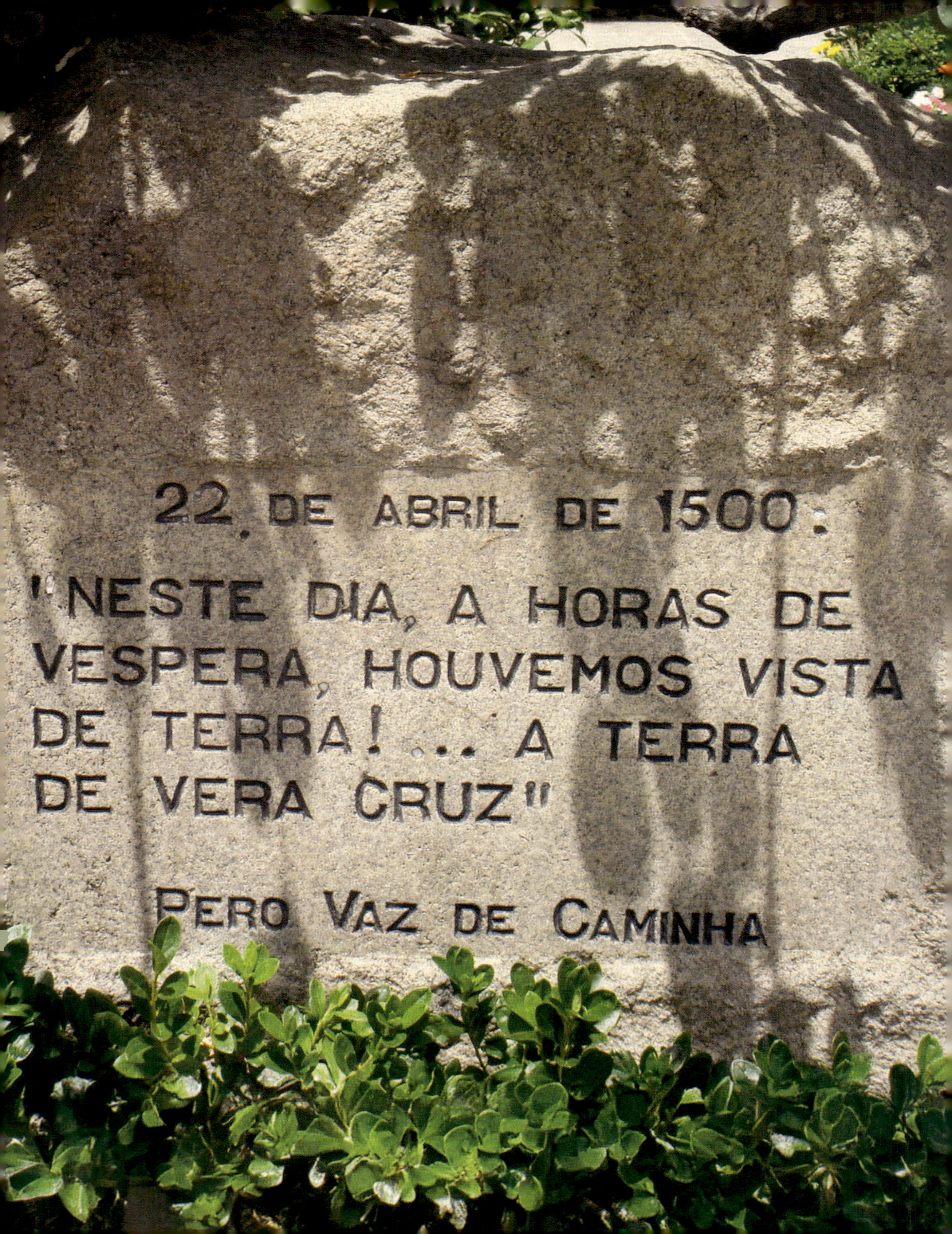
22 DE ABRIL DE 1500.
"NESTE DIA, A HORAS DE
VESPERA, HOUVEMOS VISTA
DE TERRA! ... A TERRA
DE VERA CRUZ"
PERO VAZ DE CAMINHA

O "DESCOBRIMENTO" DO BRASIL

[...] acharam grandes cidades, e de grandes edifícios, e ricos, e de grande povoação; nas quais se faz todo o trato de especiarias, e de pedraria que passa em naus, que os mesmos descobridores viram e acharam em grande quantidade, e de grande grandeza, a Meca; e daí ao Cairo, donde se espalha pelo mundo, do qual trouxeram logo agora estes, quantidades, a saber: de canela, cravo, gengibre, noz-moscada, pimenta, e outros modos de especiarias...

Carta de Dom Manuel I, quando do retorno de Gama, aos reis católicos,[1] com a clara proposta de alardear as boas novas. Nela, o rei português descreve as riquezas e as especiarias que encontrou.

O MONARCA QUE EXALAVA PIMENTA

Dom Manuel I reinou de 1495 a 1521, ou seja, por 26 anos. Com um governo muito fértil, ele ficou conhecido como o Afortunado e o Venturoso. Seu reinado dominava uma grande costa que se estendia da Europa até a China, com diversos pontos comerciais estratégicos sob seu controle, como Ormuz, no Golfo Pérsico;

---

1 Luís Adão da Fonseca sempre grafa *reis católicos* em itálico, afinal eles não eram os únicos governantes da Europa que seguiam a igreja de Roma, mas adquiriram o título. A carta de Dom Manuel I está descrita no livro *De Vasco a Cabral*, página 25.

Estátua de Dom Manuel I, Castelo de São Jorge, em Lisboa – Acervo pessoal

Cochin, na Índia; e Malaca, na Malásia. Foi durante esse período que Vasco da Gama chegou às Índias pela rota marítima via África e o Brasil foi descoberto.

Dom Manuel I assumiu a ampliação dos domínios como instrumento de expansão cristã, segundo ele, "no mundo infiel, no outro mundo ou no mundo oriental". De tantas especiarias que levou para a Europa, ele ficou conhecido pelos cronistas como o "rei que cheirava à pimenta". O rei da França, François I, aquele mesmo que havia questionado o Tratado de Tordesilhas, denominava o português – pejorativamente, mas no fundo com grande inveja – *le roi épicier* (Krondl, 2007, pág. 135), que pode significar "o rei, dono de armazém" ou "o vendedor de especiarias". Tenho certeza que isso não incomodava Dom Manuel I, pois este estava bem feliz com o lucro de sua "mercearia".

O reinado marcou a criação de um império português no Oriente e, também, o auge das incursões em terras marroquinas, sempre muito bem defendidas pelos mouros. Elaine Sanceau sabiamente comenta que, para a geração deles (homens de Dom Manuel I), a palavra "impossível" quase perdera o significado.

O império de Dom Manuel I tornou-se um complexo trioceânico tão forte que, durante muitos anos, mesmo após o declínio do domínio português, holandeses e ingleses viram-se obrigados a aprender o idioma de Camões, para facilitar a comunicação e o comércio na chamada Rota do Cabo. Era o idioma do comércio na África Ocidental, costa ocidental da Índia, Sri Lanka, Brasil e ilhas do Índico, trechos da China e do Japão. Ainda hoje, o idioma português tem um grande número de falantes,[2] em

2 Com uma enorme área continental e grande população de mais de 200 milhões de habitantes, o Brasil contribui bastante para elevar a posição no ranking.

razão do período das Grandes Navegações. O estilo arquitetônico da época ganhou seu nome e, em 1519, pelas mãos do mestre Francisco Arruda, um dos ícones da arquitetura manuelina foi finalizado: a Torre de Belém – responsável pela defesa da cidade e pela segurança do comércio dos produtos e especiarias vindos do Oriente, tão cobiçados por piratas e corsários.[3] Hoje, é patrimônio mundial da Unesco e motivo de orgulho nacional.

O Mosteiro dos Jerónimos, para mim o mais belo exemplo, com seu fabuloso claustro, e a Torre de Belém são registros bastante preservados do estilo manuelino.[4] A construção do mosteiro, em 1501, foi uma retribuição a Deus pelo êxito da viagem de Vasco da Gama poucos anos antes. Já a bela torre é fonte de orgulho para os habitantes de Lisboa e local obrigatório para os turistas de plantão. A decoração ostenta repetidos elementos que nos mostram o caráter militar do reinado de Dom Manuel I, com outros de características religiosas, como a cruz de Cristo, o que desvenda as intenções de o Venturoso.

No período manuelino, o comércio de especiarias e de açúcar na Índia rendia à coroa 50% das receitas na época! Afonso de Albuquerque, em uma carta de 1512, calculava que o lucro chegava a um valor em ouro que hoje seria equivalente a cerca de oitenta milhões de euros. Somando o comércio além-mar ao de metais preciosos, pau-brasil, escravizados, eles representavam 68% das entradas, ou seja, a economia portuguesa estava completamente dependente do projeto expansionista. Isso era bom por um lado, mas pode ter sido o elemento que culminou no fim. Todas essas receitas não chegavam tão facilmente ao extremo oeste europeu; esse império todo era caro de se manter e seria necessário aumentar o faturamento para cobrir as despesas das guerras, as quais eram resultado da competição feroz do Islã no comércio do Oriente.

No fim do reinado de Dom Manuel I, um importante fato sinalizava que o poder do comércio das especiarias estava agora nas mãos lusitanas: sua grande, invejada e inimiga comercial Veneza, para fugir da crise, apelava aos portos portugueses para comprar as especiarias levadas por Dom Manuel I da Índia; um vexame. A maré estava a favor dos portugueses; da África, recebiam ouro, e do Brasil, grandes quantidades do pau-de-tinta.

---

3 Corsários eram também piratas, mas tinham o apoio dos reinos inimigos

4 Representam uma forte imagem de um período de prosperidade e autoestima do povo português. Suas referências, principalmente ao estilo manuelino, são de tempos em tempos revisitadas, como ocorreu anos depois, no século XIX, com o movimento neomanuelino.

Torre de Belém; ao fundo, o rio Tejo – Acervo pessoal

De volta às Cruzadas

Os portugueses decidiram consolidar as conquistas pela África e, para tanto, resolveram enviar uma nova armada, agora para comercializar e conquistar o território recém-visitado por Vasco da Gama, em 1498. O grande responsável por essas novas empreitadas era Dom Manuel I e, sob sua condução, o território brasileiro entraria definitivamente nos mapas do mundo.

Manuel tinha de resolver uma grande questão: o conflito diplomático ocasionado pela visita de Vasco da Gama ao samorim de Calicute. O incidente fez com que o rei de Portugal decidisse acelerar o processo de retorno à Índia para mudar a primeira impressão do rajá[5] hindu. Para o monarca português, uma das principais missões de Pedro Álvares Cabral, que naquele momento era o homem escolhido para ir às Índias, era impressionar os rajás hindus com a "pujança da frota lusitana", abarrotando as naus com muitas moedas de ouro e armas.

---

[5] Rajá significa, nesse caso, "rei", mas pode ser também "real", "completo".

Em 8 de março de 1500, um domingo, o monarca e a corte lisboeta em Belém rezaram uma missa, adornada com a cruz da Ordem Militar de Cristo,[6] que foi entregue a Cabral no fim da celebração. Na missa, o bispo de Ceuta, Dom Diogo Ortiz, aludiu aos propósitos régios da expansão portuguesa na terra dos "infiéis". A questão religiosa legitimava a busca pelo monopólio do comércio das especiarias, mas não deixava de ser um componente importante para dar força àqueles homens. Definitivamente, apenas o interesse pelo enriquecimento – e quanto enriquecimento! – não era, com certeza, suficiente para promover a ida dos ibéricos ao mar Atlântico. A legitimação da atuação portuguesa e a justificação até mesmo para invasões, saques e barbáries constituem algo muito parecido com o pensamento medieval das Cruzadas.

Antigo brasão dos Cabrais, em Belmonte (Portugal) – Acervo pessoal

Em 15 de fevereiro de 1500, Pedro Álvares Cabral recebeu a nomeação régia como capitão-mor. Sua escolha marca a definição de uma viagem armamentista, fato reforçado com a posterior designação de Afonso de Albuquerque, navegador com larga experiência militar. A viagem de Cabral era um modo de criar um momento de afirmação político-militar portuguesa na Ásia. Gama voltaria à Índia outras duas vezes ainda.[7] Todos, então, dirigiram-se em procissão até a praia, em solene procissão de relíquias e cruzes,[8] onde o povo de Lisboa, em festa, despediu-se de Cabral e sua enorme armada.

---

[6] Após décadas de perseguições e torturas sofridas pelos templários em toda a Europa, encabeçadas por Felipe, o Belo, rei da França, os templários reuniram-se em pequenos grupos, espalhados por poucos países. Em Portugal, eles fundaram a Ordem de Cristo, novo nome dado à antiga Ordem dos Templários. A organização teve como um dos mestres o infante Dom Henrique, grande incentivador da expansão marítima portuguesa, e a missão de expulsar os infiéis de Portugal.

[7] Na terceira viagem, em 1524, com 54 anos, Vasco da Gama adoeceu e faleceu.

[8] Assim descreve Barros, que acrescenta: "Com as quais diferenças que a vista e ouvidos sentiam, o coração de todos estava entre prazer e lágrimas, por esta ser a mais formosa e poderosa armada que até aquele tempo pêra tam longe deste reino partira."

A ARMADA

Caminhando pelo supertecnológico Museu dos Descobrimentos em Belmonte, pequena cidade onde Cabral nasceu, encontrei os nomes dos comandantes das frotas. Essa informação está descrita em importantes livros sobre o tema, mas resolvi me basear nos nomes que lá encontrei,[9] inclusive em termos de escrita. Cheio de efeitos multimídia e montado em parceria entre os governos brasileiro e português, o museu mostra de maneira bem didática e exemplifica a descoberta do Brasil. O deslocamento até lá, porém, não foi simples; talvez essa dificuldade de locomoção explique um museu tão bem estruturado estar tão vazio. Confesso que fiquei até constrangido.

Os detalhes da armada de Cabral não são precisamente conhecidos, mas sabe-se que era constituída de, aproximadamente, treze navios, dos quais nove naus, três caravelas e uma naveta de mantimentos. Nas primeiras, tínhamos: a nau Capitânia, liderada por Pedro Álvares; a El-Rei, por Sancho Tovar, considerado o número dois da armada cabralina; e os capitães Nicolau Coelho, Simão de Miranda, Vasco de Ataíde, Aires Gomes da Silva, Luís Pires, Pêro Dias e Simão de Pina, de origem aragonesa, cada qual com sua nau.[10] Nas caravelas: Pêro de Ataíde, que naufragou antes mesmo de chegar ao Brasil, no comando da caravela São Pedro; Nuno Leitão da Cunha, na caravela Nossa Senhora Anunciada; e a terceira, a cujo nome não foram encontradas referências, estava sob a responsabilidade de Bartolomeu Dias. Na naveta de mantimentos, o comando era de Gaspar de Lemos. Como não há unanimidade, escolho a descrita no trabalho muito bem-feito de Luís Adão em *Pedro Álvares Cabral: uma viagem*, que compara as várias fontes históricas sobre o tema.

Sob a direção de Frei Henrique, futuro bispo de Ceuta em Marrocos, não poderia faltar o grupo de capelães franciscanos com vinte degradados.[11] Se havia perigo,

---

9 Os quais conferem com os nomes do quadro de João de Barros, citado pelo historiador Luís Adão da Fonseca em *Pedro Álvares Cabral: uma viagem*. Em *De Vasco a Cabral*, Luís Adão reforça: "É imperioso reconhecer que é praticamente impossível uma classificação da frota que seja aceita por todos os autores."

10 Não se sabe com exatidão os nomes dessas naus.

11 Homens condenados pela justiça com a missão de servir quase que como iscas nos lugares em que havia risco para um primeiro contato. Em troca, obtinham o perdão das penas. A ordem das punições era o esquartejamento, o açoite, a marcação com ferro quente (ferrete) e o exílio. O número de degradados é citado por Luís Adão da Fonseca em *Pedro Álvares Cabral: uma viagem*.

mandava-se um degradado para o primeiro contato. Para todas as potências europeias, as terras d'além-mar eram consideradas repositórios adequados aos indesejáveis da metrópole (Russell-Wood, 1992, pág. 161). Na frota estavam também intérpretes de línguas orientais, principalmente o árabe, além de Gaspar da Índia, um dos capturados por Vasco da Gama dois anos antes. Gaspar era um judeu convertido ao cristianismo e tinha bastante conhecimento sobre o mar Índico e o comércio com os povos do Oriente. Havia, ainda, um rapazinho de 12 anos chamado Antônio Correia, filho de Aires Correia.[12] Também levados por Gama, estavam na frota quatro pescadores hindus e um muçulmano de Calicute convertido ao cristianismo em Lisboa, como já citado.

"Partiu" Brasil

A armada cabralina saiu em 9 de março de 1500 rumo a Cabo Verde, navegando pela costa africana, e passou pelas Ilhas Canárias; treze dias depois, em 22 de março, chegou ao arquipélago de Cabo Verde para abastecimento de água. No dia 23 de março, uma das naus perdeu-se, com aproximadamente 150 tripulantes; não se sabe ao certo, mas acredita-se que tenha sido a nau de Luís Pires.[13] De lá, os demais seguiram a nova orientação de abrir uma curva para oeste, curva esta que se abriu muito, propositadamente ou não, mas que em algum momento – como diz Pero Vaz de Caminha em sua carta – fez a frota aproximar-se de uma ilha.

Depois das Canárias e do sumiço de uma das naus, a frota entrou em uma região de calmaria equatorial, bem diferente do estado emocional daqueles homens que, certamente, estavam muito "longe" de se sentirem calmos. Segue a descrição: "Ali as naus ficavam estáticas. [...] por cerca de dez dias, a frota de Cabral arrastou-se a velocidade de um nó (ou 1,9 km por hora). Anos mais tarde, esse mesmo trecho seria o primeiro calvário pelo qual passariam as naus que seguiam a Carreira da Índia. Nos *doldrums* [em inglês, "desânimo"], onde às vezes os navios chegavam a ficar retidos por quarenta dias, a água acabava e a morte rondava os tripulantes; as velas pendiam, frouxas, no ar escaldante?" (Eduardo Bueno, 1998, pág. 38)

---

12 O menino Antônio foi salvo por Nuno Leitão da Cunha, comandante da caravela Anunciada, em um assalto na feitoria de Calicute.

13 Segundo Luís Adão da Fonseca em *Pedro Álvares Cabral: uma viagem*, página 39. Eduardo Bueno, em *A viagem do descobrimento*, cita Vasco de Ataíde.

Fachada do Museu dos Descobrimentos, em Belmonte – Acervo pessoal

Nessas condições, os bravos navegantes eram comumente atingidos por intensas febres, talvez causadas pela exposição excessiva ao sol. Esses percalços eram chamados vulgarmente "mal das calmarias".

> [...] foram vinte e um dias de abril, estando da dita ilha obra de 600 ou 670 léguas, segundo os pilotos diziam, topamos alguns sinais de terra, os quais eram muita quantidade de ervas compridas, a que os marcantes chamam botelho e assim outras, a que dão o nome de rabo de asno. E a quarta-feira seguinte, pela manhã, topamos aves, a que chamam fura-buchos.[14] Neste dia, a horas de véspera, houvemos vista de terra! Primeiramente dum grande monte, mui alto e redondo, e de outras serras mais baixas ao sul dele e de terra chã com grandes arvoredos. Ao qual monte alto o capitão pós nome o Monte Pascoal, e à terra, a Terra de Vera Cruz." (Trecho da epístola de Pero Vaz de Caminha)

---

[14] Botelho: espécie de alga; rabo de asno: planta de uso medicinal; fura-buchos: tipo de ave aquática.

O DESEMBARQUE

A frota de Cabral aproximou-se da costa em 22 de abril de 1500, data oficial do que veio a se chamar "descobrimento". No dia 23, os tripulantes aproximaram-se da terra e foi nesse momento que os portugueses avistaram os nativos habitantes brasileiros. Nicolau Coelho foi escolhido para desembarcar, depois de ancorarem próximo a um rio. Estabeleceram-se os primeiros contatos. A "missiva do escrivão portuense" (Luís Adão da Fonseca, 2001, pág. 158) descreveu esses primeiros contatos como pacíficos e tranquilos; e houve troca de presentes. Em 24 de abril, as naus deslocaram-se mais para o norte, recolheram alguns indígenas, que foram descritos assim: "A feição deles é serem pardos, maneira de avermelhados, de bons rostos e bons narizes, bem feitos. Andam nus, sem nenhuma cobertura, nem estimam nenhuma coisa cobrir nem mostrar suas vergonhas. E estão acerca disso com tanta inocência como têm em mostrar o rosto."

Com isso, perceberam que os indígenas não se encaixavam nas antigas descobertas ou parâmetros. Não se pareciam com as descrições ou percepções que se tinham dos nativos do Oriente. Tão pouco tinham costumes semelhantes aos dos africanos. Eles não temperavam as comidas, pelo menos não com as especiarias conhecidas da época (cravo, canela, cominho e outras); utilizavam-se de diversas ervas e de frutinhas picantes, existentes em demasia por aquelas matas. Essas frutinhas de diferentes cores e tamanhos, na verdade, eram os *Capsicums*, pimentas das Américas[15] no típico formato de frutos, que Colombo, anos antes, havia descoberto e levado para a Europa.

Outro fato curioso dos descobrimentos é que, mais que terras, agora encontravam outros homens. Seres humanos que tinham de se encaixar em algum rótulo; seriam eles cristãos, muçulmanos ou judeus? Com certeza, representavam um conflito para aqueles que levavam a palavra de Deus por meio das ordens militares católicas. Afinal, como Deus havia se esquecido de algumas de suas ovelhas em terras desconhecidas (Eric Garnier, 2010, pág. 230)?

Uma utilização interessante das pimentas pelos indígenas brasileiros era montar uma fogueira e queimar muitos pés de pimenta com o vento a favor. Essa fumaça tóxica seria levada até o inimigo, para desalojá-lo do abrigo.

---

15 "A pimenta vermelha, pequena, picante e bonitinha, seria chamada de 'malagueta' e só perderia em prestígio para a sagrada pimenta-negra do Malabar." (Rosa Nepomuceno em *O Brasil na rota das especiarias*, página 63)

Os nativos também não conheciam o açúcar nem o vinho. A bebida fermentada deles era à base de mandioca e denominada cauim. Os indígenas, de início, não aceitavam os mantimentos oferecidos pelos portugueses. Vinho, pão, peixe cozido e até água, os indígenas levavam à boca e rejeitavam. Nada grave, quando sabemos das péssimas condições de higiene dos mantimentos que chegavam das Grandes Navegações. Tenho certeza que um europeu de hoje teria a mesma reação se provasse aquela água ou aquele vinho.

Usavam pouquíssimo sal nas refeições e nada desse ingrediente para conservar os alimentos. O que faziam era cozinhar a carne levemente, sem tostá-la. O sal foi, pouco a pouco, introduzido pelos europeus por meio de trocas, que sempre foram o modo de estabelecer um contato mais amigável entre eles e os indígenas.

Os nativos interessavam-se, também, pelos objetos de ferro que eles não conheciam. Trocavam, por exemplo, pimenta, algodão, pau-brasil por facas, machados, espelhos, anzóis etc. Já os portugueses não encontraram os condimentos ou metais preciosos que buscavam, mas aproveitaram para carregar as naus de lenha e água fresca. A boa qualidade do palmito, com a grande quantidade de frutos, sementes e tubérculos ingeridos pelos indígenas, foi algo que impressionou bastante os lusos, já nessa primeira viagem.

O clima da então Terra de Vera Cruz assemelhava-se bastante ao da região indiana visitada pelos portugueses com Gama, mas, definitivamente, a cultura daqueles povos não era a mesma; o modo de se alimentar, muito menos. A Índia, berço das especiarias, sempre teve uma alimentação hipercondimentada. Por esse fator alimentação já se podia perceber que se tratava de povos infinitamente diferentes. Acredito ser difícil imaginar que se estava nas Índias. Embora a denominação "índio" para os nativos brasileiros seja obviamente um erro, acredito que não fizesse sentido já naquela época para os portugueses. Eles sabiam que não estavam na Índia. Esse erro de conceito de Colombo, que em sua primeira viagem, em 1492, acreditou ter chegado às Índias, e não a um novo continente, acabou herdado por Cabral.

Ainda sobre os verdadeiros donos das terras brasileiras, um fato que posteriormente ficou bem famoso conta a história de um gurizote português chamado Diogo Álvares Correia, de apenas dezessete anos, que naufragou no litoral da Bahia, provavelmente no fim da primeira década dos anos 1500. Apelidado Caramuru, o náufrago teria vivido por muitos anos entre os indígenas brasileiros; casou-se com uma indígena e trocou a Europa medieval pela vida entre os nativos. Sua história ficou eternizada no épico de José de Santa Rita Durão. Difícil imaginar o que se passava também na cabeça desse explorador europeu, quais seus valores, sonhos e medos. Caramuru tornou-se peça-chave na região para o êxito das missões portuguesas, servindo de intermediador entre os nativos e a coroa.

Um pouco mais sobre a descrição fascinante desses primeiros encontros: "Dão-lhes então de comer e beber, com resultados negativos, um deles repara nas contas do Rosário e no colar do capitão. Terminam deitando-se, completamente à vontade, e adormecem." Para a época, havia certo ar de ingenuidade que quase os isentava de alguma culpa ou má-fé. Era a inocência que os redimia do pecado, assim como Adão e Eva em "Gênesis". Aqueles navegantes de Cabral estavam diante de uma situação completamente nova e curiosa, uma mistura de incredulidade e fascínio. Os primeiros contatos dos portugueses com os indígenas davam a sensação de que o processo de conversão e evangelização seria feito com facilidade, se comparado às dificuldades de Vasco da Gama com os muçulmanos com os quais travou contato. Eles haviam chegado a algo muito próximo do paraíso terrenal, revivendo com os indígenas a inocência e a pureza do homem em seu estado primeiro.

O QUE O BRASIL SE TORNOU?

Após a aventura de Cabral, o Brasil seria praticamente esquecido durante os primeiros anos que se seguiram. Até 1515, esses territórios eram apenas uma área de atenção estratégica para proteger a volta das viagens da Rota do Cabo. Em uma carta de Américo Vespúcio para Dom Manuel I, percebe-se claramente que o foco dos portugueses ainda estava na Índia; nela, enfatizava-se que, de proveitosa naquela terra, apenas a árvore. A exploração das madeiras brasileiras foi primeiramente entregue a um empresário chamado Fernando de Noronha, cujos direitos de exploração foram garantidos pela coroa lusitana. Noronha explorou o litoral por quinze anos, acresceu a produção de cana-de-açúcar no país e também foi o grande comerciante da pimenta-malagueta do Brasil para a Europa e para a África. No fim, seu nome acabou por batizar uma das ilhas mais bonitas do litoral brasileiro e, por que não, do mundo.

Apenas a partir de 1530 os portugueses colocaram foco e atenção na vasta colônia do oeste, que recebia forte assédio de espanhóis, franceses, holandeses e outros. Após esse curioso início, parece difícil acreditar que a terra onde Cabral aportou um dia poderia vingar, mas vingou. A seguir, um excelente texto do professor DeRose, na autobiografia *Quando é preciso ser forte*, que elucida um pouco quem deseja saber o que se tornou a terra mostrada por Dom Manuel I ao mundo em 1500.

Onde se passa a história?

Somos vinte e sete estados (um deles se denomina Distrito Federal), cada qual com a sua diferente etnia, religião, culinária e vertente linguística. Nas distintas combinações dessas quatro variáveis, em proporções diversas, teceu-se uma vastíssima rede de culturas denominada Brasil.

Como o país promoveu uma imagem equivocada de si mesmo, preciso esclarecer que nossa terra e nossa gente talvez sejam muito diferentes da percepção que o leitor acalenta, mesmo que seja meu conterrâneo!

Esses esclarecimentos também servirão para forrar a cultura de alguns povos que sistematicamente nos perguntam sobre cobras e macacos atravessando a Avenida Paulista. Ou que declaram àquela curitibana ou gaúcha "Você não tem cara de brasileira. Você é loira de olhos azuis!" Assim, para incrementar a cultura geral de muita gente pelo mundo afora, aqui vão algumas informações que provavelmente irão surpreender.

Somos a sexta maior economia do mundo. Nossa população corresponde a um terço de toda a população da América Maior,[16] a qual conta com 33 países. O nosso país sozinho (8.514.876 km^2) é maior que toda a Europa Ocidental.

Não se pode estereotipar o nosso povo, já que cada "nação" foi edificada a partir de imigrações muito diferentes. Não podemos, por exemplo, declarar que o povo aqui é branco, ou negro, ou oriental, ou aborígene.

---

[16] Denomina-se América Maior a porção de terras e países que se estende pelas três Américas, desde a Patagônia, no extremo austral da América do Sul, passando por toda a América Central, até o México, na América do Norte. Mesmo assim, não gostamos que nos chamem de "americanos". Acho que os argentinos, chilenos e todos os demais habitantes das Américas também não gostam e preferem ser conhecidos pelo nome de sua nacionalidade. Da mesma maneira, imagino que os estadunidenses também não gostem de ser chamados genericamente pelo nome "americanos", pois essa denominação se refere apenas ao continente, e não a seu país.

Cada estado tem preponderância de alguma dessas etnias ou de uma miscigenação particular. Também não podemos declarar que a população seja católica, ou protestante, ou judia, ou muçulmana, ou xintoísta, ou budista, ou espírita, ou que siga cultos afro. Cada cidade tem sua predominância. Para mencionar apenas alguns desses vinte e sete estados, podemos citar:

O estado do Rio Grande do Sul (281.748 km^2) tem território maior que Inglaterra, Escócia e Irlanda do Norte juntos (UK = 244.820 km^2). A imigração foi principalmente alemã e italiana. Em algumas cidades, ainda é possível escutar os dialetos alemães (hunsrückisch, plattdeutsch) e italianos.

O estado de Santa Catarina (95.346 km^2) é maior que a Hungria (93.030 km^2). Nele, recebemos principalmente a imigração alemã e até hoje há cidades onde só se fala alemão, com exceção da capital, na qual a imigração foi principalmente açoriana. Também tivemos a presença italiana no sul do estado.

O estado do Paraná (199.709 km^2) tem território maior que a Grécia (131.990 km^2). A imigração foi principalmente alemã, holandesa, italiana, polonesa, ucraniana, japonesa e árabe.

O estado de São Paulo (248.808 km^2) tem território em que cabem mais de oito Bélgicas (30.528 km^2). A imigração majoritária foi a italiana. Depois, a japonesa. Em seguida, a "árabe" (libaneses, sírios e turcos). Tem uma população israelita bastante expressiva e que se dá muito bem com o segmento islâmico. Convivem lado a lado, fazem negócios entre si e ocorrem até casamentos entre suas famílias!

O estado do Rio de Janeiro (43.909 km^2) é maior que a Suíça (39.770 km^2). A imigração foi majoritariamente portuguesa; contudo, na serra instalaram-se finlandeses, suecos, suíços e alemães.

O estado da Bahia (567.692 km^2) sozinho englobaria facilmente Inglaterra, Escócia, Irlanda, Grécia, Hungria, Bélgica, Suíça e Portugal. Tem uma presença preponderante da cultura africana na religião, na culinária, na língua e na etnia.

Os estados do Norte são alguns dos maiores. São fascinantes, um outro mundo. Essas regiões apresentam uma influência maior das culturas indígenas.

No Nordeste tivemos invasões holandesas que deixaram muitos genes recessivos de olhinhos azuis que reaparecem aqui e ali; e também invasões francesas que resultaram no nome da capital São Luís, em homenagem ao rei Luís IX, patrono da França, e ao rei francês da época (1612), Luís XIII.

No Sul e Sudeste as temperaturas no inverno podem chegar a alguns graus Celsius abaixo de zero e em algumas cidades, como São Joaquim (SC), costuma nevar.

A região Centro-Oeste abriga a nossa capital federal e Goiânia, duas cidades que foram projetadas com um planejamento estratégico.

Segundo o IBGE – Instituto Brasileiro de Geografia e Estatística –, dez por cento dos brasileiros têm ao menos um antepassado alemão e 25 milhões são descendentes de italianos, sendo que a metade desse número vive no estado de São Paulo. No entanto, como um todo, fomos colonizados pelos portugueses, os quais nos concederam sua nobre língua, que é a melhor língua literária do mundo. Oficialmente, falamos português. Coloquialmente, falamos brasileirês, que possui uma sintaxe diferente da língua *mater* e um vocabulário bem diverso, com inumeráveis vocábulos agregados dos povos que para cá emigraram, mais os termos indígenas e africanos, o que tornou o brasileirês a língua de vocabulário mais vasto em uso hoje no mundo e de mais largo espectro fonético. No entanto, regionalmente, surgiram os dialetos simplificados do brasileirês, tais como o gauchês, o carioquês, o mineirês, o paulistês, o paulistanês etc. Fora esses dialetos do português, falam-se nesta terra nada menos que 180 línguas (isso mesmo: cento e oitenta)!

As pronúncias do português (brasileirês) são tão diversas que, normalmente, um habitante do Sul ou do Sudeste não compreende o falar do Nordeste. Temos, por exemplo, três tipos de "r": o "r" francês, produzido na garganta; o "r" italiano, línguodental; e o "r" inglês (como em *wright*), articulado principalmente no interior de São Paulo e de Minas Gerais.

Com uma vastidão territorial como a que foi descrita, bem como com tantas línguas e dialetos, é impressionante que tenhamos preservado uma unidade federativa e uma identidade nacional.

Para completar essa contextualização, que aparência têm as nossas cidades? Bem, cada cidade tem sua personalidade própria, mas podemos afirmar que São Paulo é uma das mais sofisticadas, confortáveis e seguras cidades do mundo (seguras, sim, pois em 66 anos de vida fui assaltado uma única vez).

Se precisássemos comparar São Paulo com alguma cidade, essa seria New York. São Paulo lembra um pouco Manhattan, só que é melhor. A gastronomia é deliciosamente variada e refinada. Aqui encontrei a mais apurada qualidade de vida. Tanto que, depois de viajar o mundo todo, elegi essa capital para morar e como central internacional do nosso trabalho. Só o fato de que ninguém para tudo e fecha para o almoço, como fazem em tantos países, já constitui um grande conforto. Além disso, a qualquer hora da madrugada encontramos bons restaurantes, livrarias e supermercados onde podemos fazer compras às duas, três ou quatro da manhã. Muitas empresas funcionam 24 horas por dia.

A qualidade dos produtos e serviços, bem como a cortesia dos profissionais e dos empregados paulistas é proverbial. Até a Polícia Militar é formada por pessoas educadas e de boa índole. O atendimento hospitalar é superior ao da maior parte dos países europeus. Ah! E os nossos chuveiros! É uma delícia retornar da Europa e poder tomar uma ducha decente, com chuveiro fixo na parede e muuuita água, sem o risco de que a água quente vá se acabar no meio do banho.

Então, pergunto eu, será que há crocodilos no Sena ou no Tâmisa?

DO BRASIL PARA O MUNDO

Depois do descobrimento dos territórios que hoje integram o Brasil, foram muitos os produtos brasileiros que invadiram os portos portugueses e boa parte da Europa ocidental, após o descobrimento. Com a diminuição da presença portuguesa no Oriente, notadamente com a tomada de pontos importantes pelos holandeses, franceses e ingleses, Portugal direcionou o foco do comércio para sua maior colônia, o Brasil, do século XVII em diante. Destacam-se os seguintes produtos: ouro, açúcar, pau-brasil, mel, melaço, óleo de peixe, cacau, cravo, diversas peles de animais, vários tipos de madeiras nobres, feijões, legumes variados, tartarugas, prata, diamantes, tapioca, café, algodão, entre muitos outros.

ALGUMAS PIMENTAS BRASILEIRAS

Muitas das pimentas brasileiras têm, obviamente, nomes de influência indígena, em geral o tupi, como cumari, cambuci e outras. Outro fenômeno interessante é a nomenclatura que essas pimentas ganharam com o tempo, ligada à forma e à aparência, bem diferente das referências acadêmicas da botânica. Bons exemplos disso são a pimenta biquinho, pimenta de bode, pimenta-de-cheiro, pimenta passarinho, peito-de-moça, cabacinha e outras.

Pimenta murupi – Foto: Karina Cordeiro

PIMENTA MURUPI

Picância: 9

Tradicionalmente cultivada na região Norte do Brasil, a pimenta murupi (*Capsicum chinense*) faz sucesso com o aroma característico e o sabor picante. Pode ser encontrada fresca ou em molho, usada para temperar o famoso molho tucupi à base de mandioca, e em conservas à base de vinagre e óleo. Os frutos da murupi são alongados e finos; antes de amadurecerem, apresentam coloração bem esverdeada. Depois, em processo de amadurecimento, adquirem tom amarelo, que se intensifica até o vermelho, quando a murupi está madura.

As menores vagens oscilam entre dois e quatro centímetros e têm ardência bastante forte, e são chamadas murupizinho. Os frutos de tamanho intermediário variam de quatro a seis centímetros de comprimento e são denominadas murupi. Por fim, há a murupi grande, com vagens de quase dez centímetros de comprimento. Trata-se de uma pimenta de forte picância e sabor.

Pimenta-de-cheiro

Picância: 8

A pimenta-de-cheiro (*Capsicum chinense*) é uma das duas principais pimentas usadas na culinária brasileira. Seus nomes podem variar bastante de região para região, fato característico das pimentas frutos. Extremamente aromática, é uma variedade típica da culinária baiana e nordestina em geral. Trata-se de um fruto pequeno e arredondado; quando maduro, atinge um tom amarelado que lhe dá destaque. Fica ótimo em conserva de vinagre ou óleo.

Pimenta americana

Picância: 0

A pimenta americana (*Capsicum annuum*) pode surpreender quem a ingere se este achar que se trata de um inocente e nada ardido pimentão, mas pode decepcionar aqueles que esperam desse fruto robusto uma pungência forte. Muito parecida, na aparência e no gosto, com o pimentão que conhecemos, essa pimenta tem sabor suave e agradável textura.

Seus frutos são bem alongados e sua bonita cor verde brilhante faz com que muitos a conheçam justamente como pimenta-verde.

Pimenta cambuci

Picância: 2

A pimenta cambuci (*Capsicum baccatum*) é facilmente encontrada nas feiras livres da região Sudeste do Brasil. Ela tem um formato interessante que, como a dedo-de-moça, a fez ganhar um apelido: chapéu-de-frade. Pelo sabor levemente adocicado, é chamada também pimenta-doce.

Bem saborosa, a cambuci, e também a americana, podem ser utilizadas da mesma maneira que o pimentão e a pimenta-jalapenho: no tempero de saladas, sopas, cozidos, ensopados etc. Outra ótima opção é recheá-las com um apetitoso preparo. Sugiro fazer assim: retire as sementes de cada pimenta, limpando-a e preenchendo-a com uma mistura de miolo de pão, alho, alcaparras, pimenta-do-reino, tomate e um queijo de sua preferência. Depois, basta regá-la com azeite e levá-la ao forno. Para facilitar a digestão, recomendo retirar a casca antes, colocando a pimenta diretamente no fogo.

PIMENTA BIQUINHO

Picância: 1

A pimenta biquinho (*Capsicum chinense*) também pode ser chamada pimenta de bico. Serve para aqueles que apreciam mais o sabor que o ardido propriamente dito. Uma boa utilização é a pimenta biquinho em conserva, acompanhada de queijo parmesão em lascas. Cria-se, assim, um excelente canapé.

PIMENTA CUMARI VERDADEIRA

Picância: 8

Cumari significa a "alegria do gosto" (Marcio Bontempo, 2007, pág. 26) e isso não é mentira! O gosto e o aroma da cumari verdadeira (*Capsicum baccatum*) são fortes, pois se trata de uma pimenta com bastante presença. É também chamada cumbari ou comari. De cor verde e tamanho pequeno, é muito picante e levemente amarga, e pode ser encontrada fresca ou em conserva. Seu aroma encanta aqueles que a provam.

A conserva da cumari é daquelas cujo caldo – quando é bem preparada – torna-se mais forte que o próprio fruto, bastando algumas gotas para sentir seu poder. É uma das pimentas brasileiras mais fortes que já provei; recomendo.

PIMENTA CUMARI-DO-PARÁ

Picância: 4

Os nomes das pimentas *Capsicum* não ajudam muito e essa deliciosa *Capsicum chinense* leva o mesmo nome da *Capsicum baccatum* anterior. Que confusão, não é mesmo? Já no paladar, as duas cumaris distinguem-se bastante: a do Pará é bem mais aromática, com picância bem mais suave que a da cumari verdadeira. Na aparência, também são bem diferentes: a do Pará é bem maior que a pequenina cumari anterior. Costuma agradar quem prefere pimentas mais aromáticas. A melhor maneira de consumi-la é em conserva, quando madura.

PIMENTA VERMELHA OU DEDO-DE-MOÇA

Picância: 5

A pimenta dedo-de-moça (*Capsicum baccatum*) é encontrada com facilidade em qualquer feira livre ou mercado no Brasil. A ardência, para os experientes, é um pouco mais suave que a da malagueta e ligeiramente mais picante que a da jalapenho, que também considero forte.

Se o nome pimenta rosa refere-se a uma pimenta de ardência bem fraquinha, a cor vermelha da dedo-de-moça serve para nos alertar da alta picância. Tem frutos que podem chegar a mais de 10 cm de comprimento e traço delicado que realmente nos faz lembrar o "dedo de uma moça". Curiosamente, o desenho e a forma da dedo-de-moça ficaram marcados como símbolo de algo sexual, quente, erótico. Inclusive, são sistematicamente usados para logotipos de motéis, sex shops, produtos para público adulto, entre outras variantes. Há quem defenda que o estímulo da mucosa oral pelo alimento seria equivalente ao efeito nas mucosas genitais.

A pimenta vermelha pode ser usada em muitos pratos, mas com cuidado. Muitas vezes, utilizei a dedo-de-moça em receitas que necessitavam de um toque apimentado e notei que a intensidade do sabor varia muito. Utilizando a mesma medida, de um dia para o outro, percebem-se diferenças marcantes nesse quesito.

Com a pimenta dedo-de-moça, pode-se preparar excelentes molhos e conservas. Uma boa dica é cortá-la em pequenas rodelas e acrescentá-las no início dos refogados, fritando-a com alho ou cebola para, assim, ressaltar o sabor. Caso não queira um efeito tão forte, experimente apenas dar um corte longitudinal no corpo da pimenta e acrescentá-la ao prato ainda em preparação. Ao servir, não se esqueça de retirá-la.

A dedo-de-moça é muito utilizada nas comidas brasileira e mexicana. Na culinária italiana, também pode ser usada para apimentar o tradicional molho ao sugo, acrescido de salsinha fresca e alho, transformando-o no quente, saboroso e nervoso molho arrabbiata.

Pimenta calabresa

Picância: *7*
Espanhol: *ají molido*; francês: *flocons de piment rouge*; inglês: *red chilli flakes*

É chamada pimenta calabresa (*Capsicum baccatum*)[1] a pimenta dedo-de-moça quando seca e moída, transformada em pó ou na versão em flocos com sementes. Esta última é bastante popular nos mercados brasileiros. Em ambas as variações, a pimenta calabresa, mesmo perdendo um pouco da pungência, ainda dá conta do recado.

---

[1] A pimenta calabresa também pode ser elaborada com outros tipos de pimentas, como a malagueta.

Pimentas dedo-de-moça, calabresa, malagueta e rosa – Foto: Karina Cordeiro

É amplamente utilizada na culinária brasileira,[2] dando sabor a molhos, conservas, cremes, refogados e a todos os pratos que você deseje apimentar. Prefiro usá-la durante o preparo, mas não é incomum salpicar os flocos de calabresa diretamente sobre os pratos prontos.

Pimenta rosa

Picância: 2
Espanhol: *pimienta rosa*; francês: *poivre rose*; inglês: *pink peppercorn*

A pimenta rosa (*Schinus terebinthifolia*) é uma especiaria bem brasileira e vem sendo motivo de orgulho, desde que renomados chefs internacionais descobriram a variedade. Na França, recebe o simpático apelido *poivre rose*.

É denominada falsa pimenta, pois trata-se da baga de uma árvore chamada aroeira; é parecida e muitas vezes confundida, mas não pertence à mesma família da pimenta-do-reino. Trata-se de uma especiaria muito bonita: seu tom rosáceo, que faz parte de uma fina capa que envolve uma semente escura e de leve picância, pode variar de tonalidade, chegando a um tom avermelhado. Apresenta ardência leve, mas o aroma, principalmente quando moída na hora, dá um perfume especial aos pratos, além de a cor enobrecer a apresentação geral da comida.

É frequentemente usada na decoração de pratos mais requintados; nesses casos, não para interferir tanto no sabor. Experimente servir queijos[3] regados com azeite e pimenta rosa: além de muito saboroso, o prato fica bem bonito. Mas atenção: ela deve ser usada em pouca quantidade quando os grãos são inseridos inteiros nos alimentos, por exemplo em uma mescla de folhas. Uma boa garfada acompanhada de muitos grãos da pimenta rosa, em vez de perfumar e aguçar o sabor do alimento, causa uma expressão de poucos amigos em quem está se alimentando.

---

2 A popular linguiça calabresa recebe generosas doses dessa pimenta.

3 O melhor, nesse caso, é o queijo minas fresco ou o queijo de cabra também fresco, como sugere Marcio Bontempo em *Pimenta e seus benefícios à saúde*, página 41.

Amazônia: novos sabores em um novo destino

Quem não gosta de desfrutar novos sabores em um destino espetacular, não é mesmo? Pois é... A Amazônia me fisgou! Após quatro décadas e um punhado de anos, finalmente fiz as malas para um dos destinos mais famosos do mundo. Mas como esse destino surgiu em minha vida?

Quando lancei a 1ª edição deste livro, recebi de uma leitora, Silvia Cury, um questionamento que mexeu comigo: "Gostei muito de seu livro, mas faltam coisas do Brasil." Ela tinha razão. Em minha jornada de construção de conteúdo, eu não havia privilegiado minha terra, meu país. Então, devolvi: "Qual caminho você me indicaria?" Sua resposta me indicou um destino, a Amazônia; e o trabalho de uma pessoa, Jane Glebia, fundadora do Instituto Laurinda Amazônia.

Você conhece a Amazônia?

O fato é que, como eu, muitos brasileiros não sabem nada de muitas regiões desse país continental e, em determinados estratos culturais e sociais, não é incomum viajar para outros países antes. Mas, afinal, de onde estamos falando?

A Amazônia é uma região que engloba muito mais que o estado do Amazonas. No total, a Amazônia internacional tem um território de 6,74 milhões de quilômetros quadrados, que ocupa mais oito países: Bolívia, Colômbia, Equador, Guiana, Guiana Francesa, Suriname, Peru e Venezuela. Aqui no Brasil, além do estado do Amazonas, a faixa conhecida como Amazônia Legal também avança sobre Rondônia, Acre, Roraima, Amapá, Tocantins, Mato Grosso, Maranhão e Pará. Além do extenso território, não podemos deixar de destacar a cultura rica, diversa e complexa. São muitas "Amazônias" e aqui quero passar um suave lampejo de um recorte específico, com o objetivo de despertar você para um tesouro que pode ser desfrutado.

Eu imagino que você saiba das riquezas daquela terra. Eu também sabia, mas vê-las é algo que você precisa fazer. Mais que isso, é necessário senti-las. Fato é que se trata do local de maior riqueza do mundo. Para ser sincero, tive a sensação de estar no verdadeiro Éden – não estou exagerando –, um verdadeiro paraíso onde se estica um braço e se tem à mão um alimento rico, uma fruta, um novo sabor.

Jane Glebia sempre destaca: "Só valorizamos aquilo que a gente conhece. Até então, ouvimos falar, temos uma ideia. Mas quando você vai, convive, vê e sente a importância do outro para você, é isso que faz toda a diferença." E ela está coberta de razão. Ir para a Amazônia nos faz perceber que vivemos em um país de extensão continental, com uma diversidade gigantesca de culturas, de uma beleza estonteante e um oceano de desigualdades e desafios. Ver isso de perto é essencial para entender o nosso Brasil, edificado por um povo que tanto "apanha"; mas, como se diz, "enverga, mas não quebra".

UM ENCONTRO, MUITAS DICAS

Ao lançar a 1ª edição deste livro, tive o prazer de grandes amigos confiarem no projeto e me ajudarem a divulgá-lo para quem eles julgassem interessados. Para minha surpresa, um desses amigos, também profissional do DeRose Method, comentou com um de seus mais ilustres alunos sobre o início de minhas pesquisas em território nacional e este, solicitamente, ofereceu-se para uma conversa sobre os sabores da Amazônia.

Assim, em um privilegiado encontro, pude desfrutar uma longa conversa com um dos maiores estudiosos da tradição gastronômica brasileira e um dos mais prestigiados chefs de cozinha de todo o mundo, Alex Atala. No dia de nossa conversa – entre as garfadas de rubacão na deliciosa versão sem carne de seu restaurante Dalva e Dito –, ele nos contou sobre seus espetaculares projetos e sua busca por "dar luz" aos diferentes povos, aos tantos anônimos que habitam este Brasil, detentores de muito conhecimento.

Após falarmos sobre muitos ingredientes, entre eles a perfumadíssima priprioca e o cipó-alho, entramos em uma interessante discussão filosófica sobre o que pode ou não ser considerado especiaria. Entre tantas histórias já vividas por ele em muitos anos de viagens ao Norte do país, em um momento ele enfatizou: "Você precisa conhecer as senhoras erveiras do mercado Ver-o-Peso!" Logo, quando estivesse em Belém, era para lá que eu precisava ir.

Açaí tradicional e o chamado açaí-branco, em Mangabeira – Acervo pessoal

"PARTIU" VIVÊNCIA RIBEIRINHA

Minha jornada foi de São Paulo a Belém, em um voo de aproximadamente três horas de duração. Após uma noite de sono na capital do estado do Pará, saímos logo cedo para a cidade de Mocajuba, distante 250 quilômetros, aproximadamente. Depois, partimos de barco até a Vila de Mangabeira, pequeno vilarejo ribeirinho e quilombola que fica às margens do baixo rio Tocantins (no coração da Amazônia paraense).

Cacau em detalhe, na Vila de Mangabeira (Pará) – Acervo pessoal

Naqueles dias que se passaram, tive o privilégio de – para além de desfrutar os sabores de um destino conhecido internacionalmente – aprender com os verdadeiros protagonistas de um turismo de base comunitária, que são os habitantes daquela terra, e não turistas viajantes, como destaca Jane Glebia.

Em contato com a comunidade ribeirinha, fomos apresentados ao esforçado e belíssimo trabalho de pessoas que vão ficar para sempre em meu coração. Desde a casa do senhor Jair Moreira Gonçalves, onde com sua família entendemos a colheita do açaí – tanto o roxo como a variedade branca, pouco conhecida –, até o manuseio da competente dona Joana Laura, que nos ensinou como extrair o ouro paraense.

Ficará gravada também a degustação desse ingrediente com farinha de tapioca, sem as típicas adições de açúcar, guaraná, granola, mel, leite em pó ou os mais diversos complementos proteicos feitos nas regiões Sul e Sudeste. Após o aprendizado com o açaí, pude me regozijar com as delícias do almoço, no qual comemos um rondelli de abobrinha com recheio de pupunha (não o palmito, mas o fruto; divino!).

Ciclo do cacau

No dia seguinte, tive o prazer de conhecer o ciclo do cacau, momento em que Jane Glebia e a cacauicultora Maricilda Rodrigues nos apresentaram todas as etapas. O processo inicia-se pela quebra e daí passa para a fermentação, secagem, torrefação, descascamento, trituração, refinamento, moldagem e, finalmente, a embalagem do produto.

Como a ilha em que dona Maricilda colheu os frutos estava inundada no período do inverno amazônico, ela não pôde nos levar lá – como é habitualmente feito. Em vez disso, apresentou-nos uma refrescante experiência no rio, onde parcialmente submersos pudemos ouvir nossa mestra cacauicultora aclarar sobre as etapas que vão da amêndoa ao chocolate embalado. Em outra ocasião, quando visitei Mangabeira no verão, tive o privilégio de conhecer as terras de dona Maricilda.

A vivência foi um espetáculo de dedicação e esforço. Isso me fez perceber a necessidade de encurtar as cadeias de produção e notar que o prazer que nos chega à boca com um pedaço de um delicioso chocolate vale a pena somente se essa vivência for sustentável para todos.

A experiência direta oferecida pelo povo ribeirinho para o turista é bela, mas também bastante transformadora; um processo que nos coloca em xeque com as próprias escolhas alimentares e de consumo. O fato é que precisamos aprender a ressignificar quem somos, o que comemos e qual espaço ocupamos no mundo.

Pegue seu tacacá e apresente-se

Uma das principais e mais curiosas atividades das quais participei na comunidade quilombola e ribeirinha de Mangabeira, no Pará, foi a roda de boas-vindas. Na ocasião, preparado pela mestra tacacazeira dona Rosana, o tacacá nos foi servido em uma simpática cuia personalizada enquanto éramos apresentados uns aos outros.

Para quem não sabe, o tacacá é um prato típico do Norte do país e trata-se de uma sopa preparada à base do caldo extraído da mandioca, conhecido como tucupi, e folhas de jambu, adicionado de goma de mandioca e camarão, para quem gosta. Ao fechar os olhos, ainda me lembro das nuances dos sabores e do interessante efeito discretamente anestésico que as folhas de jambu causaram em minha boca.

Em busca de sabores no mercado Ver-o-Peso

Em minha jornada pela Amazônia paraense, não poderia deixar de contar minha passagem pelo mercado Ver-o-Peso, em Belém. O fato é que tenho uma verdadeira paixão pelos mercados das cidades que visito. Não tenho dúvida de que eles refletem boa parte da verdadeira identidade, da alma do povo local e são uma fotografia bastante curiosa dos costumes. No principal mercado da capital paraense, não poderia ter sido diferente.

Localizado na baía do rio Guajará, o mercado Ver-o-Peso é um dos mercados mais antigos do país. Por ser um ponto turístico, cultural e gastronômico, tornou-se parada obrigatória para os turistas, visitantes, chefs de cozinha, curiosos sobre os sabores do Norte do Brasil e, é claro, a população local. Se o destino for Belém, reserve algumas horas para "degustar" essa experiência intensa.

"Inverno" é tempo de frutas na Amazônia

Caso opte por visitar a região amazônica em janeiro, saiba de algo importante: será a oportunidade de conhecer o inverno amazônico, que obviamente de frio não tem nada. É nesse período que a natureza nos brinda com uma época de muitas frutas. Por outro lado, como me esclareceu Kleber Bendelac, meu amigo ribeirinho em Mangabeira, no verão (meses de junho e julho) há menos frutas, os rios ficam mais baixos, mas como consequência temos a formação das lindas praias de água doce.

Voltando aos mercados e suas frutas... Que espetáculo! Confesso que fui pego de surpresa e fiquei agradavelmente constrangido em conhecer e provar tantos sabores, tantas frutas de que nunca havia ouvido falar, tanto no Ver-o-Peso como na floresta. Que tal em poucos dias travar contato e provar da fruta do inajazeiro, o inajá; fruto da pupunheira, a pupunha; ou o araçá, o mucajá, o uxi, o tucumã, o cacau, o abio, as variedades de ingá (pequeno, cipó, chinelo), o camapu, e, claro, o açaí e a castanha-do-brasil, antiga castanha-do-pará, entre muitas outras?

No mercado Ver-o-Peso, visitei a barraca de dona Carmelita, uma das mais tradicionais, onde pude me deliciar com o grande acervo de espécies típicas que orgulhosamente me era mostrado. Um detalhe: recebi uma admoestação prévia sobre as boas maneiras no trato das frutas e o ato de fotografar. "Se for tirar foto, precisa dizer de qual barraca é!" Achei justo! Turista deve ser colocado em seu lugar, não é mesmo?

Barraca de dona Carmelita, no mercado Ver-o-Peso – Acervo pessoal

Bouquet do Pará, mercado Ver-o-Peso – Acervo pessoal

Quanto perfume vindo daquelas delícias! Entre as que levei, destaque para a aromática banana-são-tomé ou banana-do-paraíso, de casca fina e cor arroxeada, extremamente bela, macia e saborosa.

Vasculhando os corredores do mercado em busca de especiarias, fiz algumas boas descobertas. Conheci um "bouquet" muito aromático, composto de coentro, cebolinha, chicória, alfavaca e pimenta-de-cheiro, excelente para cozidos e preparo de grãos.

As senhoras erveiras

O Ver-o-Peso na verdade é um grande complexo que inclui uma enorme área com distintas edificações, onde em um dos corredores temos as populares senhoras erveiras. Ao chegar, fui conhecer a barraca da estilosa e divertidíssima Beth Cheirosinha. Com enorme simpatia e paciência, a especialista em ervas medicinais respondeu a todas as minhas infindáveis perguntas e revelou segredos de seus preparos para o curioso viajante paulistano. Entre minhas compras, estavam suas garrafadas e uma de minhas paixões: folha de canela.

Beth me contou um pouco de sua trajetória, relatou que trabalhava há mais de quarenta anos no mercado e, quando criança, ia com a mãe e a avó levando as ervas colhidas na floresta. Ela detalhou ainda que, na época, não havia a estrutura atual, por isso expunham as ervas no chão mesmo,

Folha de canela, Vila de Mangabeira – Acervo pessoal

Barraca de Beth Cheirosinha no corredor das erveiras, mercado Ver-o-Peso – Foto: Mara Carneiro

apenas sobre um tecido similar ao das tramas de sacos de batatas. Em resumo, trata-se de uma mulher guerreira, uma batalhadora que, assim como muitas outras daquele mercado, luta para ter uma vida digna.

ESPECIARIAS AMAZÔNICAS

CIPÓ-ALHO

O cipó-alho (*Mansoa alliacea*) é uma daquelas especiarias que caíram no gosto de quem busca novos ares na cozinha e dentro das panelas. Planta alimentícia não convencional (panc), trata-se de uma trepadeira nativa do Brasil, relativamente fácil de ser encontrada no Norte do país. Suas flores são lindas e comestíveis! O cipó-alho ou cipó-d'alho carrega no nome uma autoexplicação quanto ao sabor e aroma. É isso mesmo: a folha da trepadeira do cipó-alho tem cheiro de alho, gosto de alho, mas não é alho!

Com as cozinheiras do Instituto Laurinda, aprendi que se pode macerar levemente a folha dessa especiaria e refogá-la com cebola e óleo, como faríamos com o alho em um refogado. Recomendo! Pode-se também utilizá-la em infusões. A pergunta que não quer calar é: é o alho que tem o gosto do cipó ou o contrário?

COLORAU OU COLORÍFICO

O urucum também é conhecido por colorau ou colorífico e, em Portugal, é denominado páprica. Trata-se de uma mistura de ingredientes bastante consumida principalmente no Norte e no Nordeste do Brasil, cujo principal ingrediente é o urucum (*Bixa orellana*). O nome já explica sua principal função, que é dar cor aos pratos nos quais é utilizado: uma tonalidade avermelhada ou alaranjada, dependendo do produtor.

Se usado em demasia, o colorífico engrossa a consistência do prato e altera o sabor, de acordo com os ingredientes. O colorau é composto basicamente de fubá e urucum, portanto o preço é bem baixo. Em conversas informais, descobri que, muitas vezes, ele é utilizado para fazer render o molho de tomate. Em vez de espaguete ao sugo, temos "espaguete ao angu"!

Destaque também para a barraca de Paulo Sérgio no mercado Ver-o-Peso, onde encontrei uma versão muito saborosa que me chamou a atenção: trata-se de um preparo com farinha de arroz, dendê (óleo de palma) e sal. A mistura tem uma vibrante cor avermelhada e proporciona uma leveza aos pratos que a versão com milho não oferece. Recomendo.

Barraca de Paulo Sérgio, mercado Ver-o-Peso – Acervo pessoal

Caso queira proporcionar cores vibrantes aos molhos, sugiro opções que podem servir como elemento tingidor. São elas: açafrão ou cúrcuma, para um toque alaranjado; cebolas levemente fritas, que dão um toque amarronzado; tomates vermelhos puros ou com iogurte, para um tom vermelho ou rosa; folhas de coentro frescas, para um toque verde; entre outras.

Urucum

Já o urucum (*Bixa orellana*) é bastante conhecido pelos brasileiros por ser utilizado como elemento das pinturas indígenas sobre a pele. Tem cor bem forte e é ele que dá a tonalidade amarelo-avermelhada ao colorau. Pode ser usado como protetor contra mosquitos e acrescentado diretamente aos pratos, desde que as sementes sejam retiradas antes da finalização, pois tem gosto amargo; este último uso, no entanto, não é muito comum. Alguns aficionados pelo sol utilizam o óleo de urucum para estimular o bronzeado. Levando em conta os perigos do sol, considero passar urucum na pele para incrementar o bronzeado uma insanidade.

Fava-de-tonca ou cumaru

Espanhol: *haba tonka*; francês: *féve de tonka*; inglês: *tonka bean*

Ao longo de minhas pesquisas, viajei por cidades de diversas partes do mundo, visitei mercados, lojas de especiarias, herbanários, produtores de ervas, entre outros, mas foi em alguns lugares da cidade de São Paulo que encontrei coisas bem interessantes. Uma delas foi a fava-de-tonca (*Coumarouna odorata* ou *Dipteryx odorata*), prima da baunilha, semente que me encantou logo no primeiro contato e me fez pensar como eu nunca havia ouvido falar nela antes.

Segundo Linguanotto, ela é oriunda dos estados de Minas Gerais, Goiás e Mato Grosso; já Rosa Nepomuceno cita a fava-de-tonca/cumaru de origem amazônica, que pude conhecer na Vila de Mangabeira, no Pará. A semente vem de uma árvore de grandes dimensões chamada cumaru, da qual se extrai o elemento fixador apelidado de cumarina, cuja utilização ocorre na indústria de perfumaria. A fava-de-tonca tem forte tonalidade escura e interior bem amarronzado, e normalmente é extraída do fruto que cai no solo.

Em uma futura edição deste livro, daqui a algumas décadas, talvez possamos ter uma obra que exale perfumes. Como isso ainda não é possível, ficamos com as letras, o papel mesmo, a tela do computador ou o leitor de livros digitais.

O aroma da fava-de-tonca é especial. Imagine um perfume doce, que exala aromas de amêndoa, misturados com baunilha e, ao fundo, um toque delicado de canela.

Pode ter certeza de que nem passei perto de descrever o que realmente é... Você deveria estar ao meu lado, naquele momento, para experienciar o perfume!

No Brasil, é pouco utilizada, diferentemente da gastronomia francesa, que a aproveita na confecção de doces por se parecer bastante com a fava da baunilha. Pode-se usá-la inteira ou ralar a semente, como fazemos com a noz-moscada; nesse caso, o sabor é intensificado. Vai bem no preparo de sorvetes, caldas, pudins, cremes brûlée, mingaus, bolos, tortas e biscoitos, e aromatiza açúcar e chocolate quente. Uma pequena fava no café fica irresistível. Mas atenção: por ter forte aroma e sabor, deve-se utilizá-la com moderação, caso contrário libera um gosto amargo, o mesmo gosto da semente quando provada pura. A notícia triste é que a cumarina virou vilã: estudos apontam que, em excesso, pode sobrecarregar o fígado. Por isso, recomendo utilizar a fava-de-tonca em pequenas quantidades.

O QUE FAZ VOCÊ GOSTAR DE UM DESTINO?

Você já pensou que o que nos faz gostar deste ou daquele destino não é o lugar, mas, sim, as pessoas? Os guias de viagem, blogs, vlogs e tantos outros nos mostram locais de tirar o fôlego: são os *must-see*, locais imperdíveis dotados de belezas naturais ou museus, restaurantes, templos, parques... Imagine você ir ao restaurante de seus sonhos, de não sei quantas estrelas de um guia de "fabricante de pneus", e eventualmente passar por uma experiência ruim com um atendente ou ter o azar de estar ao lado de um cliente mal-educado. O fato é que a qualidade das relações interpessoais tidas na viagem definirá nossa satisfação.

Que tal colocar como item em seus próximos destinos uma visita aos mercados municipais? Tenho certeza de que você não vai se arrepender. Mas lembre-se de que mais importante que os lugares são as pessoas especiais que lá você conhecerá.

CABRAL SEGUE VIAGEM

Aqui espero tomar, se não me engano,
De quem me descobriu, suma vingança e não se acabará nisto o dano (...)
Naufrágios, perdições de toda sorte
Que o menor mal de todos seja a morte.

Os lusíadas, Canto V, de Luís de Camões

A VINGANÇA DO CABO

Em 26 de abril, foi celebrada a primeira missa. Na homilia,[1] o sacerdote fez referência ao fato ocorrido com Constantino nos arredores de Roma, nos primeiros séculos do cristianismo, enfatizando a importância religiosa e messiânica da viagem cabralina. No trecho a seguir, Caminha descreve as palavras do sacerdote: "tratou da nossa vinda e do achamento desta terra, conformando-se com o sinal da cruz, sob cuja obediência viemos, o que foi muito a propósito e fez muita devoção." Como resultado, em 1 de maio, uma enorme cruz foi erigida com as armas e a divisa do rei Dom Manuel I. Ordenou-se, então, àqueles cristãos aportados nas terras tropicais que mostrassem muita devoção, fato consumado com a oferta de um ósculo ao maior símbolo da cristandade, exemplo prontamente repetido, de maneira inocente, por alguns indígenas que, curiosos, observavam os portugueses.

---

[1] A homilia é uma contextualização feita pelo sacerdote, geralmente depois da leitura de textos sagrados.

Seguindo as atividades, durante mais quatro dias, incursões foram feitas para aprofundar os primeiros contatos com os indígenas.

O que muitos não sabem é que, após chegar ao Brasil, a frota dividiu-se: em 2 de maio, uma parte voltou para o reino, comandada por Gaspar de Lemos, levando, inclusive, a célebre carta de Pero Vaz de Caminha. A carta chegou antes e Caminha seguiu com Cabral para a Índia. Pero Vaz nunca retornou a Portugal; morreu em um ataque desferido pelos árabes, na feitoria de Calicute. Além da carta, foram levados para Portugal: pau-brasil, muitas amostras de plantas diversas, arte indígena, araras e papagaios. Sorte de quem voltou mais cedo, pois os outros, que seguiram o curso para a Índia, passaram por maus bocados.

O paraíso terrestre havia sido deixado para trás e a paz, parece que também. No caminho para a Índia, os portugueses depararam-se com uma forte tempestade nas proximidades do Cabo da Boa Esperança, no sul do continente africano, que durou em torno de vinte dias! Como resultado, a tormenta deixou um rastro de tragédia, levando consigo diversas embarcações da armada de Cabral. Ironicamente, a caravela de Bartolomeu Dias, com oitenta tripulantes, que anos antes havia superado o mesmo Cabo, eternizando-o na história, foi uma das atingidas e afundou.

Pedro Álvares Cabral chegou a Calicute em 13 de setembro de 1500. Lembre-se de que sua armada tinha como objetivo mostrar a força do poder real português, respondendo ao fracasso diplomático que tinha sido o encontro em maio de 1489 com Gama, descrito aqui anteriormente.

Por muitos anos, os portos brasileiros seguiram como pontos de parada, tanto na ida quanto na volta, para os navios portugueses que estavam indo ou voltando da Ásia. Portos como Salvador e Rio de Janeiro foram inundados de panos indianos, sedas e porcelanas da China, muitas vezes utilizados para trocas por tabaco, açúcar, madeira e outros.

O CHOQUE CULTURAL E AS GAFES

Com o intuito de celebrar o sucesso dos primeiros contatos, a armada de Cabral, segundo a moda europeia, disparou salvas de artilharias em frente ao porto. O efeito, porém, não foi dos melhores e a população local amedrontou-se, considerando o gesto um indicativo de superioridade. Criou-se um clima de tensão no ar.

Em tempos antigos, em que a diferença entre ricos e pobres era mais marcada pelas vestimentas e adornos que carregavam, usar joias e tecidos raros, tingidos com cores de difícil composição,[2] era um claro indicativo de ascensão social, e o samorim não se furtava disso. Nesse novo contato com os homens de Cabral, o samorim estava sentado sobre um estrado ornado com panos de seda de cor púrpura,[3] desnudo da cintura para cima, envolvido em outro pano de seda e algodão branco, todo lavrado em ouro. Tinha as orelhas furadas, com brincos de ouro pendurados com rubis, diamantes e duas pérolas muito grandes. Uma redonda, "outra do feitio de uma pêra e maior que uma grande avelã" (Luís Adão da Fonseca, 2001, pág. 192). Adornava-se com braceletes de ouro e as pernas eram enfeitadas também com joias. Os dedos dos pés e das mãos também estavam cobertos de joias (rubis, esmeraldas e diamantes). Perto dele, havia quatro vasos de prata e bronze, além de lamparinas cheias de azeite com pavios sempre acesos, apenas para enaltecer sua grandeza, já que no ambiente tinha muita claridade. Já do lado português, Cabral, que, além de uma frota bem carregada de armamentos e ouro, pediu a seus homens que se apresentassem vestidos da melhor maneira possível.

O encontro anterior deve ter sido traumático para ambos os lados. Mesmo com todos esses cuidados dos portugueses, imagino qual seria o estado desses homens, após tantas dificuldades e meses em alto-mar, com hábitos higiênicos nulos.

Cabral entregou ao samorim a carta de Dom Manuel I, que convocava os orientais à fé cristã, oferecia proteção militar contra os inimigos e esclarecia o interesse no comércio de especiarias. Entregou, também, presentes, agora melhores que miçangas, açúcar, azeite e bacias de cobre de Vasco da Gama, dois anos antes. Cabral ofereceu uma bacia de prata, uma taça grande também de prata, duas de brocado e duas de veludo, além de um dossel brocado com franjas de ouro, tapetes e panos finos.

O samorim concedeu lugares para a instalação da feitoria portuguesa, mas a negociação para o comércio de especiarias, na proporção que Portugal almejava, não ocorreu, provavelmente por influência dos mercadores árabes, que temiam perder a hegemonia comercial na região e, por isso, desencorajaram o rei de Calicute a se curvar para os europeus. Diante da pressão portuguesa, porém, lusos e indianos fecharam finalmente acordos para o comércio das especiarias. Pedro Álvares e o samorim firmaram documentos em folhas de prata e com selo de ouro.

As dificuldades com o samorim foram decisivas para se notar que apenas por via pacífica não se faria comércio, pelo menos não nas proporções e condições com que o rei de Portugal sonhava. Após três meses em Calicute, as negociações prossegui-

2 Os tons mais difíceis eram os artificiais, extraídos de minerais, vegetais e, até mesmo, de animais. Já os menos abastados utilizavam-se de tecidos com cores mais pálidas e modestas.

3 Os poderosos de Constantinopla, em seu auge, abusavam de tecidos na cor púrpura trazidos do Oriente, o que fez com que a cidade ganhasse o apelido de Cidade Púrpura.

Castelo de Belmonte, ao lado da capela onde estão os restos mortais do navegador português – Acervo pessoal

ram lentas, havia uma clara interferência e pressão muçulmanas em relação ao rei hindu.[4] Os portugueses atacaram outra nau em que acreditavam ter pimenta. Em reação, a feitoria recém-instalada foi atacada e mais de quarenta portugueses foram mortos, entre eles Aires da Cunha, que por pouco teve o filho, o menino Antônio Correia de apenas 12 anos, salvo por Nuno Leitão, como descrevi anteriormente. Cabral reagiu e bombardeou Calicute durante dois dias; cerca de 15 navios estacionados no porto foram incendiados e mais de quinhentas pessoas foram mortas (Luís Adão da Fonseca, 2001, pág. 198). O samorim resolveu reagir também com violência, em resposta às queixas locais sobre o comportamento dos europeus e as verdadeiras intenções deles: resolveu mandar matar todos os firangues[5] (estrangeiros) que estavam na cidade.

Os indianos não tinham uma unidade como hoje; eram reinos divididos por interesses diversos, concorrência e rivalidade mercantil. Os portugueses aproveitaram-se disso e aproximaram-se do reino de Cochin, atualmente a maior cidade do estado de Kerala, que, na época, com Cananor, prestava vassalagem ao rei de Calicute, mas a relação estava bem desgastada. Na verdade, Cochin rivalizava com Calicute.

Os portugueses partiram de Calicute em direção a Cochin e, no caminho, perseguiram naus; uma delas, conseguiram destruir e pilhar. Chegaram a Cochin em 24 de dezembro; segundo consta, foram bem recebidos e obtiveram êxito na compra de especiarias, em especial a pimenta, de Cochin; a canela, do Ceilão; o cravo e a noz-moscada, das ilhas da Indonésia (Krondl, 2007, pág. 144).

Cabral recebeu a informação de que uma armada de Calicute vinha em direção a Cochin para combater os portugueses. Eles, então, dirigiram-se a

4 Lembre-se de que o rei era hindu, mas o comércio dos produtos, inclusive das especiarias, estava nas mãos dos muçulmanos que dominavam o Índico.

5 Elaine Sanceau relatou, em outra ocasião, que o termo *feranaghi* foi gravado na sepultura de pedra de dois combatentes portugueses de Afonso de Albuquerque na conquista de Adém, em 1513.

Cananor,[6] completaram o carregamento e regressaram a Portugal. Antes, na costa oriental africana, ainda capturaram uma nau de Cambaia, mas deixaram-na seguir viagem. O navio de Sancho de Tovar naufragou na volta, mas a tripulação salvou-se.

Em 16 de janeiro de 1501, Cabral voltou para Lisboa com as naus abarrotadas de especiarias; era o maior carregamento de temperos que já havia chegado de terras tão distantes, em toda a história. As seis naus que conseguiram fazer todo o percurso estavam lotadas de pimenta, gengibre, cravo e canela. Para ser mais exato, dos três mil quintais de especiarias levados, dois mil quintais[7] eram de pimenta-preta, seiscentos quintais eram de canela e o resto, entre gengibre, sândalo e benjoim. Com tudo isso, o monopólio veneziano do comércio estava definitivamente acabado. A notícia de que o monarca português tinha efetivamente singrado uma nova rota pelo Atlântico, agora firmemente estabelecida e praticamente sem atravessadores, foi de um impacto gigantesco na economia veneziana e mundial. Os preços das especiarias levadas pelos portugueses eram muito mais em conta[8] que os das especiarias levadas pelos italianos. Não havia como competir. Dos treze navios que partiram, regressaram seis.[9] Um se foi na partida, praticamente; outro, quando regressou do Brasil; quatro no Cabo da Boa Esperança, na ida à Índia; e outro no retorno. Calcula-se que morreu metade dos que partiram, ou seja, em torno de seiscentos homens. Foi o fim de uma viagem que durou um ano e quatro meses.

Em 23 de junho, Cabral desembarcou em Lisboa. Viveu retirado em Santarém e não foi escolhido para uma próxima expedição.[10] Por volta de 1520, faleceu na obscuridade, talvez por decorrência de malária adquirida na Índia.

---

6 Estabeleceu-se em Cochin o primeiro entreposto português; três anos depois, em Cananor.

7 Totalizam 120 toneladas de pimenta-preta e 36 toneladas de canela.

8 Em *Veneza e Portugal no século XVI: subsídios para a sua história*, Julieta Teixeira acredita que o aumento era em torno de 30%, no caso dos portugueses; já o processo veneziano exigia que se cobrasse o dobro do valor pago pelas especiarias. Concordo com a proporção, mas acredito que os ganhos deviam ser bem maiores, em ambos os casos.

9 Foram as naus de Cabral, Simão de Miranda, Pêro de Ataíde, Nicolau Coelho, Nuno Leitão e Sancho de Tovar, segundo Luís Adão da Fonseca em *De Vasco a Cabral*, página 187.

10 Krondl defende que a quantidade de especiarias para uma viagem desse porte foi pequena, por isso Pedro Álvares Cabral não foi mais escolhido. Pelos relatos da viagem, acredito ser difícil imaginar que o rei esperasse o retorno de Cabral com as quinze embarcações transbordando de especiarias. Não creio que a viagem de Cabral possa ser considerada um fracasso; uma grande perda, na minha opinião, foi a vida do espetacular Bartolomeu Dias, fato citado por Camões em *Os lusíadas*.

Tumba que contém a urna funerária com "terras e resíduos mortuários de Pedro Álvares Cabral", em Belmonte – Acervo pessoal

O TRATADO DE SARAGOÇA E AS ILHAS DAS ESPECIARIAS

Dois anos após a partida de Colombo, Portugal e Espanha assinaram um acordo em que um traço vertical foi definido para dividir o mundo em duas porções, estabelecendo onde cada país poderia desbravar. O acordo foi assinado na atual província de Valladolid, na cidade de Tordesilhas, em 7 de junho de 1494, e entrou para a história com o nome de Tratado de Tordesilhas. Foi uma solução que, por breves anos, teve valia, pois garantiu o futuro da expansão colonial espanhola na América sem a ameaça dos portugueses, contribuindo para que estes dominassem a navegação ao redor do continente africano e, depois, expandissem para o Índico. Luís Adão da Fonseca destaca que o Oceano Índico "não é mar a descobrir nem espaço a construir, é mar e espaço concorrencial a dominar" (2001, pág. 207). De ambos os lados, chegariam especiarias que invadiriam as mesas europeias e cuja mescla definiria o que temos hoje em nossos supermercados.

A mando da coroa espanhola, Fernão de Magalhães, em viagem épica, contornou a América do Sul, onde hoje temos o estreito com seu nome, e conseguiu chegar ao Oriente, navegando pelo oeste. A jornada, que constituiu a primeira viagem de circum-navegação da história e custou sua vida (afinal, Magalhães morreu em conflito com indígenas nas Filipinas), causou um grande desconforto entre as potências ibéricas. Com isso, Portugal teve o dissabor de ver uma de suas maiores conquistas, as Ilhas Molucas ou Ilhas das Especiarias, no sudeste asiático, ameaçada pela presença castelhana na região, quando da chegada de Fernão e seus homens.

Com o contorno da África e a chegada de Vasco da Gama à Índia, em 1498, feita pelos portugueses, bem como a expansão espanhola pelo Atlântico rumo ao Oriente via oeste, percebeu-se que Tordesilhas já não era suficiente para definir onde exatamente se estabelece o que era português e o que era espanhol. Afinal, até onde cada país podia ir? Portugal e Espanha se engalfinhavam em busca de uma solução para resolver a delicada questão da repartição do "bolo" e a cidade de Saragoça foi escolhida para o trato. Portanto, era para lá que eu precisava ir.

A cidade de César Augusto

Localizada entre as cidades de Madrid e Barcelona, Saragoça cada vez mais é procurada pelos turistas que invadem a Espanha. É uma bela cidade, que ainda guarda traços de antigas civilizações e diferentes povos que a governaram. Impossível ir lá e não visitar tantos locais que denunciam esses muitos povos. Destacam-se as ainda bem preservadas muralhas romanas, no *casco viejo* da cidade; a imponente Basílica de Nossa Senhora do Pilar, cuja cúpula foi pintada por Goya; a escondida, mas não menos bela, Catedral de la Seo, erigida sobre uma antiga mesquita; o Palácio da Aljaferia, de onde os mouros governavam a cidade; além da Ponte de Pedra, que insiste em resistir ao tempo, imponente e eterna sobre o rio Ebro.

A história da cidade começou quando, no lugar de um pequeno vilarejo no sudeste da Espanha, os romanos fundaram a colônia militar que ganhou o nome de seu imperador, César Augusto. Durante a ocupação do território pelos romanos, por muitos anos, houve ferrenha perseguição aos cristãos, mas, com a queda do império, foi a vez de o reino dos visigodos tomar a região. Anos depois, a Península Ibérica sofreu assédio dos árabes, que invadiram a Espanha, vindos do norte da África. A cidade passou, então, a ser chamada pelos mouros Sarakosta, dando origem ao nome atual.

Saragoça ficou eternizada na história pela admirável resistência[11] às forças estrangeiras. Por volta do fim do século VIII, na época da ascensão de Carlos Magno – rei dos francos, na Europa –, a cidade foi reconquistada pelas forças cristãs e o território serviu de ponto limítrofe das forças árabes no continente. Por fim, em 1118, a cidade foi totalmente libertada e, mantendo a tradição, as mesquitas foram varridas, dando lugar a templos

---

[11] Os aragoneses também viriam a enfrentar arduamente as forças de Napoleão no início do século XIX.

Antigas muralhas do tempo de César Augusto, em Saragoça – Acervo pessoal

cristãos. Anos depois, tornou-se morada da corte dos reis católicos Fernando de Aragão e Isabel de Castela, que financiaram a expedição de Colombo.

Foi justamente no período das Grandes Navegações que Saragoça marcou lugar na história, quando, mais uma vez, lusos e castelhanos reuniram-se para fatiar partes do mundo. A fatia em questão era a região berço das especiarias: as famosas e desejadas Ilhas Molucas. Extremamente cobiçadas pelos exploradores de todo o mundo, as ilhas da Indonésia eram mais badaladas até mesmo que a costa oeste da Índia, onde, décadas antes, Vasco da Gama havia chegado. As caras especiarias, como noz-moscada, macis e cravo, estavam lá disponíveis para quem as pudesse tomar.

Foi em 1529 que, finalmente, um acordo foi firmado entre portugueses e espanhóis, pondo fim ao dilema. O acordo passava a Portugal o direito de comercializar com as Molucas, mas impedia o país de construir feitorias na região. Os espanhóis abriram mão de todo o poder de ação, domínio, posse e comércio da região das Molucas,[12] em troca do pagamento da bagatela de 350 mil ducados de ouro[13] e a manutenção das Filipinas. Estava resolvida uma das muitas disputas entre os dois vizinhos.

---

12 Se esqueceram apenas de avisar aos nativos.
13 O equivalente a 1.200 quilos de ouro.

Merkén (mix de especiarias chilenas)

Picância: 6

O português Fernão de Magalhães foi considerado o descobridor do Chile na épica busca pelas especiarias do Oriente. Pena que, em sua breve parada em terras chilenas, não experimentou o merkén, o mais famoso tempero dos chilenos na atualidade.

Mas, afinal, o que é merkén? Trata-se de uma mistura chilena de condimentos, composta de pimenta cacho de cabra (chifre de cabra), sal e sementes de coentro, mania nacional que se expande do país das cordilheiras para o mundo. De origem indígena mapuche, o popular merkén está muito presente no dia a dia dos chilenos. Um rápido passeio pelos corredores de qualquer supermercado em Santiago é suficiente para confirmar minha afirmação. Há uma infinidade de produtos temperados com o condimento; encontrei até homus – a pasta síria de grão-de-bico – feita com a iguaria.

O segredo do sabor e sucesso do merkén é o *ají* cacho de cabra, pimenta (*ají*) vermelha local que passa por defumação, processo responsável pelo sabor e aroma inesquecíveis dessa especiaria. Além disso, agrega-se sal moído, oriundo da extensa costa chilena do Pacífico, e sementes de coentro, também moídas. Sugiro utilizar o tempero em pratos como molhos, ensopados, sopas, pães e verduras. Seu efeito é maior se utilizado durante o preparo, e não na finalização dos pratos. Divino!

VISITE-NOS VISIT US
GRAHAM
PORT
Business
22 205 32 37
834261328
ZON

FORMAÇÃO DO MUNDO MODERNO

Assi a canela de Ceilam he milhor que todas as outras, sendo tudo canela; e a Portugal nam se leva outra canela senam a de Ceilam.

Garcia de Orta, Goa, 1563[1]

O COMÉRCIO DE ESPECIARIAS E SUA INFLUÊNCIA ATÉ OS DIAS DE HOJE

O período dos conflitos religiosos ocorridos na Europa entre católicos e protestantes diminuiu bastante a interação entre os países envolvidos, que fecharam, ainda mais, as fronteiras. Com isso, o comércio das especiarias sofreu um forte revés; as trocas comerciais e até a produção editorial, que estavam em ascensão, diminuíram. O desejo pelos condimentos foi visto como incentivador dos prazeres e da luxúria. Já a contrarreforma católica foi ainda mais fervorosa, banindo qualquer suspeita de incentivo aos prazeres. Assim, as especiarias passaram a ser malvistas, já que lhes foi atribuída a culpa de estimular a lassidão. Por outro lado, o esforço dos protestantes para que a bíblia fosse um texto acessível em línguas locais fez com que crescesse, nesses países, a necessidade de se aprender a ler.

---

1 *Colóquios dos simples e drogas da Índia*, página 206. No diálogo com Rueno, confirma: "Há em outro cabo esta boa, senão em Ceilam? Orta responde: Não que eu ouvisse dizer."

Vale destacar que, além do aspecto da difusão das ideias cristãs, essa popularização também contribuía para propagar o valor e a importância das especiarias, afinal são muitas as passagens da bíblia em que diversas especiarias são citadas.[2]

Em razão da propagação de livros, com Gutenberg, muita informação sobre gastronomia e os milagres das especiarias foi amplamente divulgada. Erros e exageros que se perpetuam até os nossos dias. Já entre os indianos,[3] a culinária absorveu as contribuições europeias e acrescentou à alimentação ervas mediterrâneas como a sálvia e a hortelã. Temos, por exemplo, o chutney de hortelã, saboroso molho indiano que se espalhou pelo mundo. Outro molho conhecido é o *vindaloo*, ou *vindalú*, com uma mistura de especiarias mediterrâneas e europeias (alho, canela, cravo, alecrim, tomilho e pimenta-do-reino). O vinagre é também outro ingrediente da herança lusa, absorvido pela gastronomia indiana do oeste.

O manjericão foi mais uma especiaria indiana que se encaixou perfeitamente nos pratos mediterrâneos com tomates e azeites, influenciando fortemente a comida italiana (Rosa Nepomuceno, 2005, pág. 89). Já os franceses, por causa de Pondicherry, colônia francesa na Índia, acrescentaram à gastronomia o quatre épices, composto de noz-moscada, canela, cravo e pimenta-negra. Foram os franceses que, no século XIX, decretaram o fim das comidas avermelhadas e picantes,[4] nessa época sinônimo de comida acessível, reflexo obviamente do mercado saturado com as especiarias já disponíveis ao europeu comum, pois era possível colhê-las nas colônias das potências europeias espalhadas pelo mundo. No fim, tudo se resume à oferta e à procura, não é mesmo?

Interessante notar que, com a larga produção e o crescimento do comércio entre Ocidente e Oriente, a hegemonia do processo, pouco a pouco, mudou de mãos. Já nas primeiras décadas do século XVI, as grandes monarquias católicas do oeste da Europa, com o fanatismo religioso impulsionador das Cruzadas, permitiram que espanhóis e portugueses praticamente dividissem o mundo em duas metades. Com a expansão das conquistas, no entanto, foi necessário criar um novo modelo

---

2 "Ai de vós, escribas e fariseus hipócritas! Pagais o dízimo da hortelã, do endro e do cominho e desprezais os preceitos mais importantes da lei: a justiça, a misericórdia, a fidelidade. Eis o que era preciso praticar em primeiro lugar, sem, contudo, deixar o restante." (Mateus 23, 23)

3 Indiano é a designação dada a todos os povos que hoje habitam o país conhecido como Índia, onde há hindus, muçulmanos, cristãos, jainas, sikhs e dezenas de outros povos com religiões e culturas distintas.

4 No livro *Le cuisinier français*, escrito por François Pierre de la Varenne em 1651, citado por Krondl em *O sabor da conquista*, página 270, foram reveladas as novas tendências que "varreriam" as especiarias dos pratos europeus. Saíam o gengibre, a canela, o curry e ficavam as ervas locais e os cogumelos.

de gestão para os grandes territórios desbravados. Guerras, corrupção, falta de estrutura e comando, além de muitos outros fatores, fizeram com que o mundo escorresse das mãos ibéricas. Um novo paradigma viria a nascer, berço do que se transformaria em revolução industrial e capitalismo, encabeçado por holandeses, franceses e ingleses.

HOLANDESES

Fiquei muito impressionado, apesar do pouco contato que tive com Amsterdã e seu povo. Além das, ecologicamente corretas, milhares de bicicletas que circulam por toda a cidade, poupando os nossos pulmões de poluição, a cidade holandesa chamou a minha atenção pelo simples fato de existir e, por sinal, muito bem. Afinal de contas, Amsterdã não está afundando... Definitivamente, viver por anos lutando contra o mar, construindo pontes, barragens e canais, tudo isso foi uma grande escola para as expedições ultramarinas[5] e demonstra a força e o rigor daquele povo.

Por meio da Companhia Unificada das Índias Orientais[6] – fundada em 1602 –, os holandeses foram os próximos a explorar esse ainda próspero comércio. A grande diferença entre as corporações holandesas e inglesas, em relação às expedições portuguesas ou espanholas, é o fato de que não havia mais o estado tão presente, mas, sim, o agrupamento de corporações comerciais e privadas, que, juntas, tinham o direito de explorar o lucrativo mercado das especiarias. Tratava-se de corporações estruturadas, com intenso respaldo militar, formando uma entidade bastante vanguardeira para a época. Foram as primeiras a utilizar o conceito de capital aberto, sem ideologia religiosa para defender, já que os protestantes da VOC tinham uma meta, como qualquer empresa: o lucro.

Podemos considerar o período de surgimento e desenvolvimento das companhias o verdadeiro embrião da posterior Revolução Industrial. Não podemos nos esquecer do surgimento, também, da Companhia Holandesa das Índias Ocidentais, responsável por administrar e gerir colônias e territórios na costa oeste da África e no Novo Mundo. Coube a ela a conquista de parte do Nordeste brasileiro.

---

5 Nesse período, chamado anos dourados da cartografia holandesa, que durou de 1569 até 1672, houve um grande incremento da cartografia mundial. Época na qual surgiu o que é considerado o primeiro verdadeiro atlas, denominado Theatrum Orbis Terrarum (Teatro do Mundo).

6 Conhecida pela abreviação VOC, de Vereenigde Oost-Indische Compagnie; já a WIC tratava-se da Companhia Holandesa das Índias Ocidentais.

As preciosas rotas de navegação portuguesas eram segredo de estado e o vazamento era punido com penas de morte. Mesmo assim, mais de 25 mapas secretos chegaram às mãos dos holandeses na década de 1580, ilegalmente adquiridos mediante uma pequena fortuna paga a um alto dignitário espanhol, no período em que Espanha e Portugal existiam sob uma só coroa.

Pouco a pouco, os holandeses expulsaram os ibéricos e passaram a dominar o mercado asiático com uma política mercantil bastante agressiva.[7] Por exemplo, as naus portuguesas, carregadas de pimenta e especiarias que vinham das Índias, tornaram-se alvos para eles, afinal portugueses e espanhóis faziam parte de uma só coroa e, com isso, eram inimigos. Para ajustar o mercado europeu, além de destruir plantações na Ásia, os holandeses, por volta de 1620, queimaram montanhas de especiarias que tinham em estoque em Amsterdã, garantindo uma procura elevada e o consequente aumento de preço no mercado internacional.

Essa política de desmatamento e queima causou, na população das Ilhas das Especiarias, uma verdadeira condição de miséria, que faz com que esses povos, ainda hoje, passem por problemas econômicos. Há registros de assassinatos de milhares de nativos da Indonésia, principalmente nas Ilhas de Banda, onde acredita-se que toda a população, em torno de 15 mil pessoas, praticamente tenha sido dizimada durante o processo de domínio holandês. A situação foi tão grave que os conquistadores, já sem ter quem trabalhasse na lavoura, tiveram de importar escravizados africanos.

O cravo também tem direito a um capítulo nessa história: para garantir que não houvesse contrabando da especiaria, os holandeses usaram da truculência para preservar a hegemonia. Em 1625, quase 70 mil árvores das plantações de cravo foram queimadas, tirando o sustento de milhares de nativos das ilhas de Tidore e Ternate. No fim do século XVII, os holandeses detinham o monopólio comercial de especiarias importantes, além do próprio cravo, como noz-moscada, macis e canela.

Com a queda do domínio de Portugal no Oriente, o país passou a olhar com mais atenção para as posses no Ocidente, inclusive para seu gigante em território sul-americano. A política de estabelecer feitorias no litoral sem estabelecer um império territorial – domínio de terras e controle da produção do interior – fez com que as feitorias portuguesas se tornassem presas fáceis para os eficientes holandeses.

Um dos casos mais curiosos ocorreu no Marrocos, quando os portugueses resolveram levantar acampamento e deixar as terras magrebinas. Na época, a última cidade

---

[7] Segundo Michael Krondl em *O sabor da conquista*, o Oceano Índico foi transformado em um "laguinho holandês" nas mãos dos portugueses.

em que os lusos ainda estavam presentes na região era Mazagão,[8] atual El Jadida; sob as ordens do Marquês de Pombal, que considerava a praça sem utilidade e bastante dispendiosa aos cofres, os portugueses abandonaram o lugar e transferiram a cidade toda para a região do Amazonas, no atual estado do Amapá no Brasil! A partir dali, começou também o grande esforço para expulsar os holandeses, que há décadas ocupavam um importante território do Nordeste brasileiro.

Fachada da antiga Igreja de São Paulo, em Macau (China) – Acervo pessoal

Muitas mudas de especiarias foram importadas na tentativa de reproduzir o Oriente no Ocidente. Não foram poucos os intentos de cultivar, aqui, a pimenta-do-reino originária da Índia e a canela originária do Ceilão. Com isso, os portugueses queriam reduzir a dependência do país dos mercados longínquos da Ásia, que, além de distantes, ofereciam enormes riscos de perdas com piratas e naufrágios. As pimentas nativas brasileiras do gênero *Capsicum* adaptaram-se muito bem à culinária oriental. Com os portugueses, elas se espalharam pela África e Índia, assim como muitos outros produtos que migraram de lá para cá, em um jogo de países e localidades quase infinito. Em Goa, a pimenta brasileira era chamada "pimenta de Pernambuco" e talvez tenha chegado até a China. Hoje, a Índia é um dos maiores exportadores de pimenta do mundo,[9] mas no caso da pimenta-do-reino, ou preta, originária da Índia, o Brasil é um dos maiores produtores.

Os holandeses não se resguardaram para o fato de sua hegemonia comercial estar pautada em apenas um tipo de produto, no caso as especiarias, cuja produção aumentava cada vez mais, cujos preços baixavam e cuja demanda europeia estava cada vez mais suprida. A "moda" estava passando; as especiarias deixaram de ser "exóticas" e tomaram um posicionamento marginal na cultura europeia, pós-período medieval. A tendência do homem racional, pré-industrial, apontava para o consumo do chá, do café e do chocolate.

---

8 Fundada em 1513 e abandonada em 1769.

9 Segundo Krondl em *O sabor da conquista*, pág. 220, a ordem dos maiores exportadores é: Vietnã, Índia, Indonésia e Brasil. Essas pimentas são do gênero *Capsicum*, originário das Américas.

O GOLPE FATAL DOS FRANCESES

Os franceses fincaram os entrepostos e fundaram a Companhia Francesa das Índias Orientais, com o objetivo de estudar e aclimatar espécies em hortos, nas colônias espalhadas pelo mundo afora, durante os séculos XVII e XVIII. Foi o primeiro "diretor", François Martin, quem fundou a cidade de Pondicherry, que se tornou a capital dos territórios franceses na Índia. Nesse processo, os franceses colonizaram as Ilhas Maurício, batizadas na época de Ilha da França, transformando-a em um local voltado para a produção de especiarias, sob o comando do biólogo que só podia ter este nome: Pierre Poivre; traduzindo: Pedro Pimenta.

O nome sugestivo não escondeu seus atos. Pedro se especializou em furtar mudas de especiarias e aclimatá-las em diversas regiões do mundo de influência francesa. Isso possibilitou que eles tivessem, por exemplo, plantações de noz-moscada e cravo nas colônias, não ficando dependentes da produção local nas Ilhas Molucas, na Indonésia, sob o comando dos holandeses.

Mas o grande golpe francês em nossas especiarias seria até mais cultural que comercial. Durante o século XVII, assistimos a mudanças intensas na sociedade francesa, que influenciariam os destinos do mundo. Das muitas transformações, houve uma grande alteração no universo gastronômico. A comida medieval, cheia de animais que hoje nos resultariam exóticos – pavões, garças e cisnes –, deu lugar a uma alimentação mais sofisticada, que ao mesmo tempo privilegiava o regional.

Era a época das monarquias absolutistas, quando foi estimulada uma forte política de protecionismo aos produtos locais e ao comércio que estava sob a salvaguarda da bandeira francesa. Como um dos resultados, tivemos a expulsão de empresas estrangeiras da França, entre as quais muitas eram holandesas e inglesas, grandes rivais. Era o momento de cortar importações e estimular a exportação. Esses foram os primeiros passos de um mercantilismo agressivo do Estado francês.

Por qual motivo deveriam colocar especiarias importadas, trazidas por portugueses, holandeses, ingleses e espanhóis, no prato da abastada elite de Versalhes? A cozinha medieval e renascentista, que considerava as especiarias um fator indicador de ascensão social, foi perdendo espaço para um novo modelo, no qual esses ingredientes deram lugar às ervas aromáticas locais, como alho, cebola, salsa, hortelã, alecrim, entre outras (Strong, 2004, pág. 195). A ascensão de uma burguesia comerciante que se aproximava de uma aristocracia exigia novos elementos indicadores de sua posição social. Foi o início da revolução da gastronomia francesa, avessa ao excesso de temperos, na qual a nova produção editorial do segmento impunha um novo paradigma. Era qualidade, em vez de quantidade;

Tumba de Marie-Antoine Carême, no cemitério de Montmartre, em Paris – Acervo pessoal

uma cozinha feita para os aristocratas. Iniciava-se um tempo de claro fechamento e ruptura de tradições medievais[10] e renascentistas, já fora de moda.

O principal nome desse movimento foi Marie-Antoine Carême, considerado o primeiro chef celebridade, comandante das cozinhas de grandes aristocratas da França, Inglaterra e Rússia, entre eles Napoleão. Ficou célebre por decretar o fim da "cozinha vermelha de especiarias", pois privilegiava ingredientes da estação, ervas locais e vegetais frescos. Por influência da *nouvelle cuisine*, Itália, Inglaterra, Espanha e depois toda a Europa Central deixaram de valorizar as especiarias e, como consequência, as colônias também.

Misturas de ervas

Algumas regras ajudam-nos a identificar o trato com as ervas na culinária. Quanto mais frescas, melhor, e quanto mais próximo se está da região onde são produzidas, mais saborosas e aromáticas elas são. No caso de especiarias compradas em mercados, o fator preço também denota, muitas vezes, a qualidade: quanto mais caro o produto, melhor ele é.

Ervas de Provença (mix de ervas aromáticas francesas)

Espanhol: *hierbas de Provence*; francês: *herbes de Provence*; inglês: *herbs de Provence*

Trata-se de uma mescla seca bastante famosa em todo o mundo. É composta de ervas que florescem no sul da França, muito parecidas visualmente entre si: louro, manjericão, segurelha e tomilho, além de alecrim e, eventualmente, alfazema. Outras versões aceitam manjerona e sálvia.

Ervas de Provença – Foto: Karina Cordeiro

[10] Outro exemplo era a utilização do açúcar nos pratos principais, típica da tradição medieval, que foi deixada de lado; passou a ser empregado somente no fim das refeições, nas chamadas sobremesas, tradição que carregamos até hoje.

A combinação pode ser feita em casa – o que eu recomendo – ou pode-se comprar as misturas já prontas. As ervas de Provença ficam ótimas com omeletes, legumes, tomates ao forno, ensopados etc.

Bouquet garni (mix de ervas aromáticas francesas)

Espanhol: *bouquet garni*; inglês: *bouquet garni*; francês: *bouquet garni*

Esse ramalhete de ervas ganhou o nome francês que se espalhou pelo mundo. O bouquet garni é um conjunto de ervas acrescidas ao prato durante o cozimento, mas retiradas no fim do preparo. Essa mistura clássica pode ser considerada um intensificador de sabor e a receita mais tradicional tem tomilho, salsa, louro e aipo, embrulhados em folhas de alho-poró, este último conhecido como alho-francês.

O simpático buquê é feito com as folhas do alho-poró abertas para encaixar uma folha de louro e um galho de alecrim, de tomilho e de salsa. Um barbante firmemente amarrado fecha o buquê, que deve ser utilizado em longos preparos, para liberar seus encantos. Outra maneira de montar o bouquet garni é com um sachê ou uma gaze, criando uma pequena trouxinha com as ervas. Assim, elas liberam o sabor sem se espalhar pela mistura. Há outras receitas específicas para determinados pratos;[11] outras misturas são mais apócrifas e fazem os mais puristas perderem o humor. Elas incluem canela, alho, manjericão, manjerona, aipo e até pimenta vermelha!

---

[11] A Le Cordon Bleu indica, em *Todas as técnicas culinárias*, página 330, algumas variações; por exemplo, a mistura para preparo de legumes e grãos, feita com louro, sálvia, segurelha, manjerona, orégano e salsa.

Ingleses

Os ingleses também fundaram companhias e fixaram feitorias pelo mundo, conseguindo abocanhar, simplesmente, o maior produtor de especiarias do mundo, a grande Índia. A história da colonização britânica no continente indiano é muito curiosa; ela começou não diretamente pela força da coroa inglesa, mas, sim, pela entidade de comércio chamada Companhia das Índias Orientais,[12] cujo poder era brutal. Com a desculpa de sofrerem ataques dos inimigos concorrentes europeus e da eventual organização dos indianos, os chefes criaram um forte exército, maior que a força armada britânica na ilha europeia.

O processo de ocupação inglesa aumentava em território indiano. Com a construção do Canal de Suez no Egito, criando a ligação ao mar Vermelho, sem ter de contornar o continente africano como fez Bartolomeu Dias em 1488, os ingleses conseguiam escoar as riquezas indianas por um caminho bem mais curto e bem mais barato. Milhares de britânicos[13] lançavam-se ao Oriente com o sonho de riqueza fácil. Era a época da rainha Vitória; ela e o marido, o príncipe Albert, fizeram da companhia um instrumento para a exportação dos valores da moral vitoriana por meio de missões civilizadoras cristãs. As tradições hindus passaram a ser atacadas; crenças e costumes eram ridicularizados.

Quanto ao comércio, a poderosa companhia atingiu lucros exorbitantes. No início, quando voltaram das recém-conquistadas Ilhas Molucas, levaram toneladas de especiarias e ouro, cujo lucro chegou a 47 vezes o valor pago pelas mercadorias. A companhia aplicou uma política agressiva, atacando os concorrentes europeus que em toda a Ásia anteriormente haviam se estabelecido. Portugueses, franceses e holandeses assistiam à queda de suas feitorias, uma a uma.

A colonização britânica na Índia foi dura, como todas as ocupações o foram para os colonizados, e as feridas ainda podem ser sentidas por um país que luta para se recuperar de três séculos de opressão. Alguns territórios sofreram ainda por muitos anos, tendo sido libertados somente na segunda metade do século XX; é o caso de Goa, restituída aos indianos apenas em 1961. Apesar de todo o mal, alguns bons frutos[14] foram deixados, como as extensas linhas férreas construídas para dar vazão às grandes riquezas locais para o exterior, mas que, no fim, serviram como elemento vital para a infraestrutura do país.[15] Com o fim da era vitoriana, o mundo assistiu ao nascimento de um dos maiores expoentes e ativistas

---

12 Ingleses da Companhia das Índias e as *bibis* – mulheres locais que se envolviam com os ingleses – deixaram uma massa de descendentes que contribuíram para fortalecer a entidade em solo indiano.

13 As mulheres inglesas agora afluíam para a Índia, ajudando a impor a chamada moral vitoriana e expulsando as *bibis*.

14 O inglês é o principal idioma do país e, dependendo do ponto de vista, isso pode ser considerado algo positivo, já que o idioma conseguiu unir os diferentes povos que habitavam a Índia para lutar pela independência.

15 Modelo férreo que o Brasil hesitou em construir, mas que poderia ter evitado o que hoje é um grande gargalo para o crescimento do país.

já conhecidos: Mohandas Karamchand Gandhi, conhecido como Mahatma, cujo significado é "grande homem", "grande alma". Ele surgiu para incitar um povo sofrido a se unir, o que resultou no fim da ocupação estrangeira e, consequentemente, na independência da Índia, em 1947.

DO PRATO PARA A PELE: O MERCADO DE COSMÉTICOS ABRAÇA AS ESPECIARIAS

É interessante notar que, após a queda no prestígio dos condimentos, a popularização do cultivo e da produção, a diminuição do custo e a consequente diminuição do status de se ter especiarias no prato, elas começaram a ter outras utilidades. Foi a incrível expansão de um novo mercado: o de bem-estar e de beleza.

O sabor das especiarias ficou em segundo plano; o que vale, agora, são o perfume e as cores. Inúmeros produtos foram criados e, hoje, em boa parte do Ocidente, as especiarias fugiram dos pratos e, em vez de ingeridas pela boca, são "ingeridas" por meio da pele. Se antigamente elas serviam como elemento de distinção social, hoje são parte integrante de caros cosméticos.

São muitos os exemplos de produtos que carregam as cores, os aromas e os perfumes que apenas as especiarias podem proporcionar. Óleos de massagem com pimenta-preta, noz-moscada, canela, cravo, óleo de argan, óleo de gergelim... Xampus "temperados" com alecrim, manjericão, gengibre, pimenta vermelha, erva-doce, açafrão, cúrcuma e outros. Cremes hidratantes e sabonetes com "sabor" de baunilha, cardamomo, páprica, tomilho, hortelã e, até mesmo, salsinha!

COMÉRCIO GLOBALIZADO E ESPECIARIAS MAIS ACESSÍVEIS

No fim do século XVIII, os Estados Unidos também entraram no comércio de especiarias. Com poderosos navios, foram ao Oriente trocar tabaco e produtos alimentares por chá, café e especiarias. Nesse período, os preços dos produtos asiáticos já haviam caído bastante e vários países produziam as especiarias que antes cresciam apenas em uma região específica. Outros já eram autossuficientes e, consequentemente, a oferta na Europa estava elevada.

O Brasil também participava desse mercado global, com grandes plantios de especiarias nativas e outras aclimatadas. Conservavam preços elevados aquelas de colheita manual, como o cardamomo e o açafrão. Aliás, ainda hoje é assim.

Já no século XIX, o prestígio das especiarias diminuiu. Outros produtos passaram a estar em foco globalmente. O aumento do cultivo de açúcar, chá, cacau e café eclipsou o comércio dos temperos. As cozinhas locais fixaram as identidades; e as especiarias já não tão incomuns, consequentemente mais baratas, caíram em desuso. Na verdade, encontra-se um equilíbrio.

Especiarias nos dias de hoje

Ainda são poucos os entusiastas pela causa e que lutam pela adoção do uso mais frequente dos condimentos. O conceito de comida saborosa deve vir antes do que é considerado saudável, afinal é com a constância em uma boa alimentação, a médio e longo prazos, que obteremos e sentiremos resultados expressivos na saúde, e o uso dos temperos é a melhor maneira de elaborarmos pratos deliciosos, saborosos, coloridos e aromáticos. Além disso, ao usar mais especiarias, podemos reduzir drasticamente a quantidade de sal, facilitamos a nossa digestão e aumentamos o prazer por meio do paladar.

Leia, viaje e coma bem

Agradeço, mais uma vez, ao professor DeRose, que sempre foi grande incentivador de uma gastronomia saborosa, condimentada e refinada, em contraposição a uma tendência ocidental oriunda da época dos hippies, na qual os modismos da cozinha "natureba" e macrobiótica[16] imperavam. Ele lutou, e ainda luta, contra os estereótipos que envolvem uma alimentação correta.

Ao travar contato com sua obra, tive o prazer de conhecer um imenso universo de possibilidades na área. A adoção das especiarias em minha alimentação e o interesse em pesquisá-las para difundir essa mensagem surgiu da influência desse homem. Em muitos de seus livros e palestras,

[16] Não tenho nada contra o sistema alimentar macrobiótico, apenas ressalto que deve ser praticado com a orientação de um especialista no assunto; afinal, é um sistema de caráter terapêutico e, como tal, necessita de supervisão.

o professor DeRose cita que, "além de realçar o sabor, as especiarias auxiliam a digestão, a processar gorduras, beneficiam fígado, vesícula, intestinos, dão vitalidade, aumentam a energia sexual e tonificam todo o organismo" (DeRose, 2016, pág. 782).

Curioso é pensar que justamente as especiarias, motivo quase que direto do "descobrimento" do Brasil pelos europeus, estão tão distantes de influenciar o paladar do brasileiro. E as desculpas de não saber onde encontrar distintos condimentos não é válida. Nunca foi tão fácil encontrar, em qualquer bom supermercado ou feira livre, uma grande variedade de temperos. Uma pena ainda estarem restritos somente a pequenos grupos que cultivam o hábito dos sabores.

O povo brasileiro e toda a América Latina são formados pela mescla de nações e, com as facilidades para importar mercadorias, temos à nossa disposição muita variedade de alimentos e temperos. Busque variar e pesquisar mais sobre as especiarias. Crie, brinque e ouse com sabores e cores no preparo dos alimentos! Além de incrementar o sabor, os temperos enriquecem a saúde de nossos pratos e facilitam a digestão. Lembre-se de que usar temperos não significa deixar a comida apimentada. A boa comida é a que está bem condimentada, rica em nutrientes, colorida e, principalmente, saborosa. Manter uma alimentação com essas características é mais fácil do que parece e contribuirá para que você coma bem sempre! Visite com mais carinho e atenção a seção de temperos dos supermercados; esgarce seus paradigmas e desfrute um novo universo de sabores!

Tenho a certeza de que este livro deixou você com água na boca em alguns momentos, curioso em outros e, muito provavelmente em diversas outras ocasiões, com vontade de viajar. Convido você a adotar o trinômio que sigo em minha vida: ler, viajar e comer bem.

木炭烤鸭
皇帝赐封御用贡品
北京木炭烤鸭
手机:13988845616

REFERÊNCIAS

História das navegações e rotas das especiarias

Achcar, Dalal; Barbosa, Katia M. Leite. *Istambul: uma cidade fascinante*. Rio de Janeiro: Addresses, 2010.

Albanese, Marilia. *Grandes civilizações do passado: Índia Antiga*. São Paulo: Folio, 2006.

Albuquerque, Luís de. *Dicionário de história dos descobrimentos portugueses*. Vol. II. Lisboa: Caminho, 1994.

Amaral, Domingos. *Quando Lisboa tremeu*. Rio de Janeiro: Casa da Palavra, 2011.

Barros, João de. *Da Asia*. Lisboa: Officina Typografica, 1778.

Barros, João de. *O descobrimento do caminho da Índia: livro IV da década I*. Prefácio de António Sérgio. Coleção Clássicos do Estudante. Lisboa: Livraria Sá da Costa, 1939.

Blainey, Geoffrey. *Uma breve história do mundo*. São Paulo: Fundamento, 2008.

Bueno, Eduardo. *A coroa, a cruz e a espada*. Rio de Janeiro: Objetiva, 2006.

Bueno, Eduardo. *A viagem do descobrimento*. Rio de Janeiro: Objetiva, 1998.

Bueno, Eduardo. *Náufragos, traficantes e degredados*. Rio de Janeiro: Objetiva, 2006.

Bueno, Eduardo. *Passado a limpo*. São Paulo: Gabarito, 2007.

Caminha, Pero Vaz de. *Carta de Pero Vaz de Caminha a El-Rei D. Manuel sobre o achamento do Brasil*. Texto integral. São Paulo: Martin Claret, 2002.

Camões, Luís de. *Os lusíadas*. São Paulo: Martin Claret, 2010.

Camões, Luís de. *Os lusíadas*. Edição comentada de Jane Tutikian. São Paulo: L&PM, 2008.

Canelo, David Augusto. *Senhores, cabrais e camponeses em Belmonte: estudos de história local*. Belmonte: Câmara Municipal de Belmonte, 2009.

Carvajal, Luis del Mármol. *Historia del rebelion y castigo de los moriscos del reino de Granada*. Granada: Editorial Universidad de Granada, 2015.

Castanheda, Fernão Lopes de. *História do descobrimento e conquista da Índia pelos portugueses*. Coimbra: 1552.

Coleção Abril. *Grandes personagens da história Universal: Vasco da Gama*. São Paulo: Abril, 1970.

Crowley Roger. *1453: A guerra santa por Constantinopla e o confronto entre o Islã e o Ocidente*. São Paulo: Rosari, 2008.

Dalby, Andrew. *Sabores perigosos: a história das especiarias*. São Paulo: Editora Senac São Paulo, 2010.

Dantas, Bento Ribeiro. *Ciência e navegação: caminhos para o descobrimento do Brasil*. Rio de Janeiro: Andréa Jakobsson Estúdio, 2007.

Doré, Andréa. *Sitiados: os cercos às fortalezas portuguesas na Índia (1498-1622)*. São Paulo: Alameda, 2010.

Fonseca, Luís Adão da. *De Vasco a Cabral*. São Paulo: Edusc, 2001.

Fonseca, Luís Adão da. *Pedro Álvares Cabral: uma viagem*. Lisboa: Inapa, 2000.

Freely John. *The grand turk: sultan Mehmet II – Conqueror of Constantinople and master of an empire and lord of two seas*. Londres: I. B. Tauris, 2010.

Garnier, Eric. *Cristóbal Colón al desnudo*. Barcelona: De Vecchi, 2010.

Gombrich, Ernst H. *Breve história do mundo*. São Paulo: Martins Fontes, 2001.

Herrin, Judith. *Bizancio: el imperio que hizo posible la Europa moderna*. Barcelona: Random House Mondadori, 2009.

Kiliçkaya, Ali. *Santa Sofia y la Iglesia de San Salvador de Chora*. Istambul: Silk Road Publication 2012.

Lewis, Brenda Ralph. *A história secreta dos reis e rainhas da Europa*. São Paul: Europa, 2009.

Lyons, Jonathan. *A casa da sabedoria: como a valorização do conhecimento pelos árabes transformou a civilização ocidental*. Rio de Janeiro: Zahar, 2011.

Lopes, Roberto. *1500-1501: a intriga do descobrimento*. São Paulo: Discovery Publicações, 2012.

Maalouf, Amin. *As Cruzadas vistas pelos árabes*. Viseu, 1995, original *Les Croisades vues par les árabes*. São Paulo: Difel, 1983.

Madden, Thomas F. *Historia de las Cruzadas: cristiandad, Islam, peregrinaje, guerra*. Barcelona: Art Blume, 2005.

Mafra, André. "Índia: do prato ao templo". Disponível em: https://vidasimples.co/colunista/india-uma-viagem-pela-rota-das-especiarias/. Acesso em: 10 mar. 2025.

Marques, Manuel. *Belmonte: terras de Cabral*. Belmonte: Câmara Municipal de Belmonte Portugal, 2001.

Moreira, António. *As grandes datas da história de Portugal*. Portugal: Editorial Notícias, 2004.

Menti, Maria. *Delfos: el centro de la Tierra*. Edição em espanhol. Atenas: Sotiris Toumbis, 2011.

Nepomuceno, Rosa. *O Brasil na rota das especiarias*. Rio de Janeiro: José Olympio, 2005.

Neto, Nelusko Linguanotto. *Dicionário gastronômico: ervas e especiarias com suas receitas*. São Paulo: Bocatto, 2003.

Neto, Nelusko Linguanotto. *Dicionário gastronômico: pimentas com suas receitas*. São Paulo: Gaia, 2007.

Nicolle, David. *A tomada de Granada: Espanha culmina a reconquista*. Série Grandes Batalhas. Lisboa: Osprey Publishing, 2010.

Oliveira, Julieta Teixeira Marques de. *Veneza e Portugal no século XVI: subsídios para a sua história*. Portugal: Mare Liberum, 2000.

Palencia, Ángel González. *Historia de la España muçulmana*. Barcelona: Editorial Labor, 1932.

Pereira, Duarte Pacheco. *Esmeraldo de situ orbis*. 3. ed. Lisboa: Academia Portuguesa de História 1988.

Pereira, Paulo. *Instituto Português do Património Arquitetónico (IPPAR)*. Londres: Scala Publishers Ltda., 2005.

Pigna, Felipe. *Los mitos de la historia argentina*. 8. ed. Buenos Aires: Planeta, 2013.

Polo, Marco. *As viagens: il milione*. Texto integral, tradução de Pietro Nassetti. Coleção "A Obra-prima de cada autor." São Paulo: Martin Claret, 2003.

Raghavan, G. N. S. *Conhecer melhor a Índia*. Lisboa: Publicações Dom Quixote, 1984.

Rodrigues, Jorge Nascimento. *Portugal: o pioneiro da globalização*. Lisboa: Centro Atlântico 2009.

Runciman, Steven. *La caída de Constantinopla 1453*. Barcelona: Reino de Redonda, 2010.

Runciman, Steven. *História das Cruzadas: o reino de Acre e as últimas cruzadas*. Rio de Janeiro: Imago, 2003.

Russel-Wood, A. J. R. *Um mundo em movimento: os portugueses na África, Ásia e América (1415-1808)*. Lisboa: Difel, 1992.

Saldanha, M. J. Gabriel de. *História de Goa: política e arqueológica*. New Delhi: Asian Educational Services, 2002.

Sanceau, Elaine. *O sonho da Índia: Afonso de Albuquerque*. Tradução de José Francisco dos Santos, 4. edição. Porto: Ed. Livraria Civilização, 1960.

Sanceau, Elaine. *Castelos em África*. Tradução de José Francisco dos Santos. Porto: Ed. Livraria Civilização, 1961.

Segre, Giuliano. *Venezia e l'Islam*. Veneza: Marsilio, 2007.

Schuler, C. J. *Cartografando o mundo*. Paris: Editions Place des Victoires, 2010.

Snell, Rupert. *Essential hindi dictionary*. Londres: Teach Yourself, 2010.

Staden, Hans. *Duas viagens ao Brasil*. Porto Alegre: L&PM, 2010.

Standage, Tom. *História do mundo em 6 copos*. Rio de Janeiro: Zahar, 2005.

Thomaz, Luís Filipe F. R. *A questão da pimenta em meados do século XVI: um debate político do governo de D. João de Castro*. Lisboa: Universidade Católica Portuguesa, 1998.

Urbani, Maria da Villa. *La Basilica de San Marco*. Veneza: Storti Edizioni, 2005.

Varela, Consuelo. *Cristóbal Colón: de corsário a almirante*. Madrid: Lunwerg Editores, 2005.

Valente, Luize; Eiger, Elaine. *Israel: rotas e raízes*. São Paulo: Fototema, 1999.

Velloso, Queiroz. *Fernão de Magalhães: a vida e a viagem*. Edições Ocidente. Lisboa: Editorial Império, 1941.

Waines, David. *The odyssey of Ibn Battuta: uncommon tales of a Medieval Adventurer*. Londres: IB Tauris, 2012.

Watkins, Ronald J. *Por mares nunca dantes navegados: como Vasco da Gama abriu caminho para o Oriente*. Rio de Janeiro: José Olympio Editora, 2011.

Weir, Willian. *50 batalhas que mudaram o mundo*. São Paulo: Mbooks, 2006.

Yucel, Erdem. *Toda Estambul: la ciudad de las civilizaciones*, Istambul: Anadolu Turizm, 2011.

Zurara, Gomes Eanes de. *Crónica da tomada de Ceuta*. 2. ed. Lisboa: Livraria Clássica Editora 1964.

Zurara, Gomes Eanes de. *Crónica dos feitos da Guiné*. Vol. II. Lisboa: Agência Geral das Colônias, 1949.

Alimentação, especiarias e gastronomia

Acharam, Moreira Yarza. *As plantas que curam: a prevenção e cura das doenças pelas plantas*. Vol. I. São Paulo: Libra, 1984.

Arbelos, Carlos. *Recetas y relatos: gastronomía de las tres culturas*. Granada: Caja de Granada, 2004.

Allen, Betty. *Hierbas y especias para la cocina*. Madrid: Plus Vitae, 1978.

Amado, Janaína. *A magia das especiarias: a busca de especiarias e a expansão marítima*. São Paulo: Atual, 1999.

Arago, Jacques. *Jantares em diferentes países*. Rio de Janeiro: José Olympio, 2006.

Araújo, Roberto. *Conheça e cultive: ervas e temperos*. Coleção Natureza. São Paulo: Europa, 2013.

Balbach, Alfons. *As hortaliças na medicina doméstica*. São Paulo: Edel, 1988.

Balmé, François. *Plantas medicinais*. São Paulo: Hemus, 1982.

Birlouez, Eric. *Sur les routes des épices*. Rennes: Editions Ouest-France, 2013.

Bontempo, Marcio. *Pimenta e seus benefícios à saúde*. São Paulo: Alaúde, 2007.

Camargo-Moro, Fernanda de. *Arqueologias culinárias da Índia*. São Paulo: Record, 2000.

Caramella, Edgardo. *La dieta del yôga*. Buenos Aires: Kier, 2005.

Castro, Rosângela de. *O gourmet vegetariano*. Rio de Janeiro: Uni Yoga, 2009.

DeRose. *Como perdi 10 kg em dois meses*. São Paulo: Egrégora, 2015.

DeRose. *Método de boa alimentação*. São Paulo: Egrégora, 2019.

Divakaruni, Chitra. *A senhora das especiarias*. Rio de Janeiro: Objetiva, 1997.

Flandrin, Jean-Louis; Montanari, Massimo. *História da alimentação*. São Paulo: Estação Liberdade, 1998.

Franco, Ariovaldo. *De caçador a gourmet: uma história da gastronomia*. São Paulo: Editora Senac São Paulo, 2001.

Holland, Mina. *O Atlas gastronômico: uma volta ao mundo em 40 cozinhas*. Rio de Janeiro: Casa da Palavra, 2015.

Krondl, Michael. *O sabor da conquista*. Rio de Janeiro: Rocco, 2007.

Milani, Lara Borriero. Tese de mestrado sobre o livro *Le Viandier*. Universidade de São Paulo, 2010.

Orta, Garcia da. *Colóquio dos simples e drogas da Índia*. Lisboa: Academia Real das Sciencias de Lisboa. Primeira impressão em Goa, Índia 1563.

Ottolenghi, Yotam. *Jerusalém: sabores e receitas*. São Paulo: Panelinha, 2012.

Pelt, Jean-Marie. *Especiarias e ervas aromáticas: história, botânica e culinária*. Rio de Janeiro, Zahar, 2003.

Panjabi, Camellia. *50 great curries of India*. Nova Delhi: Rupa & Co, 2009.

Saldanha, Roberta Malta. *Histórias, lendas e curiosidades da gastronomia*. Rio de Janeiro: Editora Senac Rio, 2011.

Sivananda, Swami. *Bazaar drugs*. Rishikesh: The Divine Life Society, 2011.

Stobart, Tom. *Ervas, temperos e condimentos de A a Z*. Rio de Janeiro: Zahar, 2009.

Strong, Roy. *Banquete: uma história ilustrada da culinária, dos costumes e da fartura à mesa*. Rio de Janeiro: Zahar, 2004.

The Culinary Institute of America. *Chef profissional*. São Paulo: Editora Senac São Paulo, 2009.

Villa-Real, Ricardo. *Historia de Granada: acontecimientos y personajes*. Madrid: Ediciones Miguel Sánchez, 1978.

Wright, Jeni; Treuille, Eric. *Le Cordon Bleu: todas as técnicas culinárias*. São Paulo: Marco Zero, 2005.

Filosofia, sociologia e arte

DeRose. *Tratado de yôga*. São Paulo: Egrégora, 2016.

DeRose. *Vocabulário comparado de português-brasileirês*. São Paulo: Egrégora, 2014.

Elias, Norbert. *O processo civilizador: uma história dos costumes*. Vol. 1. Rio de Janeiro: Zahar, 2011.

Janson, H. W. *História geral da arte*. São Paulo: Martins Fontes, 2019.

Salis, Viktor D. *Mitologia viva: aprendendo com os deuses a arte de viver e amar*. São Paulo: Nova Alexandria, 2003.

Scott, Philippa. *Turkish delights*. Londres: Thames & Hudson, 2001.

Silva, Lucila. *Léxico de yôga antigo*. Florianópolis: DeRose Editora, 2007.

Ribeiro, Darcy. *O povo brasileiro: a formação e o sentido do Brasil*. 2. ed. São Paulo: Companhia das Letras, 1997.

ÍNDICE DE ESPECIARIAS

A Editora Senac Rio publica livros nas áreas de Beleza e Estética, Ciências Humanas, Comunicação e Artes, Desenvolvimento Social, Design e Arquitetura, Educação, Gastronomia e Enologia, Gestão e Negócios, Informática, Meio Ambiente, Moda, Saúde, Turismo e Hotelaria.

Visite o site www.rj.senac.br/editora, escolha os títulos de sua preferência e boa leitura.

Fique atento aos nossos próximos lançamentos!

À venda nas melhores livrarias do país.

Editora Senac Rio
Tel.: (21) 2018-9020 Ramal: 8516 (Comercial)
comercial.editora@rj.senac.br

Fale conosco: faleconosco@rj.senac.br

Este livro foi composto nas tipografias Adobe Devanagari, Bicyclette, Cheddar Gothice e Cochin e impresso pela Imos Gráfica e Editora Ltda., em papel *couché matte* 150 g/m^2, para a Editora Senac Rio, em junho de 2025.